目錄

目錄

從古至近代，重要移民事件看文□交流與融合

流動文明

移民與中華傳統文化

八大部分，多角度、多層面
結合具體歷史事例，勾勒出中國歷史發展的脈絡
為讀者展現移民在中華文化發展史上的偉大貢獻

葛劍雄
安介生 著

著名歷史學者葛劍雄與安介生合著
一部深入探討移民歷史及其文化影響的權威著作

目錄

第八章
穿越迷空覓祖根
—— 移民史與當代中國尋根文化

序

　　十多年來，我在研究中國移民歷史的過程中，深感移民與文化傳播關係之密切、影響之深遠，幾乎無所不在、無所不包。但在我與同事合著的六卷本《中國移民史》中，能夠用於這一方面論述的篇幅相當有限。所以我很希望有機會繼續做這方面的研究，或者將已有成果做更廣泛的傳播，所以這些年間常以移民與文化為題寫些普及性的文章，或做些這方面的講座。但與移民對中國文化的影響的豐富內容相比，實在只是九牛一毛。

　　介生自攻讀碩士學位起即以移民史為研究方向，並在博士論義的基礎上出版了一部區域移民史專著──《山西移民史》。他從事中國移民史研究多年，一直留意移民對文化傳播的影響，累積了相當多的成果。因此當我們一致認為應該寫這本書時，我很自然地希望以他為主將計畫付諸實現。但因忙於其他工作，在本書的寫作過程中，我只是與他討論了章節目錄，並看了全部書稿，提出了一些修改意見。

　　在寫作過程中，介生參閱了包括《中國移民史》在內的大量學術著作，這在本書後的「主要參考書目」中有著充分的反映，同時也結合了自己的研究成果，提出了自己的見解。將本來是面向學術界的研究成果充分消化吸收後，再融入自己的理解與研究心得，使之轉化為可讀性強且內容豐富的新作，是要花費不少精力的，這些都是介生的貢獻。不過，移民與文化的關係和影響方面的內容非常豐富，實在不是這本小書所能負擔，所以本書只能選擇了其中的一部分。為了使本書有更多的讀

序

者、適應更廣泛的需求，本書著重提供了眾多典型而生動的歷史事例，以求從多方面、多角度反映移民與文化之間複雜的關係，同時避免煩瑣的考證和過多的注釋。有興趣的讀者可按「主要參考書目」的指引，在相關專著中繼續尋找更詳細的論述。

照理我不應署名，更不應排在介生的前面。不過由於我與介生之間的師生關係，在他的執意堅持下，只好使他屈居次位。所以我必須做此說明，使讀者明白實際情況。至於對書中可能存在的缺點和錯誤，我自然不能辭其咎。

葛劍雄

引言

　　人是歷史的創造者，也是文化的創造者。在任何時代，在任何社會裡，個人以及由個人組成的各類群體，其居留之地不可能自始至終固定不變。王朝更迭、社會動盪、自然災害、民族衝突等等，都為人們的生存提出意想不到的考驗。主動或被迫，東奔或南突，人們或百般無奈地，或不假思索地踏上了遷徙之途。這樣，遷徙往來，又構成中國歷史發展的重要原因。移民史研究正是從動態角度對中國歷史的深入考察。

　　也許，隔閡是我們後人觀察與思考歷史的致命傷。現代人習慣於簡單化的思考，偶爾翻閱歷史，也不過為了尋找其中能夠刺激大腦神經的驚豔絕群的行蹤，並不在意凡夫俗子們的生活起居。成千上萬的當代人陶醉於憑空杜撰的武打小說之中，對真實的歷史卻沒有多少興趣，這也許是一個時代的悲哀。沒有平凡，就沒有奇蹟；沒有平凡，也就沒有豐功偉業。我們對古人所經歷的艱難困苦了解得太少了，五千年的歷史包含了多少辛酸與驕傲！多少奮爭與成就！

　　中國自古以農立國，「安土重遷」似乎是中國人極其鮮明的形象特徵，似乎中國人的生活猶如一潭死水，日復一日，年復一年地重複「面朝黃土背朝天」的哀嘆。其實，這可以說是一個莫大的誤解。殊不知，遷移是中國歷史必不可少的發展線索，移民其實是歷史架構中的重要枝幹。如果沒有遷移，古人們如何找到自己最佳的生存環境；如果沒有遷移，華夏族先人怎能在黃河流域建立起「文明的搖籃」；如果沒有遷移，大江南北、長城內外的文化區域如何出現；如果沒有遷移，古人們如何

引言

從「中國」向外開拓，建立起一千多萬平方公里的家園；如果沒有遷移，華夏後裔又怎能遍布五洲，在世界各地繁衍生息？

中國傳統文化源遠流長，內容宏富，是古代各族人民共同創造的財富。文化的發展不外乎文化內涵的擴展與文化區域的變遷。移民既是一個動態的發生過程，又包括構成移民運動的群體與個人。文化內涵的擴展取決於各個時代社會中全體人員的共同努力，自然包括移民在內。移民作為一個具有特殊境遇的群體，在文化發展史上發揮了舉足輕重的作用。各個時代文化區域的形成、文化代表流派的產生以及著名文化人物的出現，都凝聚了眾多移民的心血。人是文化最豐富、最活躍的載體，一定規模的人群移徙，必然導致其原有文化的轉移，因此，人口遷移對文化的傳播發揮了極為關鍵的作用。例如歷史上著名的「永嘉南渡」、「靖康南渡」等數次大規模北人南遷，為中原文化向南擴展做出了劃時代的貢獻。北方游牧民族的南遷，同樣使游牧民族的風俗南被，為南北民族文化的交融提供了不可或缺的條件。所謂「移民」，同樣包括歷史時期外國人進入中原，也包括中國人向海外的遷移。這些移民中有不少人成為西方文化傳入中國以及中國文化向海外傳播的文化使者。

本書力求從各個角度、各個層面出發，利用生動而具體的事例來突顯移民運動、移民群體及個人在文化發展史上的偉大貢獻，從一個側面反映出傳統文化形成與發展的真實歷程。

沒有移民，就沒有中華民族；沒有移民，也就沒有輝煌燦爛的中華文化成就。

安介生

第一章

波瀾激盪撼九州
——中國歷史上著名移民運動掠影

　　移民史是中國通史的重要分支，重大移民運動同時又都是極為重要的歷史事件，無論對政治演變與經濟發展都具有深遠的影響與意義。重大移民運動是移民史的主幹，我們熟悉與了解移民歷史的捷徑，就是從了解這些重要移民運動著手。

第一節

行行重行行
—— 上古歷史中的移民運動及其文化遺韻

　　中國歷史源遠流長，而上古歷史正是中國歷史發展的源頭，是中國文明歷史的發育期。正是在這一時期，中華民族的祖先經歷了從原始野蠻到初級文明階段的漫長發展階段。與此階段歷史特徵相呼應，上古時期的人口遷移也同樣表現出十分奇特的狀況，如遷移頻繁，方向多樣，遷移規模較小等等。在人類社會制度尚未成熟之前，造成人們遷移的最主要因素往往來自外界的侵害，包括自然災害與其他族群的攻擊等。

一、歷史自遷移始
—— 遠古傳說時期的移民行蹤

　　古老的中國文明起源於黃河流域，那裡的挑戰是什麼性質，怎麼出現的，還不知道；但是，我們知道那裡的情況絕不是安逸的，而是困難的。

—— （英國）湯恩比（Arnold J. Toynbee）
《歷史研究》（*A Study of History*）

邈遠綿長的歷史，是每一位華夏兒女的驕傲，但人們卻很難體會到先民開拓的艱險。從元謀猿人、藍田人、北京人的出現，到仰紹文化、龍山文化的形成，先民在文明發展中走過的每一步，都滲透著打拚的血汗與慘痛的犧牲。先民們在遼闊土地上的往來遷徙，正勾畫出文明進步的艱難歷程。

廣袤的森林大片消失之後，猿人離開樹叢，來到地面，以直立行走為象徵，開始了向文明人類的艱難跋涉。除卻豺狼虎豹的威脅不談，桃李瓜果已不能滿足演進中人類的需求，為了生存，為了尋找食物，早期人類必須走向更廣闊的地域，尋找合適的生存空間。在這一漫長過程中，先民們學會了用火，學會了打製石器與磨製石器，點燃了原始文明的火種。遍布中華大地的原始文化遺址正是早期人類活動留下的深刻印記。然而，所謂「遺址」又可以說是早期人類所遺棄的生活地點，當時，先人們抵禦各種侵害與適應自然環境的能力還相當薄弱，當他們無法應付面臨的侵害之時，或居留環境惡化之後，往往群起遠徙，另找生存之地。遷徙是原始先民抵禦外來侵害，謀求生存之路的最重要的方式之一。正是透過不斷的移徙，他們才為後人留下了繁星般灑落在版圖上的「文明之光」。遷徙與原始文明的創造息息相關，難分難捨。

見於史冊的上古傳說也為我們傳達了同樣的訊息。遷徙活動是華夏族先民早期開拓歷史的主幹，沒有遷徙，就不會演繹出先民可歌可泣的創業之功，也不會有華夏族集團的興盛。根據遠古傳說，中華民族的遠祖應從伏羲及神農算起，是他們帶領先民們開始了農業生產的嘗試，而全面掀開華夏族歷史的始祖，則非黃帝莫屬。傳說中的「三皇五帝」，無疑都是中國古代文明史上創世紀的偉大英雄，而他們的遷徙傳說也具有非常典型的意義。如黃帝姓公孫，名軒轅。當神農氏統治晚期，諸侯部

族相互征伐，混戰不休。黃帝安撫萬民，發展農業生產，組成強大的武裝力量，與凶暴的蚩尤大戰於「涿鹿之野」，獲得了全面勝利，從而被各部族首領尊為「天子」。從此，為了除暴安良，維護天下萬國的和睦，黃帝奔波四方，「披山通道，未嘗寧居」。步履所及，已包含相當遼闊的地域：

> 東至於海，登丸山，及岱宗。西至於空桐（同「崆峒」），登雞頭。南至於江，登熊、湘。北逐葷粥（同「獫狁」），合符釜山，而邑於涿鹿之阿。遷徙往來無常處，以師兵為營衛。[001]

繼位的顓頊進一步發揚了黃帝的功業，他的統轄區已相當遼闊：「北至於幽陵，南至於交阯（同址、趾），西至於流沙，東至於蟠木。」到帝嚳即位之時，統轄區更是廣袤無垠：「日月所照，風雨所至，莫不從服。」[002] 在我們今人看來，傳說中的「三皇五帝」均是上古時期最著名的部族集團首領的化身，他們的艱苦努力，也是那時部族首領們艱苦努力的寫照。他們統治的區域及居留地往往顯得較為模糊，正說明他們活動區域已相當廣闊，正處於從游徙向定居生活邁進的過程之中，「遷徙往來無常處」是當時部族生活狀況的真實寫照，也是他們躲避災禍，尋找新的生存空間的最佳途徑。

上古帝王傳說中，唐堯、虞舜兩位的事蹟更多更複雜，他們的行蹤也更為明確。如「堯都平陽」[003]、「舜都陶城」[004]。關於這些遠古帝王的遺跡，太史公司馬遷的觀點最為通達：

---

[001] 〔漢〕司馬遷撰：《史記》卷一《五帝本紀》，中華書局校勘本，第6頁，下同。
[002] 〔漢〕司馬遷撰：《史記》卷一《五帝本紀》，第11-14頁。
[003] 見〔唐〕張守節《史記正義》引〔晉〕皇甫謐《帝王紀》，《史記》卷一，第15頁。
[004] 〔唐〕張守節《史記正義》引《括地志》，《史記》卷一，第33頁。

學者多稱五帝，尚矣。然《尚書》獨載堯以來；而百家言黃帝，其
文不雅馴，薦紳先生難言之……余嘗西至空桐，北過涿鹿，東漸於海，
南浮江淮矣，至長老皆各往往稱黃帝、堯、舜之處，風教固殊焉，總之
不離古文者近是。[005]

在司馬遷的眼中，所謂「黃帝、堯、舜之處」，也不過是先民的「文
化遺址」而已。但是，如果遠古先民在開天闢地後就一直生活在固定不
變的區域，也就不會有分布各地的文化遺址。因此，離開對遷徙活動的
深刻認識，我們也就不可能全面了解先民生存與演進的真實過程。

正如華夏民族通常將自己家族的始祖與黃帝子孫貫通起來一樣，上
古傳說中的遷徙活動也深深滲透到中國古代文化的底蘊之中。一些傳說
中的遷徙事件不僅成為著名的典故，而且成為後人詮解歷史演變軌跡的
依據。其中較典型的有「流四凶」的傳說。遠古時期，部落首領對所謂
凶頑之徒往往採取驅逐方式，將他們流放於遠離部落的荒僻之地。如一
代聖主堯在位之時，工師共工淫邪不堪其任，被流放到幽陵，「以變北
狄」；三苗部落頻頻在江淮地區作亂，被遷往三危，「以變西戎」；奸臣
驩兜被流放到崇山，「以變南蠻」。[006]舜帝即位後，又有渾沌、窮奇、檮
杌、饕餮等四位無惡不作的「不才子」，被稱為「四凶」，引起了天下百
姓的憂慮。舜採取果斷措施，將四凶之家遠遠地驅逐至「四裔之地」，天
下蒼生拍手稱快。賈逵注云：「四裔之地，去王城四千里。」[007]這些傳
說應該是遠古時期部落集團內部爭鬥狀況的縮影，無論是否實有其事，
但可以肯定，應有不少部落成員因為種種原因，離開原來的部族，離開

---

[005]《史記》卷一《五帝本紀》，第 46 頁。
[006]《史記》卷一《五帝本紀》，第 28 頁。
[007] 見〔南朝·宋〕裴駰《史記集解》引賈逵說，《史記》卷一《五帝本紀》，第 38 頁。

原來居留地，移向寥廓荒僻的遠方。

這些移徙傳說對後世產生了深遠影響。因為這些寶貴文獻也是後代人追溯歷史的依據。即使是凶頑難化的「四凶」，就其血統而言，依然是古代帝王的後人，炎黃一系的血脈。他們被遷往四方絕遠之地，也可視為中原華夏族人向邊遠地區的開拓，因此，後世的邊遠民族往往將這些人視為自己的祖先，從而使自己歸入黃帝子孫的行列。

二、匯聚「中國」
—— 夏商周時期向中原地區內聚型遷移

昔唐人都河東，殷人都河內，周人都河南。夫三河在天下之中，若鼎足，王者所更居也。

—— 〔西漢〕司馬遷《貨殖列傳》

大禹是上古傳說中的一位聖王，他的功業大大超過了以往任何一位帝王。在遠古洪水滔天，江河氾濫之時，四海塗炭，萬民悲苦。為拯救黎民於水火，大禹勞身焦思，在外奔波 13 年，三過家門而不入，「開九州，通九道，陂九澤，度九山」，終於制服洪水，造福庶民，開闢了華夏歷史的新紀元。同時，大禹又是中國最早的王朝 —— 夏王朝的創始者。在中華民族的發展史上，夏王朝具有里程碑式的重要地位。如先秦時期最重要的一個民族與國家概念就是所謂「中國」，而「中國」方位的確立與夏朝歷史有密切的關係。

　　傳說中夏國國都並不只一個，「都平陽，或在安邑，或在晉陽」[008]。
而大禹最早受封為夏伯，封地在豫州外方之南，即今河南禹州市[009]。又
根據《竹書紀年》的記載，夏朝歷代帝王居住過的首都有六個之多：（1）
陽城，在今河南登封市東南。（2）斟尋，在今河南鞏義市西南。（3）帝
丘，在今河南濮陽縣西。（4）原，今河南濟源市西北。（5）老丘，在今
河南開封市東南。（6）西河，在今河南內黃縣東南。[010]

　　都城一般都是王朝中人口最多、最集中的區域，都城的遷移象徵著
王朝政治中心的轉移以及較大規模的人口遷移。儘管夏王朝的存在與
否，尚未在學術界獲得一致意見，不過，文獻所記載夏朝國都的頻繁遷
徙，依然為我們了解上古先民的生活狀況提供了寶貴的資訊。遠古時期
統一政治共同體 —— 國家形成初期，社會生產力極度低下，人們抵禦
自然與他族侵害的能力非常脆弱，維持穩定需要強盛的實力。當感到力
不從心之時，部族首領們不得不選擇遷移來躲避災難，尋找新的生存空
間，開始新的生活。

　　與以往印象模糊的遷移運動不同，夏朝國都遷移的起始方位更為具
體。然而，不難發現，這些昭示出夏朝君主們行止的方位，地理跨度並
不大，集中於今天山西省南部及河南省大部。這些方位所在的區域，其
實就是我們常說的「中國」最初的輪廓。「國」字古文為「或」，為武裝
守衛一地之意。在天下萬國之中，「中國」自然是居於核心之地的邦國。
沒有中國的確立，也就不會有與「四裔」、「四海」的區別。夏王朝作為
當時最強盛的部落聯盟集團，其國都遷移的軌跡，就劃出了「中國」的
方圓。從此，「中夏」、「東夷」、「西戎」、「北狄」、「南蠻」等兼有地理

[008]　見〔南朝·宋〕裴駰《史記集解》引〔晉〕皇甫謐說，《史記》卷二《夏本紀》，第83頁。
[009]　見〔唐〕張守節《史記正義》引《帝王紀》，同上，第49頁。
[010]　參見方詩銘、王修齡撰：《古本竹書紀年輯證·夏紀》，上海古籍出版社，1981年，第1-20頁。

與民族意義的概念相繼出現了。在以後漫長的歷史時期，誰要想成為天下萬國的統治者，就必須要占領「中國」，而「中國」的地域範圍也有逐步擴展的趨勢。

商朝最重要的人口遷移也是伴隨著國都的遷徙，與其他王朝相比更具有典型性。商王族的始祖為契，被舜帝分封於商。據記載，從契到商王朝的創立者成湯，商王族進行了八次遷徙。[011] 據學者考定，商王族遷居的地點主要有：（1）亳，為商王族的發祥地，在今山東曹縣東南。（2）商，為契分封之地。（3）蕃，在今山東滕州市。（4）殷，今河南安陽。不過多次遷移之後，商王族還是回到了亳。[012] 相對於夏王族而言，商族位置居東，故有商人東來說的產生。商王朝建立後，國都又經過多次遷移，直到「盤庚遷殷」，才最後穩定下來。「盤庚遷殷」是中國歷史上非常有名的遷都事件，在商朝歷史上具有重大意義，商人從此結束了頻繁遷都的歷史。商朝都城遷移的區域與夏朝都城並不吻合，但大體上是相近的，大致在今天河南、河北、山東三省交界地區。隨著商朝的興起，這一大片地區也進入了「中國」的範疇。

周王朝也是在遷徙過程中發展起來的。周王族的祖先是遠古英雄人物後稷，曾為舜帝的農師，被分封於邰，在今陝西武功縣西南。在夏朝末年，后稷之子不窋貶官後逃至戎狄之地。其後世子孫依然在當地從事耕種業，贏得了當地人的尊崇。至慶節即位後，周族在當地民眾的擁戴下在豳（陝西旬邑縣西）建立起新的邦國。而此時的「豳國」在風俗上還完全是一個「戎狄之國」。古公亶父即位後，為擺脫周圍戎狄部族的威脅，離開豳地，遷移到歧山下的周原（今陝西岐山縣）。古公亶父的最大

---

[011]《史記》卷三《殷本紀》，第 93 頁。

[012] 王國維：《說契至於成湯八遷》，《觀堂集林》卷一二，上海書店《民國叢書》第四輯，第 92 冊。

貢獻在於脫離戎狄風俗的羈絆，開始率領周人營築城郭，結束遷徙不定的生活方式。周文王、周武王即位後，雖也有遷都之舉，但所遷豐邑與鎬城（在今陝西西安市附近）均與周原相去不遠。

周武王攻滅商朝後，雖有營建雒邑（今河南洛陽）之舉，但沒有立即向東遷移。直到周幽王即位之後，岐山崩，三川竭，被周朝大臣視為亡國之兆。如伯陽甫預見道：「……昔伊、洛竭而夏亡，河竭而商亡……夫國必依山川，山崩川竭，亡國之徵也。」[013] 幽王暴虐無道，寵愛褒姒，廢掉申後。申後之父申侯引來犬戎等國軍隊，圍攻王都，結果，周幽王被殺，西周滅亡。周平王即位後，遷都雒邑，史稱東周，也就是春秋時代的開始。

夏商周三代的歷史，從一個側面看，正是一部都城不斷遷移的歷史。就其都城遷徙的軌跡而言，存在著不斷向中原地區靠近的趨勢。對這種趨勢，《孟子·離婁下》釋云：

舜（帝）生於諸馮，遷於負夏，卒於鳴條，東夷之人也。

（周）文王生於岐周，卒於畢郢，西夷之人也。地之相去也，千有餘里……得志行乎中國，若合符節。先聖後聖，其揆一也。

在這裡，作為儒學代表人物的孟子沒有囿於傳統士大夫對「四夷」的偏見，明確指出了無論「東夷」還是「西夷」，只要進入中國，獲得統治權，一樣都可成為華夏族文化的代言人。形成這一趨勢的自然與社會背景相當複雜，然而，無論如何，經過三代的努力，中原地區（所謂「中國」的核心）成為華夏族王朝依託的中心區域，對華夏族而言，這一

---

[013]《史記》卷四《周本紀》，第 145-146 頁。

區域的政治、經濟、文化意義，遠遠超過其他地區。進入這一地區，才算獲得了華夏族文化的正統地位。

■ 三、開拓九州
—— 先秦時期華夏族擴散型遷移

　　成周之世，中國之地最狹。以今地理考之⋯⋯蓋於天下特五分之一耳。

—— 〔宋〕洪邁《容齋隨筆》

　　自古以來，中國就是一個多民族的國家，因此，移民史的內容就不能僅局限於對華夏（漢）族遷移運動的考察。綜觀中國各民族發展史，不難發現，在遠古時期，華夏族的人口數量與居住範圍是相當有限的，更加廣袤的區域為其他民族所占據。人們習慣於將他們分為「東夷、西戎、北狄、南蠻」等民族集團。先秦時期華夏族主要居住地域 ——「中國」不過只占天下土地面積的一小部分。「中國」是文化最為先進的區域，而絕非地域最為遼闊的國度。《孟子·公孫丑上》云：「夏后、殷、周之盛，地未有千里者也。」宋代學者洪邁在《容齋隨筆》卷五中也指出：「成周之世，中國之地最狹。以今地理考之⋯⋯蓋於天下特五分之一耳。」[014]

　　中華民族的發展史從一個側面而言，是「中國」疆域不斷擴展的歷史，而這種擴展首先應歸功於華夏族人民向周邊地區的遷移。前面已經

---

[014] 〔宋〕洪邁撰、孔凡禮點校，《容齋隨筆》卷五《周世中國地》，中華書局，2005年，第64頁。

提到，在上古傳說中，我們已發現不少古代帝王後裔向邊遠地區遷移的跡象，如堯舜時期「流四凶族，遷於四裔」。夏商周三代這類外遷應該更多、更頻繁。著名的外遷事件有「太伯奔吳」。周文王的兩位叔叔太伯與仲雍為了讓賢，不與文王父子爭權，自願逃往荊蠻之地，效法當地民族習俗，「斷髮紋身」，建立起句吳之國。

周王朝在疆域開拓及民族發展上的成就遠遠超過夏、商兩朝。在攻滅商朝之後，周武王開始大封諸國，在周王朝直轄的「王畿」之外，以分封領地的方式建立起眾多的邦國，造成姬姓宗族子弟輻射性的外遷。成王即位後，同樣繼承了這一做法，致使姬姓諸國遍於四方。即使如此及至春秋初年，周王朝的控制範圍相當有限，華夏與戎狄交錯，小國林立。《國語·鄭語》載史伯描述當時情況道：

> ……當成周（即東周）者，南有荊、蠻、申、呂、應、鄧、陳、蔡、隨、唐；北有衛、燕、狄、鮮虞、潞、洛、泉、徐、蒲；西有虞、虢、晉、隗、霍、楊、魏、芮；東有齊、魯、曹、宋、滕、薛、鄒、莒，是非王之支子母弟甥舅，則皆蠻、荊、戎、狄之人也。

小國林立的局面並沒有長期維持下去。爾虞我詐，弱肉強食，在激烈的兼併戰爭之後，一些強國崛起，「春秋五霸」、「戰國七雄」便是競爭中脫穎而出的佼佼者。崛起的國家在數量上雖然大大減少了，而所占疆域卻大大擴展了。晉國以及秦國的發展便是十分突出的例證。

晉國的開創者叔虞為周成王之弟，最初被封於唐。「唐在河、汾之東，方百里。」[015] 晉國正是在這「方百里」的狹小空間裡逐步發展起來

---

[015]《史記》卷三九《晉世家》，第 1,635 頁。

的。晉國向外拓展的最大障礙不是其他姬姓小國，而是周邊的「戎狄之眾」。戎狄之眾無論是在數量上，還是在居住地域上都占有較大優勢。但經過歷代國君的不懈努力，晉國逐漸從今天的山西南部擴展到西南部、中部。到韓、趙、魏三家分晉後，趙國繼續向北發展，越過句注山，占領了雁門關以北地區。

相傳秦國的祖先是顓頊帝的後裔，而秦國在崛起之前，卻是典型的「西戎」之邦。周孝王封秦國先人非子於「汧渭之間」（即汧水與渭水流域相接處），主管養馬業。由於功績非凡，被分封於秦（今甘肅清水縣境內）。周王室東遷後，秦國歷代國君在岐山以西地區與戎人進行了長期的爭奪。到秦穆公在位時期，疆域建設獲得重大進展。「益國十二，開地千里，遂霸西戎」，為進一步向中原地區發展奠定了堅固的基礎。[016]

不言而喻，疆域拓展的過程，也是人口遷移的過程，沒有一定數量的人口，也就不可能真正占據新的土地。因此，除民族雜居融合外，在華夏族國家疆域拓展過程中，實際存在著兩種密切相關的人口遷移運動：一是華夏族士民向新占領地區的遷移。二是這些地區原有戎狄人口向更為邊遠的區域遷移。

古籍中「九州」概念是戰國後期的產物，這已是學術界公認的結論。這一概念的出現，是當時人們對「天下」地理狀況認識的重大進步。而這一認識的進步，與當時各國疆域拓展及人口遷移方面的進展存在著直接的關係。隨著華夏族人民遷徙的足跡「東漸於海，西被於流沙」，華夏文化逐漸流布於宇內，「聲教訖於四海」。[017] 文明之光終於在東亞大陸上熊熊燃燒起來，文明古國由此規模初就。

---

[016]《史記》卷五《秦本紀》，第 194 頁。
[017]《史記》卷二《夏本紀》，第 77 頁。

第二節

遭遇強權
—— 封建時代的內聚型移民

　　秦國統一六國後，建立起大一統的封建王朝，這是中國歷史的一個重大轉捩點。「民為邦本，本固邦寧。」歷代封建帝王大都意識到人口對國家建設的重大作用，特別是在平定割據政權之後，為了維護自己狹隘的政治、經濟利益，常常強制施行向首都及附近核心地區的人口遷移，由此形成內聚型移民的主要特徵，即政治意義十分突出。內聚型移民運動的頻繁出現，也是中國移民史的一個重要組成部分。這類人口遷移對遷出地與遷入地文化的發展也產生了較為複雜的影響。

一、「實關中」
—— 秦漢時期向長安地區的移民

　　夫關中左殽函，右隴蜀，沃野千里，南有巴蜀之饒，北有胡苑之利，阻三面而守，獨以一面東制諸侯……此所謂金城千里，天府之國也。

—— 〔西漢〕張良

　　陝西西安市稱得上為中國「第一大古都」，在中國古都史上占有首屈一指的重要地位，關中平原正是西安輝煌歷史的堅實依託。秦與西漢兩大王朝定都西安（秦稱咸陽，漢稱長安），這兩個王朝最重要的移民運動，就是「實關中」，即向關中地區大規模移民。秦始皇統一六國後，為了維持穩定，清除分裂的隱患，促進首都地區的繁榮，集中地將六國貴族、豪強、富民向自己的根基地 —— 關中遷移。秦始皇是中國歷史上一位雄才大略的君主，為大一統國家的形成做出了卓越的貢獻。而這位君主的專制與暴虐，幾乎抹殺了他所做出的功績。他無所顧忌地驅使、虐馭天下黎民，酷烈的秦政，臭名昭彰。如始皇二十六年（西元前 221 年），「徙天下豪富於咸陽十二萬戶」。若以每戶 5 口計，這次移民人數就達 60 萬。至三十五年（西元前 212 年），又「徙三萬家於麗邑，五萬家於雲陽」[018]。第二次大移民有 8 萬家之多，至少有 40 萬人。兩次大規模移民總數就將近 100 萬人。咸陽也就成為歷史上最早出現的擁有百萬人口的大都市。這種移民舉措完全不顧這些平民的死活，其結果也可想而知。秦朝二世而亡，在農民大起義的狂潮中，大規模的移民關中的成果幾乎被破壞殆盡，至西漢初年，關中地區竟然是一片人口凋零的荒殘局面。

　　為了徹底改變關中的凋敝狀況，漢朝開國皇帝劉邦接受臣下的意見，採取「強幹弱枝」的政策，將關東各地六國大族後裔向關中遷移。高帝九年（西元前 198 年），「徙齊楚大族昭氏、屈氏、景氏、懷氏、田氏五姓關中，與利田宅 [019]」。其實，西漢初年「實關中」的大移民遠遠不只上述五姓，還有燕、趙、韓、魏之後及豪傑名家。移民總數猜想在

---

[018] 上述記載見《史記》卷六《秦始皇本紀》，第 239、256 頁。
[019]《漢書》卷一《高祖紀》，中華書局校勘本，第 66 頁。

10 餘萬口。如果著眼於改變關中地區人口過於稀少的狀況，那麼，這種遷移還有一些積極的意義，但令人失望的是，西漢時間更長、規模更大的移民，只是為了滿足建立皇帝陵縣的需求。

從秦始皇開始，歷代封建帝王在生前享盡榮華富貴之後，夢想在死去後在另外一個世界找到同樣的安逸與富足，因此，每一位帝王在即位之後，往往就開始修建自己的陵墓，除了將大批奇珍異寶放入陵墓外，還擔心陵墓之外寂寞冷清，就將大批人口遷來「陪王伴駕」，並置立「特別行政區」 —— 陵縣。建立陵縣也就成為西漢安置關東移民的主要方式。

劉邦的父親死後，漢朝官府就在其葬地櫟陽城內設萬年縣，是為陵縣設置之始。西漢重要的陵縣有：（1）高帝長陵，在今陝西咸陽市東北，始建於高祖十二年（西元前 195 年）。據《漢書·地理志》記載，漢初所遷關東豪強之家大部分安置於長陵。（2）惠帝安陵，距離長陵十里。據《關中記》記載：當時，「徙關東倡優樂人五千戶以為陵邑。（因其）善為喁（音周，鳥鳴聲）戲，故俗稱女喁邑也。」（3）文帝霸陵，在今西安市東北，始建於文帝九年（西元前 171 年）。與其他諸陵相比，該陵修築規模較小，但這並沒有影響其徙民置縣。（4）景帝陽陵，在今陝西西安市高陵區西南。始建於景帝五年（西元前 152 年），當時特別「募民徙陽陵，賜錢二十萬」[020]。（5）武帝茂陵，在今陝西興平市東北。在西漢諸帝中，漢武帝聲名顯赫，功績卓著，在位期間，漢王朝國勢趨於極盛。不過，這位皇帝在陵墓修建上也用心良苦，三番五次下詔徙郡國吏民於茂陵，故而，無論陵墓規模還是遷民人數，都在其他陵墓之上。（6）昭帝平陵，在今咸陽市西北。（7）宣帝杜陵，在今西安市東南。在修建

---

[020]《漢書》卷五《景帝紀》，第 143 頁。

平陵和杜陵時，皇帝們也都專門下詔徙來郡縣豪強之家。[021]

上述陵墓中，以長陵、安陵、陽陵、茂陵、平陵在渭河之北，合稱「五陵」。西漢諸帝向陵縣徙民時，常附加一些條件，如向杜陵徙民時，特別強調遷者必須為「丞相、將軍、列侯、吏二千石，訾百萬者」[022]，即高官與豪富之家，並不是普通平民，大量富民雲集一地，立即為當地帶來了前所未有的繁榮景象，故「五陵」成為當時京師長安中發達富庶的區域。

讓成千上萬的關東家族長途跋涉，進入關中，只是為了讓他們陪伴歸於九泉之下的帝王，本身就大不近人情。另外，遷往關中對這些關東移民而言，又不知蘊含著多少離鄉背井的痛楚。到永光四年（西元前40年）九月，漢元帝下詔停止陵縣的修建及移民，他在詔書中不得不承認遷移對百姓帶來的痛苦：

安土重遷，黎民之性；骨肉相附，人情所願也。頃者有司緣臣子之義，奏徙郡國民以奉園陵，令百姓遠棄先祖墳墓，破業失產，親戚別離，人懷思慕之心，家有不安之意。是以東垂被虛耗之害，關中有無聊之民，非久長之策也。[023]

即使不考慮廣大移民的感情，對西漢朝廷而言，陵縣移民已完全失去了意義。經過長期徙民，關中地區早已成為當時人口最繁盛的地區，繼續徙民，只能使關中地區不堪重負。因此，廢除陵縣就是順應時勢的明智舉措了，故從元帝後，西漢帝王再沒有成功設置過陵縣，也就沒有相應的移民行動了。

---

[021] 葛劍雄著：《西漢人口地理》，人民出版社，1986年，第137-139頁。
[022] 《漢書》卷八《宣帝紀》，第253頁。
[023] 《漢書》卷九《元帝紀》，第292頁。

西漢末年的戰亂使政治中心區 —— 關中遭到極大的破壞，因此，東漢光武帝劉秀將首都定在洛陽，在這種狀況下，也就不會有由朝廷組織向關中的移民活動了。然而到東漢末年，奸雄董卓為擁帝自重，強行遷都長安，上演了一幕慘烈的鬧劇。漢獻帝初平元年（西元 190 年），在董卓軍隊的逼迫下，「於是盡徙洛陽人數百萬口於長安，步騎驅蹙，更相蹈籍，飢餓寇掠，積屍盈路……二百里內無復孑遺」[024]。殘暴的驅趕造成的結果，是成千上萬無辜平民百姓的驚人傷亡，這些軍閥不過是將千萬平民的生命，作為自己逐鹿爭雄的籌碼，草菅人命式的驅掠當然不可能有穩定的移民效果。同時，無情的戰亂在繼續蔓延，廣大平民最終成為各種災難的犧牲品。

我們也必須看到，秦漢時期「實關中」移民運動的發生，與關中的地理位置有著密切的關係。關中建都有著諸多優勢，歷來受到人們的推崇，但不能否認，在大一統王朝的版圖上，關中的地位偏西，而關東（即崤關或函谷關以東地區）面積過於遼闊，這為政治穩定帶來了隱患，因此，為了維持對關東地區的威懾，保持關中地區人口的相對密集，是必要的，秦漢時期之所以頻繁向關中地區移民，其根本癥結也在於此。

二、移民代都
—— 北魏時期向平城地區的移民

悲平城，驅馬入雲中。陰山常晦雪，荒松無罷風。

—— 〔北魏〕王肅《悲平城詩》

---

[024]《後漢書》卷七二《董卓傳》，中華書局校勘本，第 2,327 頁。

與秦漢時期「實關中」相比較，北魏時期向代都（今山西大同）的移民運動更具有典型意義。如秦朝關中在移民運動發生之前，已經是經濟發達，人口較為密集的都會了，移民關中的政治傾向非常明顯。然而，以平城為核心的北魏代都地區則一直是非常荒僻的塞上古城，土地貧瘠，人口稀少，遠在「九州」之外。因此，代都平城是一個十分典型的移民都市，沒有大批移民的遷入，代都平城的興盛只能是空中樓閣。

北魏崛起於十六國時期，許多割據政權最終為拓跋鮮卑所消滅。為了防止割據勢力死灰復燃，充實自己的政治中心區，拓跋鮮卑統治者在軍事進攻的同時，都無一例外地採取徙民措施。最早向代都的大規模移民是在天興元年（西元 398 年）攻滅後燕之後。「徙山東六州民吏及徒何、高麗雜夷三十六萬（應為署），百工伎巧十萬餘口，以充京師。」[025]這 10 餘萬口的移民包括大批後燕政權的官僚、文士。太武帝拓跋燾在位時期，北魏王朝的軍事力量趨於鼎盛，大力開疆拓土，接連消滅了幾個重要的割據政權，同時也掀起了向代都移民的高潮。如始光三年（西元 426 年），北魏軍隊進逼夏國境內，「分軍四出，略居民，殺獲數萬，生口牛馬十數萬，徙萬餘家而還」。這種攻掠簡直是一場對當地居民生命財產的野蠻剝奪，死於鐵蹄刀劍之下的平民甚至多於徙走的居民。而這僅僅是災難的開始。夏國與代都之間路途遙遠，在北魏軍隊無情的驅迫下，不少移民在路途中被奪走了生命，「從人在道多死，其能到都者才十六七」。始光四年（西元 427 年），魏軍再次大舉西討，攻入統萬城，俘獲大批夏國人士，如「虜（赫連）昌群弟及其諸母、姊妹、妻妾、宮人萬數」以及「秦雍人士數千人」。這些人也大都被遷往代都。

北魏軍隊於太延五年（西元 439 年），西伐北涼，獲得決定性的勝

---

[025]《魏書》卷二《太祖紀》，中華書局校勘本，第 32 頁。

利，同時一場大規模移民行動也宣告開始。「徙涼州民三萬餘家於京師」[026]。以每家五口計，這批移民就大約有 15 萬人。拓跋燾在位期間最殘暴的一次殺掠行動發生在太平真君十一年（西元 450 年）。北魏大軍長驅直入，進逼長江邊，回師之際瘋狂殺掠沿途無辜百姓。江淮大地由此經歷了一場血與火的劫難。南朝學者沈約在《宋書·索虜傳》後回憶當時慘況道：「……強者為轉屍，弱者為系虜。自江、淮至於清、濟，戶口數十萬，自免湖澤者，百不一焉。村井空荒，無復鳴雞吠犬。」北魏軍隊最後將「降民五萬餘家分置近畿」，也就是環繞平城近千里的範圍裡。此外，代都重要的移民群體還有平齊民，是皇興初年攻取南朝青、齊二州後所徙士民。為安置這批特殊移民，北魏還特別在京畿內設置平齊郡（治今朔州市東南）及懷寧、歸安二縣。北魏向代都的強制性徙民一直持續到太和年間，如太和五年（西元 481 年）魏軍南伐，「大破（蕭）道成將，俘獲三萬餘口送京師。」執政的馮太后「以南俘萬餘口班賜群臣」。[027]

　　大批移民為北魏的政治、經濟、文化建設發揮了極其重要的作用，在某種程度上可以說，是這些移民塑造了北魏政權。如在北魏政壇上，移民及移民後裔的比例相當可觀，如北魏政權的開創首先得益於來自後燕政權的大臣，著名大臣崔宏（名臣崔浩之父）是其中佼佼者，深得道武帝拓跋珪的倚重。又如在孝文帝遷都改制時，出身於平齊民的大臣功不可沒。另外，學者們都注意到大批移民對平城地區農業發展的重要意義，雁北地區地廣人稀，均田制正是在大批移民到來後，才得以實施的。

---

[026] 上述移民記載均見《魏書》卷四《世祖紀》。
[027] 《魏書》卷七《高祖紀》，第 150 頁。

像北魏政權這樣如此頻繁地向京師地區大規模移民，在中國歷史上也是少見的，如此移民的結果，是導致代都人口在短時間的膨脹。據粗略猜想，到孝文帝遷都洛陽之前，代都平城總人口已超過 150 萬人，這也是歷史時期這一地區人口數量的最高紀錄。平城也就成為典型的移民都市。不過，就建都而言，無論是地理位置，還是經濟條件，平城的劣勢實在太多，如位置過於偏北，交通不便，當地經濟落後等。大量強制移民可以使這一塞上名城繁盛一時，然而，要維持這一繁盛，會付出龐大的代價，後來孝文帝遷都洛陽，在相當程度上與平城本身無法扭轉的區位劣勢有關 [028]。

三、雲集中州
—— 五代、北宋向開封地區的移民

八荒爭輳，萬國咸通。集四海之珍奇，皆歸市易；會寰區之異味，悉在庖廚⋯⋯

—— 〔宋〕孟元老《東京夢華錄序》

河南開封建都的歷史，始於五代時的後梁。汴州（治今開封市）是朱溫的發跡地（他長期擔任汴州刺史）。為了挾持唐昭宗，朱溫等人策劃遷都洛陽。天祐元年（西元 904 年）正月，朱溫等人藉口關中有災，拆毀屋舍，強迫長安所有居民自渭水浮河而下，遷往洛陽。這是一場相當殘酷的強迫性徙民。據《資治通鑑》記載：

---

[028] 安介生：〈北魏代都人口遷出考〉，《史念海先生八十壽辰學術文集》，陝西師範大學出版社，1996 年，第 372-383 頁。

戊午，驅徙士民，號哭滿路，罵曰：「賊臣崔胤召朱溫來傾覆社稷，使我曹流離至此！」老幼繼屬，月餘不絕。壬戌，（唐昭宗）車駕發長安，全忠（即朱溫）以其將張廷範為御營使，毀長安宮室百司及民間廬舍，取其材，浮渭沿河而下，長安自此遂丘墟矣。[029]

寇彥卿也是策劃與實施這場大遷徙的主謀之一，《新五代史·寇彥卿傳》描述出當時君民悲苦之情狀：

彥卿因悉驅徙長安居人以東，皆拆屋為筏，浮渭而下，道路號哭，仰天大罵曰：「國賊崔胤、朱溫使我至此！」昭宗亦顧瞻陵廟，徬徨不忍去，謂其左右為俚語云：「紇幹山頭凍死雀，何不飛去生處樂。」相與泣下沾襟。

移民洛陽不過是朱溫篡取帝王之位的一大步驟，並非有心重建洛陽古都。汴州是朱溫多年經營的老巢，與洛陽距離又較近，故而無法排除其手下軍士迫使移民進入汴州的可能性。朱溫取代唐帝，建立後梁政權後，隨即廢去西京長安，將洛陽定為西都，將汴州升為開封府，定為東都。這種兩都制為後晉、後漢、後周所繼承，並一直持續到北宋末年。而開封已逐步成為當時政治與文化中心。如後梁末年，朱溫之子朱友貞堅持要在開封即皇帝位，他陳述的理由也就是開封建都的根本原因：

夷門（開封別稱），太祖（即朱溫）創業之地，居天下之衝，北拒并、汾，東至淮海，國家藩鎮，多在厥東，命將出師，利於便近，若都

---

[029]《資治通鑑》卷二六四《唐紀八十》，昭宗天祐元年，中華書局校勘本，第 8,626 頁。

洛下（即洛陽），非良圖也。[030]

自唐朝末年開始，藩鎮割據，天下分崩離析。五代十國，南北方政權更迭，如走馬燈一般。「陳橋兵變」後，後周大將趙匡胤「黃袍加身」，開創北宋，同時也著手於掃滅天下群雄的工作。「臥榻之側，豈容他人鼾睡？」與平定群雄的使命相連結，北宋前期向開封及附近地區的移民運動也帶有十分鮮明的特點，即移民主體以被征服政權的王侯大臣及其眷屬為核心。對此，宋人張方平評云：

我太祖武皇帝既擒諸僭王，創艾末大之弊，思拯塗炭，講建長策，因四方漸定，諸帥王覲者則留宿衛，畜其族京師。[031]

十國之中被北宋消滅的王國有荊南（又稱南平）、南漢、南唐、後蜀、吳越、北漢等國。平定之後，亡國君臣無一例外地被解往首都開封，其中後蜀、南唐、吳越等國前往東京開封的移民數量較多。後蜀由孟知祥所開創，疆域包括今天成都及漢中平原，定都成都（今四川成都市）。然而，險絕的「蜀道」絲毫沒有阻擋宋朝大軍西向的步伐，後蜀軍隊不堪一擊，在建國三十餘年後，蜀主孟昶被迫奉表投降。其妃花蕊夫人曾有詩譏之道：「十四萬人齊解甲，可無一個是男兒？」然而，即使苟且偷生，孟昶再也不能留居於天府之國。西元 965 年，孟昶與太后、妃嬪及百官眷屬在宋軍的押解下，沿江而下，前往汴梁。據說，孟昶在位時並無多少劣跡，蜀國百姓對他頗有懷戀之情。「史言後主朝宋時，自二江至眉州，萬民擁道，痛哭慟絕者凡數百人，後主亦掩面而泣。藉非慈

---

[030]《舊五代史》卷八《梁末帝紀》，中華書局校勘本，第 115 頁。
[031]〔宋〕張方平撰：《樂全集》卷三三《吳興郡守題名記》，《影印文淵閣四庫全書》，第 1,104 冊。

惠素著，亦何以深入人心如此哉？」[032] 由於遷移及押解的人員較多，再加上宋軍擄掠蜀國的大量財物，一時竟形成了聲勢浩大的移民隊伍，綿延百里不絕，有詩證云：

全家離錦水，五月下瞿塘。繡服青蛾女，雕鞍白面郎。纍纍輜重遠，杳杳路岐長。[033]

與後蜀相比，南唐移民的慘況更勝一籌。南唐由李昇（原名徐知誥）開創，在當時南方諸國中尚屬富強之列，曾先後消滅吳、楚、閩等割據政權，然難以與北宋相頡頏，雖奉表稱臣，仍無法消除趙匡胤等人吞併的野心。當宋軍兵臨金陵（今江蘇南京市）城下之時，後主李煜才不得不接受亡國的事實。在宋朝軍隊的押送下，李煜率宗族及文武百官冒雨登舟北上。望著漸漸遠去的石頭城，李煜潸然淚下，悲痛萬分，賦詩云：

江南江北舊家鄉，三十年來夢一場。吳苑宮闈今冷落，廣陵臺殿已荒涼。雲籠遠岫愁千片，雨掃歸舟淚萬行。兄弟四人三百口，不堪閒坐細思量。[034]

儘管帶有顯著的強迫性質，不過宋朝官府對這些特殊移民的待遇還是較為優厚的。每一位重要的國君抵汴後，除封官封爵外，均受到相當豐厚的賞賜。如後蜀主孟昶到來後，官府特意「以新築臨汴大第賜後主

[032]〔清〕吳任臣撰：《十國春秋》卷四九末《史臣論》，中華書局校勘本，1983 年，第 743 頁。
[033]〔宋〕吳曾撰：《能改齋漫錄》卷一三《記事·下蜀輜重百里不絕》，上海古籍出版社，1979 年，第 394-395 頁。
[034]《十國春秋》卷一七引馬令《南唐書》，第 252-253 頁。

居之,復為官屬各營居第。」[035] 吳越王錢俶因對宋朝極為恭順,更受到特別禮遇。早在建隆年間,就為其造豪宅於太學之東,「連亙數坊,名禮賢宅。」開寶八年(西元 975 年),當錢俶北上抵達開封郊外時,趙匡胤特地遣皇子迎接,「對見禮皆從異等,賜禮賢宅以館之。而宅之締構宏壯,供帳什物,種種皆具,俶至如歸焉。」[036] 又如荊南高保紳等人入朝時,「各賜京城第一區」。[037] 如此厚待亡國移民,在中國移民史上也是較為少見的。

由於移民自身的特殊性,造成了一時名人巨族雲集汴梁的繁盛景象,這批高素養的移民對開封地區的文化建設有著重要的意義。亡國之著名文士同樣受到北宋朝野的尊崇。如南唐文化鼎盛,在南方諸國中首屈一指,後主李煜本人就是才華橫溢的文學家,手下英才如林。當南唐文士徐鉉、張悅等人來到開封後,宋太祖龍顏大悅,高興地說:「朕平定金陵,最大收穫便是得到諸位賢士啊!」

---

[035]《十國春秋》卷四九《後蜀本紀》,第 379 頁。
[036]〔清〕周城撰:《宋東京考》卷一一一引《宣和書譜》,中華書局,1988 年,第 207 頁。
[037]《宋史》卷四八三《荊南世家》,中華書局校勘本,第 13,954 頁。

第三節

逃避災難
—— 中國歷史上三次南遷大潮

　　中國移民史上規模最大的移民運動，均肇始於三次自北而南的避難性流徙狂潮。第一次通稱為「永嘉南渡」，導源於西晉末年「八王之亂」及各少數民族割據政權的崛起。第二次以唐中期「安史之亂」的爆發為代表，一直持續到五代時期。第三次又稱為「靖康南渡」，以女真人攻滅北宋的「靖康之亂」為起點。這三次移民運動對中國歷史的影響十分強大，不僅是政治史演變中舉足輕重的部分，而且可以說從某種程度上構成了中國移民史的主幹。封建王朝之興替與人口移徙之間的密切關係，可以從這三次移民運動得到充分反映。而對廣大移民而言，無論是王公貴族還是黎民百姓，他們被迫離開家園的主要原因，都是為了躲避可怕的災禍。

一、永嘉南渡
—— 與大動亂相伴相生的大移民

　　嗟乎！黔黎將湮於異類，桑梓其翦為龍荒乎！

—— 〔西晉〕郭璞占卜語

歷史上的所謂「南渡」，均指以帝王為核心的封建政權整體性的南向遷徙，如「永嘉南渡」、「靖康南渡」及「貞祐南渡」等莫不如此。西晉末年的「永嘉南渡」是封建王朝歷史上最早的大規模南渡事件。與「靖康南渡」、「貞祐南渡」相比，「永嘉南渡」爆發之時，並沒有強大的外部政權的侵襲與威脅。這場南渡的發生，直接肇始於西晉政權的覆滅，而西晉政權的覆滅，是當時階級矛盾、民族矛盾以及統治階級內部矛盾總爆發的結果。伴隨著「永嘉南渡」的社會大背景是天災人禍交織在一起的晉末大動亂，成千上萬的無辜平民跌入慘遭蹂躪的苦難深淵。史書的記載為我們展現了當時可怖的慘況：

及惠帝之後，政教陵夷，至於永嘉，喪亂彌甚。雍州以東，人多飢乏，更相鬻賣，奔迸流移，不可勝數。幽、并、司、冀、秦、雍六州大蝗，草木及牛馬毛皆盡。又大疾疫，兼以饑饉，百姓又為寇賊所殺，流屍滿河，白骨蔽野。劉聰之逼（首都洛陽），朝廷議欲遷都倉垣（今河南開封市東北），人多相食，飢疫總至，百官流亡者十八九。[038]

「永嘉喪亂」的發生，必須從晉末「八王之亂」說起。晉武帝司馬炎在位期間，犯下一個極為愚蠢的錯誤，即分封諸王。不少司馬氏親王擁兵自重，雄鎮一方。永熙元年（西元 290 年），司馬炎去世後，繼位的惠帝司馬衷年紀幼小，智力平庸，形同傀儡。野心勃勃的賈皇后、太后之父楊峻及握有實權的司馬氏親王們為爭奪朝政大權展開了殊死的爭鬥，並演變為曠日持久的血腥廝殺，時間長達十餘年，完全摧毀了西晉王朝的統治秩序。直到光熙元年（西元 306 年），「八王之亂」才接近尾聲，而此時正是「永嘉喪亂」全面爆發的前夜。

東漢以後，大量周邊民族向中原地區內遷，民族矛盾成為社會矛盾

---

[038]《晉書》卷二六《食貨志》，中華書局校勘本，第 791 頁。

較為核心的部分。在天下惶惶、四海混亂的情況下，擁有實力的各族首領找到了大顯身手的舞臺，迫不及待地加入了逐鹿中原的爭鬥，紛紛起兵反晉，建立起自己的政權，苟延殘喘的西晉王朝由此土崩瓦解。帶有民族偏見的封建士大夫由此將「永嘉大亂」的原因歸結為「夷狄亂華」。

最早的少數民族政權 —— 劉淵的漢國於西晉永安元年（西元 304年）在山西境內建立，「惠（帝）、懷（帝）之際，河東先擾」[039]。河東地區成為「永嘉喪亂」的策源地。這一點也不奇怪。山西（時稱「并州」）是內遷少數民族的主要聚集區之一，民族矛盾、階級矛盾相當突出。劉淵為首的南匈奴部眾長期生活在山西境內，勢力最為強盛。在西晉王朝骨肉相殘，綱紀紊亂之際，劉淵等匈奴貴族自感羽翼豐滿，有能力問鼎中原，於是率先向中原政權發難。在其強大攻勢下，西晉各級官員無心戀戰，四散奔逃。

永嘉五年（西元 311 年），劉淵軍隊攻陷洛陽，晉帝被俘，名存實亡的西晉王朝呈現崩潰之勢，這引發了永嘉喪亂的總爆發。洛陽一帶歷來是達官士紳的淵藪，兵鋒所及，玉石俱焚，駭人聽聞的屠戮事件相繼發生，從而引發了更大規模的逃徙浪潮。《晉書·王導傳》載：「洛京傾覆，中州士女避亂江左者十六七。」又如《宋書·地理志》云：「自夷狄亂華，司、冀、雍、涼、青、并、兗、豫、幽、平諸州一時淪沒，遺民南渡，並僑置牧司。」顯然，西晉各級政權的徹底垮臺，與北方少數民族割據政權的迅速崛起，斷絕了北部中國漢族人士對故土的留戀與希望，為避免無謂地死於屠掠之下，人們只有匆匆地向相對安靜的南方地區奔逃。

在南遷的洪流中，北方世家大族的行動最為引人注目。也許出於敏銳的政治嗅覺及對社會矛盾的憂慮，不少世家大族的南遷行動早在「永

---

[039]《晉書》卷七二《郭璞傳》，第 1,899 頁。

嘉喪亂」爆發前就開始了。如河東聞喜（今山西聞喜縣）人郭璞精於卜
筮，在反覆占驗家鄉命運之後，他得出了令人萬分沮喪的結論：「嗟乎！
黔黎將湮於異類，桑梓其翦為龍荒乎！」[040] 因此，他毫不猶豫地與親
朋好友數十家，結伴南遷。而琅琊臨沂人王導等更是早早將目光投向南
方，竭力扶持司馬睿重建新政權，招徠南下的北方士人。東晉首都建康
（今江蘇南京市）及附近地區很快成為當時最重要的遷入區之一。這些南
下世族也就成為東晉政權賴以維繫的基礎力量。

當我們考察這場規模空前的大移民時，不難發現，在那樣動盪的年
代，遷移的最終完成，是相當困難的。對絕大部分中下層平民而言，他
們逃離家園的目的就在於避難，在相當長的時間裡，並沒有十分明確的
遷移目標。或者可以說，他們往往是在四處遷移途中尋找最終的目的
地。大部分移民是從所謂「流人」轉化而來。為了抵禦外來侵害，這些
流人往往組織起來，形成了聲勢可觀的流民集團。在流人集團中，最著
名的就數「乞活」了。「乞活」的出現與晉末并州地區大災荒有著直接的
關係。「乞活」集團的主體是隨并州刺史司馬騰遷往河北地區的山西部
眾，數量達 2 萬戶，被學者稱為「流民之中團結最堅、活動地域最廣、
歷時最久者」[041]。

據譚其驤先生的考證，「永嘉南渡」中，有三條最為重要的遷移路
線。一是沿漢水一線，今陝西、甘肅等西北地區的移民由此南下。二是
沿邗溝一線，山東及江北北部移民由此南遷鎮江、武進等地。三是淮河
一線，河南等地移民由此南遷安徽等地。截至劉宋時期，南渡人口大約

---

[040]《晉書》卷七二《郭璞傳》，第 1,899 頁。

[041] 周一良：〈乞活考 —— 兩晉間流民史之一頁〉，《魏晉南北朝史論集》，中華書局，1963 年，
第 12-29 頁。

有 90 萬,占當時全國人口的 6 分之 1。[042]

　　大批北方移民的到來,南朝官府不能置之不理。而如何將他們重新納入官府管轄的範疇之中,便是南朝政權所面臨的棘手的難題。「僑置郡縣」由此應運而生。所謂「僑置郡縣」,就是在南朝舊有郡縣之內,將共同擁有某種原有籍貫的移民組織起來,依然冠以原籍貫的郡縣名稱。據《宋書》記載:

　　自戎狄內侮,有晉東遷,中土遺氓,播徙江外,幽、并、冀、雍、兗、豫、青、徐之境,幽淪寇逆。自扶莫而裹足奉首,免身於荊、越者,百郡千城,流寓比室。人佇鴻雁之歌,士蓄懷本之念,莫不各樹邦邑,思復舊井。既而民單戶約,不可獨建,故魏邦而有韓邑,齊縣而有趙民。且省置交加,日回月徙,寄寓遷流,迄無定託,邦名邑號,難或詳書。[043]

　　前面已提到,北方世家大族在移民中占有可觀的比重。魏晉南北朝是世家大族勢力發展的鼎盛時期,世家大族大都擁有特殊的政治地位和雄厚的經濟實力。而這些世家大族盤根錯節,聚族而居,往往與一定的地域單位相連接,如琅琊臨沂王氏、太原晉陽王氏、高平金鄉郗氏、河東安邑衛氏、琅琊陽都諸葛氏等。這種特定的地域單位都是其勢力及優越地位的依託。在倉皇南奔之後,這些世族成員也不肯放棄這種優越的象徵,希望能夠保持家族的實力與優勢,僑置郡縣應運而生。「僑」者,客也,寄也。可以說,這些南遷的世家大族也是僑置郡縣產生與維繫的根源。

---

[042] 譚其驤:〈晉永嘉喪亂後之民族遷徙〉,《長水集》(上),人民出版社,1987年,第199-223頁。
[043] 《宋書》卷一一《志序》,中華書局校勘本,第205頁。

也應該看到，一些被迫南徙的有志之士（如祖逖等）千方百計從事北征，力求恢復中原，但南渡的世家大族中有不少人很快適應了南方的生活，藉口「五胡亂華」，中原殘破，竟公開反對收復北方失地的行動。如太原晉陽孫統、孫綽兄弟在徙居江南後，「縱意游肆，名山勝川，靡不窮究」，依然保持名士風度。當東晉大司馬桓溫乘北方大亂，有意遷都洛陽時，孫綽上疏反對，道出了多數世族人士的心聲，他說：

然（永嘉喪亂時）中夏蕩蕩，一時橫流，百郡千城曾無完郭者，何哉？亦以地不可守，投奔有所故也。……自喪亂已來六十餘年，蒼生殄滅，百不遺一，河洛丘墟，函夏蕭條，井堙木刊，阡陌夷滅，生理茫茫，永無依歸。播流江表，已經數世，存者長子老孫，亡者丘隴成行。雖北風之思感其素心；目前之哀實為交切。[044]

可見，「時勢比人強」，既然大部分南渡人士已無重返故園之心，桓溫的北伐行動就是強人所難了，難有成功之望。隨著後來「南北朝」局面的形成，這些遍布江南各地的「僑人」絕大多數終老在僑寓之地。同時，鑒於僑置郡縣在各地所產生的種種問題，如「一郡分為四五，一縣割成兩三」，南朝政權逐步推行「土斷」措施，改造僑置郡縣，剝奪北方移民的特權，使他們與當地居民在法律上完全等同起來。[045] 至此，「永嘉南渡」便成為流傳於野老村夫口中的悠悠舊事了。

---

[044]《晉書》卷五六《孫楚附孫綽傳》，第 1,545 頁。
[045] 參見胡阿祥：〈東晉南朝僑州郡縣的設置與地理分布〉（上、下），分別載於《歷史地理》第八輯、第九輯，上海人民出版社，1990 年。

■ 二、盛極而衰的悲歌
—— 「安史之亂」後的大遷徙

三川北虜亂如麻，四海南奔似永嘉。

—— 〔唐〕李白〈永王東巡歌〉之一

開元、天寶年間，唐王朝發展到了極盛，而深受唐玄宗寵愛的蕃（同「番」）將安祿山卻於天寶十四載（西元 755 年）於范陽（今北京市）發動叛亂。生長於昇平盛世，億萬百姓不識干戈，士卒不習戰備。故而叛亂伊始，天下士民驚恐萬分，不知所措。一時間，叛軍勢如破竹，長驅南下。攻取東都洛陽後，矛頭直指唐王朝的心臟 —— 西京長安。曾經英武睿智的唐玄宗匆匆奔往四川避難，叛軍最終攻陷了長安。這場突如其來的動亂引起了中國北部的劇烈動盪，「安史之亂」是唐王朝由盛而衰的轉捩點，也是千千萬萬無辜平民的又一場大劫難。叛軍所過之處，燒殺搶掠，無惡不作，種種暴行駭人聽聞。刀矢相加，屍橫遍野。唐朝軍隊屢遭敗績，助長了叛軍的囂張氣焰，各地士民失魂落魄，倉皇外奔。

屬逆胡（即安史叛軍）搆亂，凶虐滔天……賊時竊據洛陽，控引幽朔，驅其猛銳，吞噬河南……兩宮出居，萬國波盪，賊遂僭盜神器，鴟峙兩京，南臨漢、江，西逼岐、雍。群師遷延而不進，列郡望風而出奔。[046]

---

[046]〔唐〕李翰：〈進張巡中丞傳表〉，《全唐文》卷四三〇，中華書局影印本，第 4,376-4,377 頁。

在這場災難中，受創最深的地區首推河北、河南及關中。如洛陽一帶為唐軍與叛軍爭奪最劇烈的區域之一，百姓生命財產的損失也最為慘重。當唐代宗在群臣的慫恿下，有意遷都洛陽以避吐蕃侵擾時，名將郭子儀當即表示反對，他一針見血道地出了洛陽的慘況：

夫以東周（即洛陽）之地，久陷賊中，宮室焚燒，十不存一。百曹荒廢，曾無尺椽，中間畿內，不滿千戶。井邑榛棘，豺狼所嗥，既乏軍儲，又鮮人力。東至鄭、汴，達於徐方，北自覃懷，徑於相土，人煙斷絕，千里蕭條。[047]

唐朝是詩歌極盛的時代，一些身歷喪亂的詩人用泣血的詩句描繪了目睹的慘況，如「詩聖」杜甫廁身於逃難的人流之中，用詩行為我們展示了當時逃徙士民的辛酸處境：

明眸皓齒今何在？血汙遊魂歸不得。清渭東流劍閣深，去住彼此無消息。人生有情淚沾臆，江水江花豈有極？黃昏胡騎塵滿城，欲往城南望城北。（〈哀江頭〉）

寂寞天寶後，園廬但蒿藜。我里百餘家，世亂各東西。存者無消息，死者委塵泥……（〈無家別〉）

又如「詩仙」李白〈扶風豪士歌〉記云：

洛陽三月飛胡沙，洛陽城中人怨嗟。天津流水波赤水，白骨相撐如亂麻。我亦東奔向吳國，浮雲四塞道路賒（遙遠之意）。……

---

[047]《舊唐書》卷一二○《郭子儀傳》，中華書局校勘本，第 3,457 頁。

面對屠掠的威脅，大多數士民慌不擇路，逃難的方向並不一致。如于邵《河南于氏家譜後序》云：「洎天寶末，幽寇叛亂，今三十七年。頃屬中原失守，族類逃難，不南馳吳越，則北走沙朔，或轉死溝壑，其誰與知；或因兵禍縱橫，吊魂無所；或道路阻塞，不由我歸；或田園淹沒，無可回顧。」[048] 有幸逃生的人們大多向淮河以南地區湧去。如兩湖地區，《舊唐書·地理志》載：「自至德後，中原多故，襄、鄧百姓，兩京衣冠，盡投江、湘，故荊南井邑，十倍其初。」相比之下，江浙一帶接收北方移民最多。時人顧況指出：「天寶末，安祿山反，天子去蜀，多士奔吳為人海。」[049] 《舊唐書·權德輿傳》也稱：「兩京蹂於胡騎，士君子多以家渡江東。」在這種情況下，大詩人李白甚至提出效法東晉，遷都金陵（今南京）的建議，原因就是：「天下衣冠士庶，避地東吳，永嘉南遷，未盛於此。」[050]

然而，「安史之亂」並沒有徹底摧毀唐王朝，在回紇等族將士的幫助下，唐朝軍隊最終收復了首都長安，平定了叛亂。但這種光復的成功不可能讓遠徙的人們全部返回殘破的故里。正所謂「亂定幾人歸本土」？連肅宗都承認：「緣頃經逆亂，中夏不寧，士子之流，多投江外，或扶老攜幼，久寓他鄉，失職無儲，難歸京邑。」榮利所繫之京師尚且難歸，其他地方更可想而知了。再加之「安史之亂」後，河北藩鎮飛揚跋扈，與中央政權分庭抗禮，雙方之間戰事不絕，廣大移民自然不願涉足於是非之地，而甘心定居在流寓之地了。[051]

---

[048] 《全唐文》卷四二八，中華書局影印本，第 4,366 頁。

[049] 《全唐文》卷五二九〈送宣歙李衙推八郎使東都序〉，第 5,370 頁。

[050] 《全唐文》卷三四八〈為宋中丞請都金陵表〉，第 3,529 頁。

[051] 周振鶴：〈唐代安史之亂和北方人民的南遷〉，《中華文史論叢》1987 年第 2、3 期合刊。

三、靖康南渡
—— 兵臨城下的逃亡

七將渡河，潰百萬之禁旅；八人登壘，摧千仞之堅城。

—— 《靖康遺史》錄優人語

「永嘉南渡」與「靖康南渡」有著十分明顯的相似之處，兩次大移民都分別將一個漢族王朝腰斬為兩段，前者宣告了東晉王朝的開始，後者則掀開了南宋王朝的紀元。不過，「靖康南渡」前，北宋王朝沒有陷入無法收拾的混亂局面，而是處於相當平靜的昇平時期，「靖康之亂」的直接原因是女真人的武裝入侵。因此，「靖康之亂」猶如平地捲起的狂飆，無情地將中國北部毫無準備的漢族士民捲入南逃的大潮。

對女真人的迅速崛起，漢族士人表現出極大的驚恐：

自古戎狄之興，未有若女真之速，遼東、遼西已為奄有，前年（西元1120年）取上京，今年（西元1122年）取中京，遂破雲中，如摧枯拉朽。所在肝腦塗地，腥聞於天！[052]

北宋徽宗宣和七年（西元1125年），女真大軍在攻滅遼國後，很快向北宋重鎮太原、燕山等地發起進攻。宋朝君臣長期沉湎於歌舞昇平之中，軍隊毫無鬥志，臨陣輒潰不成軍，眾多城池接連失陷，北方百姓慘遭屠戮，人心驚駭。

---

[052] 見趙良嗣〈與李處溫書〉，《三朝北盟會編》卷八《政宣上帙八》，上海古籍出版社影印本。

賊（指女真軍隊）之來，雖少有鈔掠，而不殺害人民。比去，所過皆殘破。其所得漢人並削髮，使控馬荷擔；得婦人好者掠去，老醜者殺之。自京師至黃河數百里間，井里蕭然，無復煙爨，屍骸之屬，不可勝數。[053]

靖康元年（西元 1126 年）八月，金朝軍隊再次兵分東、西兩路大舉南侵。宋朝各地守軍聞風喪膽，紛紛棄城南逃，各地官紳士民更是捲入了匆匆外跑的行列。南奔的浪潮首先從河北、山西等地掀起。以山西為例，宋朝軍隊在晉中一帶慘敗後，當地士民大為恐慌。「於是汾州、威勝、隆德、晉、絳、澤州民扶攜老幼，渡河南奔者鉅萬計，諸州井邑皆空。」[054] 當年十一月，當金朝進攻澤、潞地區（今晉東南）時，官吏首先棄城逃竄，「於是士庶攜老提幼，適汝、潁、襄、鄧者逃避者莫知其數」[055]。山西籍僧人宗印曾撰詩描述當時大逃難的情形，其中有句云：

七十老僧西復東，鄉關在望念飄篷。大遼半歲九分盡，全晉一年千里空。[056]

靖康元年閏十一月二十六日，宋朝歷史上最恥辱的一幕發生了，金軍攻陷宋都開封（今河南開封市），徽、欽二帝被俘。靖康二年五月，宋高宗趙構在南京（今河南商丘南）即位，並有意重整旗鼓，但大多數宋朝官員已被女真人凶狠的屠戮嚇破了膽，人心渙散，不顧朝廷大計與百姓安危，爭先恐後地舉家南遷，顯示出可鄙又可憐的嘴臉，對此，高宗趙構無可奈何地感嘆：

---

[053] 《三朝北盟會編》卷三六《靖康中帙十一》所引《靖康遺錄》。
[054] 《三朝北盟會編》卷五一《靖康中帙三十六》，八月十六日。
[055] 《三朝北盟會編》卷六四《靖康中帙三十九》。
[056] 《三朝北盟會編》卷七七《靖康中帙五十二》引《封氏編年》。

（值此危難之秋）士大夫奉公者少，營私者多；殉國者希，謀身者眾。乞去，則必以東南為請；召用，則必以疾病為辭；沿流以自便者，相望於道途；避寇而去官者，日形於奏牘；甚者至假託親疾，不候告下，挈家而遠遁。[057]

在這種情況下，高宗也喪失了固守中州的信心，先遷住揚州，在金朝軍隊南下的威脅下，也一路奔逃，先渡過長江，又渡過錢塘江，直到遁至海上。金朝軍隊乘勝追擊，戰火燃遍大江兩岸，在建康（今江蘇南京市）、平江（今江蘇蘇州市）等地上演屠城慘劇，最後甚至燒毀杭州城。由此，宋朝的大半壁江山慘遭塗炭，民眾南遷浪潮也隨之一浪高過一浪。《宋史·食貨志》載：「高宗南渡，民之從者如歸市。」又南宋人莊綽所著《雞肋編》也記云：「建炎之後，江、浙、湖、湘、閩、廣（等地），西北流寓之人遍滿。」

以江浙為中心的東南地區是南宋初年接納北方移民最多的遷入地。「是時，西北衣冠與百姓奔赴東南者，絡繹於道路。」[058] 經過反覆斟酌，趙構等人最終將行在所（即臨時首都）定於臨安（今浙江杭州市），很快這一地區成為移民輻輳之地。經過唐、五代吳越的建設，風景秀麗的杭州已成為江南地區的首屈一指的著名都會，高宗趙構目睹杭州一帶秀美的景色，嘖然有終老之意。杭州都城地位的確立，立即吸引了大批移民蜂擁而來。南宋大詩人陸游指出：「大駕初駐蹕臨安，故都及四方士民、商賈輻輳。」[059] 可見，進入杭州城最多的移民來自故都汴梁（即開封）。作為明證，宋人所著《都城紀勝》指出：「都城食店，多是舊京師人開

[057]《三朝北盟會編》卷一一二《炎興下帙十二》。
[058]《三朝北盟會編》卷一三四《炎興下帙三四》。
[059]〔宋〕陸游撰：《老學庵筆記》卷八，中華書局校勘本，第104頁。

張。」以高宗及大批官員為核心的汴梁人的大量進入，甚至讓杭州城的風貌發生了根本性的變化。

與以往大遷徙相比，靖康南渡時期移民的遷入地有了較大幅度的擴展，素以瘴溽著稱的嶺南地區竟也成為士大夫趨之若鶩的重要避難地。嶺南長期以來為「百越」民族所據，以盛行瘴癘及遍布毒草，而被中原人視為畏途。兩宋之交，由於女真騎兵及其驅使的「簽軍」橫行於江淮一帶，只有與中原相距遙遠的嶺南地區沒有戰火的破壞，因此，魂飛魄散的中原士大夫不假思索地闖入了南方的瘴癘之地，故《建炎以來繫年要錄》載云：「時中原士大夫避難者，多在嶺南。」時至明代，廣東人發現當地遺存不少宋朝人的墳墓，而找不到唐朝人的墳墓，這正是南宋大量北方移民入居嶺南地區而產生的結果。[060]

---

[060] 參見張家駒著：《兩宋經濟重心的南移》，湖北人民出版社，1957年。關於「靖康南渡」後移民的分布及社會影響，參見吳松弟著：《北方移民與南宋社會》，臺灣文津出版社，1993年。

第四節

附麗都城
—— 由遷都引發的移民運動

　　由國都遷移引發的移民運動在先秦時期已表現得十分典型，成為政治發展史的重要組成部分。著名的遷都移民有「盤庚遷殷」、「周室東遷」等，至於一般諸侯國都的遷移就更多了。秦漢以後，這類遷移沒有絕跡。首都作為大一統封建王朝的政治中心，通常都是其疆域內人口最為密集的地區之一，擁有數量可觀的王公貴族、文武百官及其眷屬，都城的遷移必然伴隨著人口遷徙。與先秦時期相比，秦漢以後的遷都性移民，就遷徙規模而言，大有後來居上之勢。

一、漢化之路
—— 北魏遷都洛陽

　　今代在恆山之北，為九州之外，以是之故，遷於中原。

—— 〔北魏〕拓跋宏

遷都洛陽，是北魏歷史上一件重大事件，關於這一事件與北魏國運之關係，可謂千秋功罪，眾說紛紜。北魏孝文帝傾心於漢化，有意一統天下，對代都平城（今山西大同市）的地理位置深感不滿。他曾對任城王拓跋澄剖露心機說：「……國家（即北魏）興自北土，徙居平城，雖富有四海，文軌未一，此間用武之地，非可文治，移風易俗，信為甚難。」[061] 此外，他還著重強調平城偏僻的地理位置對拓跋鮮卑文化發展的負面影響：

北人每言北人何用知書，朕聞此，深用憮然。今知書者甚眾，豈皆聖人？……朕為天子，何假中原，欲令卿等子孫，博見多知。若永居恆北，值不好文主，卿等子孫，不免面牆也。[062]

平心而論，如果說南遷洛陽的起因完全出於孝文帝本人傾心於漢化的主觀願望，當然是片面的。儘管從道武帝拓跋珪開始，北魏政權就仿照鄴城、洛陽等名城建設平城，然而就確立都城的各項條件而言，平城自然難以與洛陽等著名都市相比。首先，平城遠在雁門關外，群山環繞，關隘縱橫，與河北平原及中原地區缺乏暢通的交通路線，路途遙遠，往來十分不便。如孝文帝明確指出：「今代在恆山之北，為九州之外，以是之故，遷於中原。」[063] 他還語重心長地向大臣許諾：「朕以恆代無漕運之路，故京邑民貧。今移都伊洛（即洛陽），欲通運四方……」[064] 其次，平城地處漠南沙漠與山西高原的交界地帶，氣候與土壤條件不佳，農業生產落後，再加上災害頻繁，糧食供給問題長期困擾

---

[061]《魏書》卷一九中《任城王澄傳》，中華書局校勘本，第 464 頁。
[062]《魏書》卷二一《廣陵王羽傳》，第 550 頁。
[063]《魏書》卷一四《東陽王丕傳》，第 359 頁。
[064]《魏書》卷七九《成淹傳》，第 1,754 頁。

著北魏朝野。如孝文帝即位後，代都及附近地區接連發生嚴重的饑荒，迫使北魏官府不得不開關放行，讓大批京師百姓出外就食。最為嚴重的饑荒發生於太和十一年（西元 487 年），據《魏書・食貨志》記載，代都出外就食的人口達到總人口的「十之五六」。雄心勃勃的孝文帝當然不會讓這種尷尬的狀況永久持續下去。

孝文帝決心南遷，但他也預料到可能遇到的阻力。大批生活在平城的拓跋鮮卑王公大臣家業龐大，子孫蕃息，早已適應了塞北的生活環境，而南遷就意味著放棄這一切，到新都城重新開始。這談何容易！安土重遷的鄉土心態以及傾家蕩產的現實困難，都會促使他們起來反對遷都。為此，孝文帝必須採取非常策略，來完成遷都大業。

太和十七年（西元 493 年）六月，在「經營宇宙，一同區域」的旗號下，孝文帝決心大舉南伐。八月，從代都起程，御駕親征。陣容十分龐大，「步騎百餘萬」。九月，北魏大軍抵達名都洛陽。這次南征事出突然，無故興師動眾，當朝文武大臣都深感不解，而孝文帝卻沒有絲毫猶豫。當孝文帝從洛陽揚鞭策馬，準備繼續南下時，群臣再也忍耐不住了，一齊圍在孝文帝馬前，稽顙哀求，請停南伐。名臣李沖甚至當面指出：「今日之舉，天下所不願，唯陛下欲之！」孝文帝勃然大怒，斥責儒生誤事，執意南征。其他王公大臣紛紛進諫，涕淚交橫。這時，孝文帝才和盤托出妥協方案：「今者興動不小，動而無成，何以示後？」、「若不南鑾，即當移都於此，光宅中土，機亦時矣，王公等以為何如？」眾大臣萬萬沒有想到孝文帝提出如此苛刻的折中方案，不禁驚呆了，一時出現了十分尷尬的僵持局面。還是剛被削去爵位的前南安王拓跋楨靈機一動，感到這是一個討好皇上的良機，當即倡言道：「行至德者不議於俗，成大功者不謀於眾，非常之人乃能建非常之事。」、「請上安聖躬，下慰

民望，光宅中原，輟彼南伐。」與一場血淋淋的征戰與犧牲相比，遷都洛陽畢竟沒有身家性命之憂。兩害取其輕，再三權衡之餘，群臣被迫同意遷都之計。[065]

眼見計畫初步成功，孝文帝不免心中大喜，隨即派任城王拓跋澄回到代都宣諭遷都之意，留守諸臣聞聽之後，也是大為驚駭。經過耐心開導，許多大臣明白了遷都洛陽的意義，但不少鮮卑族大臣依然持有不同意見。孝文帝回到代都後，曾在朝殿之上與反對派大臣進行辯論。如時任燕州刺史的穆羆就堅決反對遷都，他指出：當時北魏國防形勢相當嚴峻，「北有獫狁之寇，南有荊揚未賓，西有吐谷渾之險，東有高句麗之難。四方未平，九區未定」。在這種危險的形勢下，貿然遷都，削弱國力，於北魏的穩定十分不利。另外，遠古時黃帝居住於涿鹿，可見，古代帝王也不是全都居留於中原。尚書于果也引述北魏創業史附和道：「自建邑平城以來，與天地並固，日月齊明。臣雖管見膚淺，性不昭達，終不以恆代之地，而擬伊洛之美。但以安土重遷，物之常性，一旦南移，懼不樂也。」對此，孝文帝進行了耐心的解釋，並對可能產生的問題提出了妥善的處理方案。表面上，這些反對派在孝文帝的反駁下理屈詞窮，但內心裡對遷都仍抱有強烈的反彈情緒。[066]

南遷洛陽對代都居民而言，確實是一次非常艱難的考驗。也許孝文帝一統天下的願望過於強烈了，太和十八年（西元 494 年），就在遷都洛陽後不久，南齊政權宗室內訌，邊將投降北魏，孝文帝又想乘機率師南征。拓跋澄等人曾上言表示反對，其中就提到代遷之眾的艱辛：

---

[065]《魏書》卷五三《李沖傳》，第 1,183 頁。
[066]《魏書》卷一四《東陽王丕傳》，第 359-360 頁。

今代遷之眾，人懷戀本，細累相攜，始就雒邑，居無一椽之室，家闕儋石之糧，而使怨苦即戎，泣當白刃，恐非歌舞之師也……[067]

無論如何，遷都洛陽之舉還是較順利地進行了。遷都前，洛陽屢經戰亂，殘毀不堪。從太和十七年十月開始，李沖、董爵等人奉命重新營建洛陽。到太和十九年（西元 495 年）九月，「六宮及文武盡遷洛陽」。遷都洛陽的工作基本完成。關於這次遷都洛陽的規模，史料中並沒有明確的記載。我們只有根據相關數字進行大致估算。如天平元年（西元 534 年）遷都鄴城時，洛陽號稱有「四十萬戶」。而這一數字出現在爾朱氏家族製造的大動盪之後，總口數應在 150 萬左右。除卻按 7‰ 計算的人口自然成長，那麼在太和二十年前後，洛陽所有人口應超過 100 萬。如果再除去遷都前洛陽的少數人口，南遷人口規模應有近百萬之多。

應該看到，遷都洛陽只不過是孝文帝漢化改制的前奏，一系列漢化措施在南遷過程中已逐步推出。如太和十九年（西元 495 年）六月，孝文帝下詔稱：王公大臣「不得以北俗之語言於朝廷，若有違者，免所居官」。不久又下詔：「遷洛之民，死葬河南，不得還北。於是代人之南遷者，悉為河南洛陽人。」[068]

最後，在遷都已成定局的情況下，以穆泰為首的反對派在平城密謀叛亂，眾多鮮卑族勳貴參與或默許。所幸的是，這一密謀被及時發現，一批權貴及其子弟遭到嚴懲。另外據載，這次密謀與太子拓跋恂有一定的關係。拓跋恂雖為孝文帝的長子，但並不喜歡讀書，再加上體貌肥大，非常討厭洛陽夏天悶熱的天氣，對北方生活有特殊的懷戀之情，自然對遷都抱相當消極的態度。有一次，他竟與左右侍衛密謀，想逃回塞

---

[067]《魏書》卷一九中《任城王澄傳》，第 466 頁。
[068]《魏書》卷七下《高祖紀》，第 178 頁。

外，結果，孝文帝震怒，重杖之後，廢為庶人，後被賜死。從對親生兒子的態度上，我們也可以看到孝文帝遷都漢化的決心。

當然，在不影響遷都改制大局的情況下，孝文帝也不能無視一些實際的困難。如拋開主觀意願，無論氣候條件，還是生活方式，塞北與洛陽都存在著極大的差異，南遷的代人生理上的水土不服與生產生活方式的不適應都是無法迴避的客觀問題。特別是那些游牧部落的酋長們，情況更為複雜，想要在較短時間裡，讓他們完全適應洛陽的生活，簡直勢比登天。另一方面，這些酋長的存在對北方邊境的安全有著不同尋常的意義。因此，孝文帝也不得不做出一些妥協。於是，北魏朝中就出現了「冬則居南，夏則居北」的「雁臣」。如一代奸雄爾朱榮的先輩即為部落酋帥，居於北秀容（在今山西朔州市）。「家世豪擅，財貨豐贏」。其父新興繼為酋長時，正值遷都洛陽，被特許「冬朝京師，夏歸部落」。據說爾朱新興每次回到洛陽之時，鮮卑族王公貴族對他這位故鄉人熱情有加，常有珍寶饋送。而爾朱新興也以部落養育的駿馬回贈。[069] 無疑，鮮卑族王公大臣永無回歸塞外故里的希望，這種對爾朱新興的熱情不過是對自己思鄉之情的慰藉而已。

二、南渡遺恨
—— 金末「貞祐南渡」

白骨縱橫似亂麻，幾年桑梓變龍沙。只知河朔生靈盡，破屋疏煙卻數家。

—— 〔金〕元好問〈北渡詩〉之一

---

[069]《魏書》卷七四《爾朱榮傳》，第 1,644 頁。

　　如果說遷都洛陽是孝文帝為推行漢化改制而實施的主動舉措，那麼，金末「貞祐南渡」則是金宣宗為躲避蒙古騎兵侵襲而進行的被迫逃移了。金朝末年北方蒙古部落的崛起，給金朝邊防帶來了龐大的壓力。金衛紹王大安三年（西元 1211 年），蒙古軍隊向金朝境內發起大規模進攻。金朝守軍力不能支，郡縣紛紛陷落，北方眾多城鎮在雙方交戰過程中變得殘毀不堪，面目全非。西元 1213 年，金宣宗即位，年號為貞祐，蒙古軍隊依然頻頻進攻，各地報急文書不斷。以宣宗為首的金朝官僚集團已被蒙古人的凌厲攻勢嚇得魂飛魄散，毫無鬥志，決定遷都汴梁（今河南開封）。至貞祐二年七月，宣宗與文武百官率先抵達開封。此後，北方各地平民紛紛南遷，史稱「貞祐南渡」。

　　「貞祐南渡」與以往的「永嘉南渡」、「靖康南渡」都有所不同，它不是原有政權遭到徹底摧毀後發生的遷移，而是封建政權有目的的策略性退卻，因此，它引發的移民運動與以往相比，有一些新的特點。如最突出的便是朝廷對遷移活動的引導與干預。遷都汴梁之後，金朝君臣的整體防禦策略是利用黃河天險來遏止蒙古騎兵的南下，為配合這一策略需求，金朝政權首先將黃河以北的猛安謀克軍戶盡數南遷。女真人在進據中原地區後，繼續保持猛安謀克制度，大批軍民合一的女真族軍戶遍布黃河以北地區。南遷軍戶也就是主要將絕大部分女真人南遷。在蒙古騎兵大軍壓境的情況下，優先遷走女真人的政策對其同樣遭受殺掠的其他各族百姓是不公平的。當時，大臣高汝礪曾上書加以反對：

　　此事果行，但便於豪強家耳，貧戶豈能徙？且安土重遷，人之情也，今使盡赴河南，彼一旦去其田園，扶攜老幼，驅馳道路，流離失所，豈不可憐！且所過百姓見軍戶盡遷，必將驚疑。謂國家分別彼此，

其心安得不搖，況軍人已去其家，而令護衛他人，以情度之，其不肯盡
心必矣。民至愚而神者也，雖告以護衛之意，亦將不信，徒令交亂，俱
不得安，此其利害所繫至重。乞先令諸道元帥府、宣撫司、總管府熟論
可否，如無可疑，然後施行。[070]

　　在蒙古軍隊頻繁南侵的情況下，金廷盡遷女真軍戶的失策是多方面
的。首先，對大批女真軍戶而言，棄家南遷、流離失所無疑是極其痛苦
無奈的事情。就實際情形而言，只有家產富足的豪強之家才能順利完成
南遷河南之舉，貧困軍戶的南遷過程也就是淪為流民的過程。其次，女
真軍戶南遷的影響是極為嚴重的。一方面，各地漢族居民理所當然地得
出這樣的結論，即金朝統治者實行民族歧視，置漢族百姓的安危於不
顧。另一方面，留守北方的女真軍士見其家屬已全部南遷，則無意肩負
抗禦之重任。這樣一來，南遷軍戶如同自毀長城，製造內亂。金朝大臣
許古也在上書強調：「河北諸路以都城盡失，軍戶盡遷，謂國家將舉而棄
之，州縣官往往逃奔河南。」[071] 由此看來，南遷軍戶不僅摧毀了普通民
眾對金朝官府的信任，也擊垮了各地行政官員堅守的信心。軍戶盡遷，
官吏逃亡，金朝在北方的統治也就化為烏有了。從這種意義上看，南遷
運動實質上導致了金朝官府對黃河以北地區統治權的放棄。

　　在金朝官府主動南遷軍戶的同時，大批北方平民為躲避北方游牧民族
的殺掠而紛紛南奔。蒙古騎兵南侵時殺掠之酷，史料記載屢見不鮮。在血
腥殺掠的威脅下，安土重遷的平民不得不棄家遠逃。這在河北、山東、山
西等地表現最為突出。如著名山西學者李俊民在《澤州圖記》中稱：

---

[070]《金史》卷一〇七《高汝礪傳》，中華書局校勘本，第 2,354 頁。
[071]《金史》卷一〇九《許古傳》，第 2,413 頁。

金國自大安之變，敵騎之入中原，北風所向，無不摧滅者。貞祐甲戌（二年）二月初一日丙申，（澤州）郡城失守，虐焰燎空，雉堞毀圮，室廬掃地，市井成墟。千里蕭條，闃無其人。

關於「貞祐南渡」的實際規模，記載中的數字大多是官府所關注的所謂「軍戶」的數量，與我們所關注的移民數量有較大的差距。如陳規在貞祐四年（西元 1216 年）的上書中講道：「比者徙河北軍戶百餘萬口於河南，雖革去冗濫而所存猶四十二萬有奇。」[072] 又據史載：「時山東、河朔軍六十餘萬口，仰給縣官，率不逞徒竄名其間，詔（馮）璧攝監察御史，汰逐之。」[073] 從記載中的地點分析，貞祐南渡遷出地涉及今天黃河以北的山西、河北、山東 3 省，遷民身分不僅有百餘萬女真軍戶，更有數量可觀的逃避戰亂的士民之家。當然，軍戶是移民中最具特色、數量最龐大的組成部分。再加上在此以後，黃河以北南遷之民並沒有絕跡，因此，猜想在「貞祐南渡」引發的移民運動中，南遷人口至少有二、三百萬甚至更多。

在「貞祐南渡」中，移民的主要遷入區便是以汴梁為中心的河南地區。這些南下的遷民對遷入地帶來諸如糧食供給不足等複雜問題。如大臣胥鼎在上書中指出：「自兵興以來，河北潰散軍兵、流亡人戶，及山西、河東老幼，俱徙河南。在處僑居，各無本業，易至動搖。竊慮有司妄分彼此，或加迫遣，以致不安。」[074] 為解決遷民失業及缺糧問題，田琢等人建議組織移民從事屯田。他在上書中說：「河北失業之民僑居河南、陝西，蓋不可以數計。百司用度，三軍調發，一人耕之，百人食

---

[072]《金史》卷一〇九《陳規傳》，第 2,406 頁。
[073]《金史》卷一一〇《馮璧傳》，第 2,431 頁。
[074]《金史》卷一〇八《胥鼎傳》，第 2,378 頁。

之。其能贍乎？」[075] 在這種情況下，只有富者備牛出種，貧者傭力服勤，大力耕墾，才能有效解決糧食問題。事實證明，鼓勵耕墾政策獲得了較好的效果。高汝礪曾在上書中講道：「河南自車駕巡幸以來，百姓湊集，凡有閒田及逃戶所棄，耕墾殆遍。」[076]

可惜的是，儘管放棄了對黃河以北地區的控制權，「貞祐南渡」也僅使金朝延續了 20 年的壽命。正大末年，蒙古軍隊穿過了黃河天險，攻取關中後，向河南地區發動猛攻。金朝君臣在南宋與蒙古的夾擊下，終告滅亡。蒙古軍隊在攻取河南後，強迫大批南下移民北上，史稱「壬辰北渡」，「壬辰北渡」在相當程度上抵消了「貞祐南渡」對黃河以南地區的影響。

---

[075]《金史》卷一〇二《田琢傳》，第 2,250-2,251 頁。
[076]《金史》卷一〇七《高汝礪傳》，第 2,356 頁。

第五節

渴望土地
—— 歷史上墾荒型移民潮

　　中國自古以農立國，而土地為耕作型農業的根本與基礎。高天厚土，寸土寸金，世代耕耘的農民將土地視為衣食之源、立身之本。一旦喪失土地，農民就如無根之草，淪為無業的流浪者。古語云：「安土重遷，物之常性」，反映的正是廣大農民對土地的極度依戀，直接影響到他們對遷移的態度。然而，世上萬事萬物都處於矛盾的演化之中，既然對原有土地的依戀是阻止廣大農民脫離故土最強勁的拉力，那麼，對本來就沒有土地的人們來說，這種強勁拉力也就子虛烏有了。相反，如果異地他鄉有廣袤的處女地與荒原在等待開墾，這些渴望土地的人們會迫不及待地走上遷徙之路。隨著人口的增長，加之封建土地制度的痼疾，中國封建社會後期人地矛盾愈演愈烈，「無立錐之地」的廣大農民苦苦尋覓可以耕作的土地，由此爆發了一次又一次的墾荒型移民潮。

一、湖廣填四川
—— 清代前期向四川盆地的大移民

自（明末）兵燹以後，土著絕少。而占籍於此者，率多陝西、湖廣、
江西之客。

—— 民國《達縣志》

「湖廣填四川」是指清代前期湖廣（即今天的湖北、湖南兩省）平民
向四川及漢中盆地的大規模移民運動。「湖廣填四川」的直接原因便是明
末清初「蜀亂」所造成的當地人口的銳減。以成都平原為中心的四川地
區崇山環繞，沃野千里，物產豐裕，早有「天府之國」的美譽。但這塊
寶地卻無法逃過一次又一次的劫難，其在中國古代政治史上擁有特殊的
位置，有「天下未亂蜀先亂，天下已定蜀後定」的說法。明末清初天災
人禍構成的「蜀亂（或稱蜀難）」無疑是四川所遭受的歷史上最無情的一
場重創。曾經身歷這場大難的人士痛定思痛，簡直無法相信眼前的滄桑
巨變：

返乎三巴，見夫屍骸遍野，荊棘塞途。昔之亭臺樓閣，今之狐兔蓬
蒿也；昔之衣冠文物，今之瓦礫鳥鼠也；昔之桑麻禾黍，今之荒煙蔓草
也。山河如故，景物頓非，里黨故舊，百存一二，握手驚疑，宛如隔
世。[077]

---

[077]〔清〕李馥榮撰：《灑灩囊》卷四記劉達語，轉引自〈張獻忠在四川〉第41頁引文，《社會科學
研究叢刊》，1981年第2期。

長期以來，人們把明末農民戰爭領袖張獻忠認作這場災難的罪魁禍首，「張獻忠屠蜀」的故事被渲染得沸沸揚揚。但經過現代眾多學者的考證，這一錯案已被推翻。如官方纂修的《明史》將張獻忠所屠人數定為「六萬萬」，非常荒唐，遠遠超過明代全國總人口，學者戲稱就是加上四川境內的雞犬，也達不到這一數字。明末張獻忠起義軍雖有屠戮報復的記載，但相比之下，明朝官軍、當地以「搖黃」為首的「土暴子」以及清朝軍隊對當地平民的屠掠似乎「更勝一籌」。而這一時期自然災害引發的大饑荒同樣也不能忽視。著名學者任乃強先生在這一問題上的觀點令人信服，他指出：

余寫此文（指〈張獻忠屠蜀辨〉），非僅為張獻忠辨屠蜀也，欲辨明清間蜀難在於糧食問題而已。諸史記載，未曾顧及社會經濟情形，對於農村破產、食糧窮竭之影響，莫或加意敘述，甚至抹殺不談，致使三百年來對此浩劫之釀成，僅以「張獻忠屠蜀」一語蓋之，詎不可慨！[078]

無論如何，明末清初四川人口驚人的劇減是無法否認的鐵定事實，在中國歷史上也是相當罕見的。明末曾在四川地區傳教的天主教傳教士在《聖教入川記》中描述道：

然四川際此兵燹之後，地廣人稀，除少數人避跡山寨外，餘皆無人跡。所有地土，無人耕種，不啻荒郊曠野，一望無際。

康熙初年，四川巡撫張德地也向朝廷彙報了當地人口凋零的慘狀：

---

[078]〈張獻忠屠蜀辨〉，〈張獻忠在四川〉，《社會科學研究叢刊》1981 年第 2 期，第 135 頁。

臣初保寧（今四川閬中市），見民人凋耗，城郭傾頹。……唯重（慶）屬為督臣駐節之地，哀鴻稍集，然不過數百家。此外州縣，非數十家或十數家，更有止一二家者。寥寥孑遺，儼同空轂。而鄉鎮市集，昔之棋布星羅者，今為鹿豕之場。……誠有川之名，而無川之實。[079]

上述記載絲毫沒有誇張。清朝初年，四川地區人口的稀少，還可從「虎吃人」的故事中得到充分反映。正由於城鎮荒蕪，棘榛遍布，一時間，四川許多州縣惡虎橫行，傷人性命。不少亂定回鄉的百姓不幸葬身於虎口。如南充縣（今四川南充市）曾招回人丁 506 名，結果被老虎吃掉 258 人。人煙之稀少，虎患之猖獗，由此可見一斑。一定數量的人口是政權維繫的基礎，為此，康熙十年（西元 1671 年），四川湖廣總督蔡毓榮上言強調：「蜀省有可耕之田，而無耕田之民，招民開墾，洵為急務。」[080] 為迅速恢復四川的戶口，清朝政府開始採取各種措施招徠外地平民入川墾荒，如官府為移民提供耕牛、種子、口糧等，並將招徠移民的多少，作為官吏敘職升遷的條件，從而大大促動了官吏與平民投身於移民工作的熱情。大批外省如湖廣、陝西、江西、廣東缺地少地的平民聞訊而來，故而，在康熙、雍正兩朝形成外地客民入川的高潮。大量方志記載為我們提供了豐富的佐證。如道光《巴州志・風俗》稱：「國朝康熙、雍正間，秦、楚、江右、閩、粵之民著籍插占。」又光緒《新繁縣鄉土志》卷五記云：「康熙時招徠他省民以實四川，湖廣之人首先麕至，於是，江西、福建、廣東繼之。」同治《儀隴縣志》卷三也載云：「邑人湖南、北人最多，江西、廣東次之，率皆康熙、雍正間入籍。」

---

[079] 見康熙《四川總志》卷一〇《貢賦》引文。
[080] 《清聖祖實錄》卷三六，康熙十年六月乙未，中華書局影印本。

外省移民大規模入川的移民潮大致持續了百餘年。關於清朝初年四川境內外省移民的分布及數量問題，已引起許多學者的興趣。康熙二十年（西元 1681 年），四川全省只有人口 50 萬，到乾隆四十一年（西元 1776 年），全省人口已增至 779 萬。這種異乎尋常的成長，當然主要是大批外地移民加入的結果。

很容易看出，當時入川耕種的客民不僅來自與四川毗鄰的陝西、貴州、湖廣，還有遠自江西、福建的平民，並沒有局限於「湖廣」（即湖南、湖北），為何仍將這場大移民定名為「湖廣填四川」呢？這必須要從湖廣與四川之間頻繁的人口遷移歷史說起。在四川人口史上，至少發生過兩次「湖廣填四川」的移民運動，一次發生在元末明初，另一次就是清朝前期的這一次。可以說，每當四川人口發生劇減之後，湖廣人總是入川移民的主力。早在宋、元之間，蒙古騎兵與南宋軍隊就在西南地區展開激烈爭奪，四川百姓慘遭塗炭，十存一二。元末農民戰爭期間，四川地區又是在劫難逃，明朝官府被迫遷徙湖廣等地百姓入川。與「洪洞大槐樹」現象相類似，明初入川移民中出現了極為有趣的「麻城孝感鄉」現象。幾乎所有入川的兩湖人都宣稱自己家族是從湖北麻城孝感鄉遷入的，不少地方甚至將明代入川的湖廣人稱為「老民」，比較而言，明初入川的移民中，湖廣人占據了絕對的優勢。

就在清初「蜀難」之後，殘遺川民竟然也主要以湖廣移民為主。如康熙七年（西元 1668 年），四川巡撫張德地發現：「查川省孑遺，祖籍多係湖廣人氏。訪問鄉老，俱言川中自昔每遭劫難，亦必至有土無人，無奈遷外省人民填實地方。所以，見存之民，祖籍湖廣麻城者更多。」民國《資陽縣志》卷八甚至明確指出：當地「無六百年以上土著，明洪武時由楚來居者十之六七，閩、贛、粵籍大都清代遷來。」這一說法正道出了

事情的癥結。既然有明初「湖廣填四川」的歷史，那麼，人們很自然地將清初入川的湖廣人與當地「老民」混同起來，這樣，「湖廣填四川」便成為天下人耳熟能詳的大移民事件了，其他各省來的移民往往被忽略不計了。[081]

▌ 二、走西口
—— 清代向塞北地區的大移民

> 哥哥走西口，小妹妹也難留，止不住傷心淚，一道一道往下流……

—— 山西河曲二人臺〈走西口〉

「走西口」一詞流傳甚廣，尤其是在中國北方。這首先是歸功於地方戲曲二人臺的著名劇目〈走西口〉，而這一劇目出現的背景就是清代北方各地平民向長城以北地區墾荒移民運動。在這場移民運動中，山西各地平民充當了最耀眼的角色。

翻閱中華民族發展史，我們不難發現，被稱為「世界七大奇蹟」之一的萬里長城，其實長期是阻隔南北民族的屏障。一次又一次的民族戰爭，使居住在長城南北的各民族民眾飽受苦難與創痛。這些苦痛的回憶往往成為人們心中永遠難以消失的夢魘。然而，清王朝建立後，長城內外實現了真正的統一，為沿邊居民的生產生活開創了嶄新的機遇。對這種局面的出現，許多有識之士道出了發自內心的感嘆，如光緒年間山西忻州知州方戊昌指出：

---

[081] 關於這次大移民的具體過程及分布，參見曹樹基等著：《中國移民史》第六卷第三章〈西南移民：湖廣填四川〉，福建人民出版社，1997年，第68-118頁。

中國朝定鼎以來，蒙古懾伏，中外一家，二百餘年，從未用兵，忻郡之民如出水火而登衽席，休養生息，戶口繁孳。乾嘉之間，習於邊情者貿易各部落及西北口外各城，有無相通，權其子母，獲利倍蓰，忻人不但不受近邊之害，轉受近邊之利。[082]

忻州（今山西忻州市）可謂沿邊地區的一個典型代表。長城內外一體化的意義，並不局限於剷除敵對，消弭戰亂，更在於展現出長城南北經濟發展的強大潛力。這種潛力首先表現在對南北貿易的需求。出於經濟性質及物質的差異，長城南北經濟存在著顯著的互補性。游牧民族需要中原地區的茶、糖、鐵、布匹等生產生活物資，而中原則對馬、毛皮等有著極大的需求量。雙邊貿易蘊藏的可觀利潤，吸引著沿邊居民投身於「權子母」的行商行列。由此發家致富者多至不可勝數。

其次，與移民運動相關，長城以北地區在廣袤的草原之間，還存在著大片宜於農耕的土地，而北方各地隨著人口的增加，每人平均土地占有量不斷縮小，人地矛盾日趨突出，因此，缺少土地的北方農民一齊將眼光投向了千里塞外。成千上萬到塞外墾荒的農民最終在當地定居下來，與邊疆各地人民共同成為塞外的主人。他們也就是「走西口」移民運動的主力軍。

然而，「走西口」移民運動的發展也不是一帆風順的。中國封建王朝長期推行嚴密的戶籍制度，限制居民的自由遷徙，清朝也不例外。如從康熙年間開始，清朝官府做出了限制中原平民向蒙古地區移民的規定，例如禁止內地民人娶蒙古婦女為妻，每年戶部頒發印票，限制出口人數等等。但清朝最高統治者也看到塞外墾荒對緩解中原人地矛盾所發揮的積極意義，以乾隆皇帝為例，他曾自豪地說：

---

[082]《忻州直隸州志序》，清光緒六年刻本。

古北口外一帶，往代號稱巖疆，不敢尺寸踰越。我朝四十八部，子弟臣僕，視為一家，沿邊內地民人，前往種植，成家室而長子孫，其利甚溥，設從而禁之，是屬民矣。[083]

既然有最高統治者的「網開一面」，清朝官府的種種限制規定發揮的實際作用就相當有限了，形成「禁者自禁，耕者自耕」的局面。

時至光緒年間，透過「走西口」來到塞外定居的移民已相當多，在當地經濟生活中發揮著舉足輕重的作用。然而，他們在塞外地區並沒有戶籍，其常住居民的身分沒有得到法律的認可。為了有利於行政管理，維護其合法的權益，山西巡撫張之洞提出在土默特地區推行「客民編籍」的建議，最終獲得朝廷的批准，反映出這是順乎民意之舉。張之洞的奏疏大致反映出當地客民的實際狀況：

……現在該蒙古以耕牧為生者十之二三，藉租課為生者十之七八，至該旗有所謂「游牧地」、「戶口地」者，自康熙年間以來，久已陸續租給民人，以田以宅，二百餘年於茲矣。該民人等久已長其子孫，成其村落，各廳民戶何止煙火萬家。此等寄民即不編籍，亦成土著，歷年既久，寄民漸多……夫大青山以南，歸化城以東、以西，延袤數千里，西漢元朔以來，久為郡縣，即定襄、雲中、五原之境。況國家休養生聚二百餘年，士農工商數十萬戶，斷無驅還口內之理。[084]

「士農工商數十萬戶」，僅指歸化城（今內蒙古呼和浩特市）為中心的內蒙古西部地區漢族居民的規模，以每戶 5 口計，那麼，光緒年間這一帶漢族居民的數量至少有百萬人之多，這其中大多數已是移民後裔了。可見，在「走西口」移民運動中，來到塞外的漢民是一個相當龐大的數字。

[083] 《清高宗實錄》卷六一二，乾隆二十五年五月壬子，中華書局影印本。

[084] 《張文襄公全集》卷八《口外編籍無礙游牧折》，北京市中國書店 1990 年影印本，第 200-202 頁。

三、闖關東
—— 清代向東北地區的移民運動

　　荒城廢堡，敗瓦頹垣，沃野千里，有土無人，（關東一帶）全無可恃，此內憂之甚者也。

—— 〔清〕張尚賢〈奉天形勢疏〉

　　「關東」即指山海關以東地區，主要包括今天遼寧、吉林、黑龍江三個省區的範圍，故通常成為東北三省的代名詞，人們常將清朝封禁時期關內向東北地區自發的移民運動稱為「闖關東」，這自然是清代向這一地區移民運動的重要組成部分。遼闊的東北平原在漫長的歷史時期似乎遠離中原士人的視野，也是一個較典型的少數民族聚居之地。白山黑水曾經沉寂了太長的時間，她彷彿是「東胡」或「東夷」的專屬之地，中原人不能也不願涉足。不過，倒是一個又一個從這一帶走出並叱吒中原的強悍民族讓中原人留下了難以忘懷的印象。他們有：從「嘎仙洞」走出的拓跋鮮卑。從松漠之間崛起的契丹人。從白山黑水揮戈南向的女真人……直到關外的滿族人勢不可擋地攻破山海關，成為新一代王朝 —— 清王朝的締造者。

　　明代以前，漢人進入東北地區，面臨太多的阻力，如地理環境複雜、眾多少數部族聚居等等。清朝創立者出身於長白山麓，入主中原後，這片廣袤的土地理應向各族人民敞開。然而，遺憾的是，滿族統治者對這一塊「龍興寶地」卻採取了極為特殊的封閉政策。滿族作為人口有限的北方民族入主中原，最高統治者十分擔心各族人民了解他們的真實底細，因此，為了維護滿族八旗出身的神祕性，同時，也為了替滿族人保留一個寶貴的存身之地，故多方禁止漢族平民自由進入這一地區，

封禁政策應運而生。有清一代對東三省地區的封禁時期長達 200 餘年。

封禁政策的主要措施就是建立「柳邊」。《柳邊紀略》記云:「古來邊塞種榆,故日榆塞。今遼東皆插柳為邊,高者三四尺,低者一二尺,掘壕於其外,呼為柳條邊,又日條子邊。西自長城起,東至船廠止,北自威遠堡起,南至鳳凰山止,設邊門二十一座。」柳條邊外地區主要設三大將軍駐守:盛京將軍、寧古塔將軍、愛渾(琿)將軍(即黑龍江將軍)。除駐軍外,清代早期東北地區的主要居民就是滿族人。

在封禁時代,冰天雪地的東北地區成為大批犯人的流放之地,這些人通稱為「東北流人」。這些流人被學者們稱為清代東北地區開發的先驅者。如《黑龍江外紀》卷六稱:「黑龍江,極邊苦寒之地,自設將軍鎮守,凡旗民雜犯重罪載在刑律者,或以免死,或以加等,發遣茲土,分管束、安插、當差、為奴諸條,各有等差。唯官吏奉謫,遠夷徙置,不在常例。其雜犯每歲接踵而至,無慮數百人。」[085] 東北流人中最引人注目的當然是那些被貶竄的朝廷官員,其中不少是清代文字獄及科場案的受牽連者。寧古塔將軍駐守的寧古塔城是當時東北流人最著名的聚居地。吳桭臣《寧古塔紀略》記云:康熙年間,由於眾多流人的到來,寧古塔(今黑龍江寧安市)已是「人煙稠密,貨手客商絡繹不絕,居然有華夏風景」。流人中不乏在朝野聲名顯赫的名公碩儒,他們竟形成千里荒原上一道奇異的風景線。有詩證云:

萬里關河竟渺茫,沙場一去鬢如霜。賀蘭山外笳聲動,鴨綠江頭草色黃。南國佳人多塞北,中原名士半遼陽。君王倘恤邊庭苦,早賜金雞下白狼。(丁介〈出塞詩〉)

---

[085] 參見〔清〕西清撰,《黑龍江外紀》,黑龍江人民出版社,1984 年。

此詩中「南國佳人多塞北，中原名士半遼陽」為傳誦一時的名句，精闢道地出了當時東北流人中巨卿名公雲集的情形。這其中包括：《柳邊紀略》的作者楊賓與其父，《寧古塔紀略》的作者吳桭臣與其父等。[086]

關外物產豐富，尤以長白山人蔘馳名四海。即使在封禁期間，關內人民並沒有被封禁政策所嚇倒，他們從各種途徑穿過「柳邊」，採買人蔘。而清朝最高當局對此也不得不網開一面。如《柳邊紀略》稱：「……（十年前柳條邊外）過客不若今日之多也。今則走山者以萬計……非雲貴流人，則山東、西賈客，類皆巧於計利。」關外人口的增加，甚至引起了康熙皇帝的注意。他說：「今巡行邊外，見各處皆有山東人，或行商，或力田，至數十萬人之多。」雖然有「不准多墾一畝，增居一戶」的章程約束，但闖出各關口墾荒的流民卻日益增多。「以致每查辦一次，輒增出新來流民數千戶之多。」連嘉慶皇帝都無可奈何地承認：「查辦流民一節，竟成具文」。就是在這種情況下，清朝政府也是採取既往不咎的態度，預設既定事實，但絕不鼓勵。可以說，封禁時代東北地區移民的進展，全賴這些平民的大膽開拓，這一狀況也正是所謂「闖關東」的真實寫照，這些勇闖關口的平民以其不畏艱險的堅韌精神贏得了後人的稱道：

冒斧鉞，披荊棘，既入目的地，篳路藍縷，備極艱辛，始能謀得枝棲，可以餬口。隨乃胼手胝足，節衣縮食，以立其家，其拓殖能力之偉大實足敬佩也。[087]

關內成千上萬的農民苦苦地掙扎於沒有土地的生存危機之中，而關外擁有廣袤的土地卻人為荒棄，封禁政策從根本上是荒謬的，其對維護

---

[086] 參見李興盛：《東北流人史》，黑龍江人民出版社，1990 年。
[087] 龔維航：〈清代漢人拓殖東北述略〉，《禹貢》第六卷第三、四合期，第 109 頁。

北部邊疆安全的危害更是顯而易見。沙皇俄國很早就開始了向東北亞地區的滲透，《尼布楚條約》簽訂後，雙方正式確立了邊界線。然而，鴉片戰爭以後，沙俄加緊了對東北地區的侵略，在炫耀武力的同時，透過向邊境地區大批移民等方式，大肆侵吞中國領土。邊疆危機引起了全國各界人士的關注，一些有遠見的大臣紛紛提出移民實邊的主張。在財政危機的壓迫下，清政府希望透過開放荒地，收攏資金，至此，清朝對關東地區的封禁政策也走到了盡頭。從西元 1860 年代起，東北地區逐步解禁，在破產及自然災害的壓迫下，中原平民也開始了向東北地區的大移民。如《白山黑水錄》生動描述出當時的大移民的情形：

由奉天入興京，道上見夫擁獨輪車，婦女坐其上，有小兒哭者眠者。夫從後推，弟自前挽，老媼拄杖，少女相依，跟踉道上……前後相望也，自奉天到吉林之日，逆旅所共寢食者，皆山東移民。

時至光緒年間，清政府在解除封禁之餘，進一步採取優惠的政策，鼓勵與招徠中原平民前往東三省地區墾荒。如在漢口、上海、天津、煙臺等重要都市設立邊墾招待所，派遣官員專門負責招收墾荒農民。願意前往關東的農民一路上可以減免車船票。到當地認墾時，也不需交押租錢。另外，當青黃不接的時候，還可以得到官立銀行的貸款接濟。為了規範招墾工作，清政府還於光緒三十四年（1908 年）及宣統三年（1911年）先後發表了關於招墾問題的章程，可惜，這已是在清政府最後垮臺的前夜了。據非正式的統計，至光緒二十六年（1900 年），東北人口數已達 1,400 萬，漢人占 80%，同時，放出荒地 42.021 萬公頃，這應該是有清一代向東北大移民的成果。[088]

---

[088] 龔維航著：《清代漢人拓殖東北述略》，第 107 頁。

　　民國初年，東北三省繼續開展招墾工作。這一時期的開墾工作在相當程度上是對清末開墾運動的清理與補充。如民國三年（1914 年），黑龍江行政公署發出公告強調：

　　從前各戶領地到手，不是千餉就是萬餉，貪多嚼不爛，只能領就不能開了。就像青田、拜泉、湯原等處，要按照出放的年頭計算，都應該升科了，乃所領之地，或僅開了一半，或一點都沒開。

　　由此可見，民國年間東北地區開發的潛力還相當大，「地廣人稀」的局面並沒有根本性的扭轉。如民國六年（1917 年）的《吉林農報》曾報導：「江省招墾局，去春於外省招到墾荒者萬餘戶，奈因地廣人稀，不敷分布，又派員前往各災區招來墾戶。」①看來，即使到鼓勵開墾時期，有勇氣勇於離開故土前往北大荒開墾的農戶也是難得的。然而，無法否認，有清一代是東北地區開發的黃金時期，時至民國，東北地區已成為中國舉足輕重的糧食及經濟作物的主要產地，完成了由「北大荒」到「北大倉」的歷史性轉變，廣大移民正是完成這一歷史轉變的主力軍。

第二章

人才薈萃話繁盛
——移民與文化發達區域的變遷

　　人是文化的創造者，也是文化的重要載體，因此，人口的遷移，在本質上是一種文化遷移。一個區域文化發展的水準，往往反映在該地區人士受教育的程度及所創造的文化成果之中。而這一切的外在表現均取決於該地區的人才資源。另外，文化作為一種涵蓋極廣的概念，深入到人類生活的各方面，即使沒有受過系統知識教育的白丁，也可以是多種文化成果（如風俗、語言、實用技能等）的攜帶者。在大批移民集中於一個區域時，他們所攜帶的文化因子彙集起來，就會使輸入區的文化風貌產生根本性的改觀。

第一節

五方雜處的「天府」
── 移民與關中文化區的變遷

一、「天府之國」的由來
── 西漢以前關中地區的發展

太（泰）山不讓土壤，故能成其大；河海不擇細流，故能就其深。王
者不卻眾庶，故能明其德。

—— 〔秦〕李斯〈諫逐客書〉

關中，是中國古代史上頗負盛名的地域概念，其核心區域即今天陝
西關中平原。時至西漢時期，文人騷客已對關中地區得天獨厚的優越環
境推崇備至，極盡溢美之詞。如西漢名臣張良竭力勸說劉邦定都長安，
最重要的理由便是長安無與倫比的優越條件：

夫關中左崤函，右隴蜀，沃野千里，南有巴蜀之饒，北有胡苑之利，
阻三面而守，獨以一面東制諸侯。諸侯安定，河渭漕輓天下，西給京師；
諸侯有變，順流而下，足以委輸。此所謂金城千里，天府之國也。[089]

---

[089]《史記》卷五五《留侯世家》，第 2,044 頁。

　　不難看出，關中地區優越的環境與條件，其實含有多種的因素：一是客觀的地理位置及易守難攻的地勢。二是良好的農業生產條件（如土壤及灌溉）。三是與周邊地區便利的交通條件等。在這些因素中，有純自然的，如位置與地勢；更有人為創造的，如交通、水利及土地開發等。正如外國名諺所稱「羅馬不是一天建成的」，「天府之國」的關中也不是與生俱來，她凝聚著世世代代關中人民的心血，其中就有移民的功勞。

　　在〈禹貢〉「九州」的版圖中，關中屬「雍州」，在「中國」之外，因此，在秦國強大之前，秦國在中原諸侯國眼裡，不過是視之蔑如的「戎狄之邦」。「秦僻在雍州，不與中國諸侯之會盟，夷翟遇之。」[090] 因此，秦國歷代國君為強國富民進行了不懈的努力，其中相當明智的舉措就是重用外來移民，使他們充分發揮聰明才智。如秦穆公聽說虞國大夫百里奚富有才幹後，巧用五張羊皮將他贖取回來，授以國政，人稱「五羖大夫」。後在百里奚的推薦下，又重金迎請其友蹇叔，也授以上大夫之職。後來，秦穆公又發現了戎王的使者由余的出色才識，並深以為憂：「鄰國有聖人，敵國之憂也」。之後，秦穆公使用離間計，使戎王疏遠由余，由余無奈降秦。秦穆公的眼力不錯，採用由余的計謀後，秦國獲得突破性的進展，「益國十二，開地千里，遂霸西戎」。秦國任用外來移民獲得成功的典型事例還有「商鞅變法」。

　　商鞅變法的重要舉措之一就是「徠民」。傳世的《商君書》中有〈徠民篇〉，對當時這一政策的實施情況進行了分析。首先，徠民政策是有效改變秦國地廣人稀狀況的重要途徑。「今秦之地方千里者五，穀土不能處二，田數不滿百萬，其藪澤蹊谷、名山大川之材物貨寶又不能盡為用，此人不稱土也。」而與秦國毗鄰的三晉地區卻陷於人多地狹的困境中。

---

[090]《史記》卷五《秦本紀》，第 202 頁。

「彼土狹而民眾,其宅參居而並處,其寡萌賈息,民上無通名,下無田宅,而恃奸務末作以處,人之復陰陽澤水者過半,此其土之不足以生其民也。」因此,為增強秦國國力,徠民勢在必行。「今以草茅之地,徠三晉之民,而使之事本,此其損敵也,與戰勝同實。」

商鞅提出「徠民」政策與其本人的經歷有直接的關係。「鞅少好刑名之學,事魏相公叔座。」魏國早期首都在安邑(今山西夏縣),商鞅在魏國求官、做官,居留了相當長的時間,直到聽到秦孝公求賢的消息,才離魏入秦。更值得注意的是,商鞅入秦後,師奉的上客也是一位「晉人」——尸佼,顯然是來自三晉的移民。「衛鞅商君謀事畫計,立法理民,未嘗不與佼規之也。」[091] 可見,商鞅變法的各項措施凝聚著這兩位移民的心血。商鞅變法後,秦國國力日益強盛,為最終統一全國奠定了堅實的基礎。外來移民的功績不可抹殺。

後來,秦王嬴政即位後,韓國人鄭國來到秦國,建議修建水渠,秦王贊同,這就是為秦國農業發展做出重要貢獻的鄭國渠。「鄭國渠首起雍州雲陽縣西南二十五里,自中山西部瓠口為渠,傍北山,東注洛,三百餘里以溉田。」[092] 然而,秦王後來得知,這是韓王阻撓秦王對韓用兵的陰謀,因此,下令逐客,驅逐各諸侯國入秦之人。當時,楚國上蔡人李斯上〈諫逐客書〉,將外來移民對秦國發展做出的貢獻闡述得淋漓盡致,終於說服秦王收回成命。李斯在這篇名文中講到:

昔繆公求士,西取由余於戎,東得百里奚於宛,迎蹇叔於宋,來丕豹、公孫支於晉。此五子者,不產於秦,而繆公用之,併國二十,遂霸西戎。孝公用商鞅之法,移風易俗,民以殷盛,國以富強,百姓樂用,

---

[091] 《史記》卷七四《孟子荀卿列傳》下,《集解》引文,第 2,349 頁。
[092] 《史記》卷八七《李斯列傳》引張守節《正義》,第 2,541 頁。

諸侯親服，獲楚、魏之師，舉地千里，至今治強。惠王用張儀之計，拔三川之地，西併巴、蜀，北收上郡，南取漢中，包九夷，制鄢、郢，東據成皋之險，割膏腴之壤，遂散六國之從，使之西面事秦，功施到今。昭王得范雎，廢穰侯，逐華陽，強公室，杜私門，蠶食諸侯，使秦成帝業。此四君者，皆以客之功。由此觀之，客何負於秦哉！向使四君卻客而不內，疏士而不用，是使國無富利之實而秦無強大之名也。[093]

可見，秦國的強大，關中的富實，都蘊含著客卿的功勞，秦國的成功，在相當程度上取決於有遠見的用人政策。作為外來移民的李斯熱情歌頌了「海納百川」的施政思想，這在中國古代政治思想史上閃爍著奪目的光輝。「太（泰）山不讓土壤，故能成其大；河海不擇細流，故能就其深。王者不卻眾庶，故能明其德。是以地無四方，民無異國，四時充美，鬼神降福，此五帝、三王之所以無敵也。」[094] 因此，秦國的富強，正是以關中地區的發展為代表，當後人讚美秦漢時期關中地區的優越地位時，切不可淡忘廣大外來移民的功績。

二、英俊之域，冠蓋如雲
—— 「實關中」移民潮與西漢長安五陵文化區的鼎盛

漢家陵樹滿氤氳，千秋萬歲灞陵存。君看橋下春楊柳，落日花飛愁煞人。

—— 〔明〕王廷相〈西京篇〉

---

[093] 《史記》卷八七《李斯列傳》，第 2,541-2,542 頁。
[094] 《史記》卷八七《李斯列傳》，第 2,545 頁。

漢朝開國後，為強幹弱枝，屢屢以修建皇陵的名義，大量向關中遷徙關東豪強之家，為關中文化建設注入了勃勃生機。關中在中國文化史上的地位，與漢朝時期長安文化的鼎盛有直接的關聯。這些關東移民之所以產生如此深遠的影響，首先與其特殊的構成有關，這些關東移民的選擇有相當高的標準，從漢初「齊楚大族」、「六國（王族）之後」、「豪傑名家」，至後來的「訾百萬」以上的富豪、官祿二千石以上的高官之家等。這些移民家族後裔日後成為漢朝名臣者不可勝數，如齊國的田氏家族，見於《漢書》者有田千秋、田延年、田何、第五倫等；上黨的馮氏家族（包括代郡馮氏），見於《漢書》者有馮唐、馮奉世等。其次，這些名家大族被集中安置於長安諸陵附近，形成了引人注目的移民區，成為天下士民矚目的地方。著名史學家班固在名篇〈西京賦〉中描述了當時長安諸陵的盛況：

名都對郭，邑居相承，英俊之域，黻冕所興，冠蓋如雲，七相五公。與乎州郡之豪傑，五都之貨殖，三選七遷，充奉陵邑，蓋以強幹弱枝，隆上都而觀萬國。[095]

如此眾多的名家大族匯聚在一起，必然使諸陵地區的文化風貌大為改觀。班固《漢書·地理志》用極其簡約的文筆對此做了精闢的說明：

漢興，立都長安，徙齊諸田，楚昭、屈、景及諸功臣家於長陵。後世世徙吏二千石、高訾富人及豪傑併兼之家於諸陵。蓋亦以強幹弱枝，非獨為奉山園也。是故五方雜厝，風俗不純。其世家則好禮文，富人則

---

[095]《後漢書》卷四〇上《班固傳》，中華書局校勘本，第 1,338 頁。

商賈為利，豪傑則游俠通姦。頻南山，近夏陽，多阻險輕薄，易為盜賊，常為天下劇。又郡國輻湊，浮食者多，民去本就末，列侯貴人車服僭上，眾庶放（同「仿」）效，羞不相及，嫁取（娶）尤崇侈靡，送死過度。

大批特殊移民的彙集，使長安五陵地區文化風貌呈現出異彩紛呈的外在特徵，這種特徵主要表現為：

（1）高官貴宦的淵藪，西漢政壇的晴雨計。據以往學者的詮釋，班固〈西京賦〉所云「七相五公」均實有其人。如「七相」就是丞相車長秋（長陵人）、黃霸（陽夏人）、王商［西漢有兩個王商，一是蠡吾人，一是平陵（即杜陵）］、韋賢（鄒人）、平當、魏相、王嘉（平陵人）；「五公」就是太尉田蚡（長陵人）、大司馬張安世、大司空朱博（杜陵人）、司徒平晏、大司空韋賞（平陵人）[096]。當然，關中居民中曾任高官的遠不只此數人。如果做一個西漢職官分布圖，那麼，關中地區的人數及密度無疑會名列前茅。封建時代，官職的升遷，對官員家族的影響極大。得勢者雞犬升天，失勢者破敗淪落。隨著這些官員的升遷貶斥，關中地面上也上演著一幕幕的悲喜劇。

（2）儒學昌盛，大儒鉅子為全國士子所宗仰。中心區世家大姓的倡導經學，通經的學問家不斷出現。著名學問家蕭望之，原為東海蘭陵人，徙居於杜陵。家世以田為業，而蕭望之自幼好學，先後從師於蘭陵後倉、博士白奇、名儒夏侯勝，研習《齊詩》、《論語》、《禮服》等儒家經典，學問之精博，受到長安學界的稱道。蕭望之也深受朝廷的欽服，後為太傅，以《論語》、《禮服》等典籍傳授太子。五陵最著名的大儒

---

[096] 葛劍雄著：《西漢人口地理》，第 140 頁。

自然非董仲舒莫屬。作為一代儒學思想家，董仲舒深受漢武帝的尊崇，鮮明地提出「罷黜百家，獨尊儒術」的方針，成為儒學思想史上具有開創意義的里程碑。董仲舒全家被徙於茂陵，兒孫都是學業通博而升至高官。五陵移民被列入《漢書·儒林傳》還有易學大師田何（杜陵人）、士孫張、吳章、張山附（平陵人）、鄭寬中、塗惲等。[097]

（3）商業發達，商業人口眾多，富商大賈雲集。古語云：長袖善舞，多財善賈。在諸陵的移民中，有許多是「訾百萬」以上的富豪，本身就是經商理財的內行人。為緩和反彈情緒及保證遷徙順利完成，西漢朝廷還給徙民不少物質上的賞賜，也使這些富商在經濟上減少了損少。不過進入五陵地區後，一些富商的財富及生活的奢華仍讓朝野瞠目。如杜陵富豪朱丹繼承了父親的全部遺產，又深受諸位皇帝的寵愛，所受賞賜累達千金，僮僕數以百計，後房妻妾也有數十人，每日醉心於聲色與飲食的享受，無不曲盡其妙。又據《三輔黃圖》的記載，茂陵大富翁袁廣漢藏鏹巨萬，家僕八九百人，曾在北邙山下修建了一座大型花園，轟動了整個長安。這座花園東西四里，南北五里，構石為山，高十餘丈，連綿數里。積沙成島嶼，激水成波濤，巧奪天工，令人嘆為觀止。各種珍禽異獸充斥其中，各類奇樹異草，無所不有。後來袁廣漢罹罪被殺，這座花園的鳥獸草木竟被皇家第一園林 —— 上林苑全部收走。茂陵富豪的經濟實力由此可見一斑。

（4）游俠風氣濃烈，豪傑大俠震動朝野。西漢時期，游俠風氣盛行一時，大游俠往往成為世俗人眼中的英雄，在王朝政治、文化舞臺上扮演著不同尋常的角色。故而，大史學家司馬遷、班固在名著《史記》、《漢書》中都列有《游俠列傳》（《游俠傳》），這在「二十四史」中是

---

[097] 王子今著：《秦漢區域文化研究》，四川人民出版社，1998 年，第 41-43 頁。

絕無僅有的。韓非子曾說：「儒者以文章干擾法政，游俠以武力觸犯禁條」。有勢力的游俠往往我行我素，對抗官府，對地方治安狀況產生不利影響，因此，西漢前期「實關中」過程中，遷徙的重點對象就包括游俠。一些著名游俠也由此進入長安地區，這樣，長安一帶也就成為當時游俠聚居的中心，時稱：「長安熾盛，街閭各有豪俠。」東漢文學家張衡〈西京賦〉形容當地游俠風氣時講道：「輕死重氣，連黨結群，寔蕃有徒，其從如雲。」軹人郭解就是漢初最出名的大游俠。當時正值徙豪富之家於茂陵，郭解家室貧寒，本不夠「豪富」的資格，但官吏還是將他歸入遷徙之列。當時任將軍的衛青聞說後，向漢武帝求情：「郭解家貧，不應遷入關中。」漢武帝非常巧妙地予以拒絕：「一位布衣能讓當朝將軍為他求情，此人家庭肯定不會窮困。」果然，當郭解外遷之時，送行的縉紳餽贈他的錢財達千餘萬。入關之後，關中有名望的人士久仰他的大名，爭相與他結交。郭解死後，游俠之風更盛，「為俠者極眾」，數不勝數。關中地區知名的俠士有長安樊仲子、長陵高公子、茂陵陳涉、杜陵陳遵等。當然，在所謂「游俠」中，不少是雞鳴狗盜之徒，故長安偷盜最多，治安狀況不佳。另據班固的觀點，長安地區豪俠眾多，還與其地理位置有關，「瀕（終）南山，近夏陽」，容易找到藏身之處。

⋯⋯樂遊原上清秋節，咸陽古道音塵絕。音塵絕，西風殘照，漢家陵闕。（李白〈憶秦娥〉詞）

西漢長安諸陵盛極一時的繁榮，使得諸陵區演變為著名的歷史文化景觀，構成古都長安文化必不可少的一部分，後世文人騷客在此勝跡詠嘆懷舊，流連忘返。唐代大詩人李白〈杜陵絕句〉云：

南登杜陵上，北望五陵間。秋水明落日，流光滅遠山。

又如唐代詩人崔顥在〈渭城少年行〉中吟道：

長安道上春可憐，搖風蕩日曲河邊。萬戶樓臺臨渭水，五陵花柳滿秦川……

當然，面對不復再現的繁華景象，更多的詩人表現出無限的感傷：

形勢今雖在，荒涼恨不窮。虎狼秦國破，狐兔漢陵空。（〔唐〕司空圖〈秦關〉）

時至今日，來到古都西安的遊客都要去以茂陵為首的漢代陵墓區遊賞，人們來這裡並無懷舊感傷之情，而是常常為古人所創造的優秀文明所震撼，人們思考最多的問題就是如何保護這些珍貴的文化遺址，讓子孫後代也能有幸重溫前人的文化貢獻。

三、突厥名王滿朝堂
—— 隋唐時期入居長安城的突厥人及文化影響

自古皆貴中華，賤夷狄，朕獨愛之如一。故其種落皆依朕如父母。

—— 〔唐〕李世民

隋唐時代的長安城是享有世界聲譽的國際大都市，關於她的文化風貌，已有眾多的研究成果。當時長安最重要的文化特徵之一，為薈萃各個周邊民族風俗文化，形成自古未有的「胡越一家」的盛況。唐太宗被各族首領尊為「天可汗」，前往長安覲見的各族酋長、使節絡繹不絕，不少人從此留居長安，他們為古都長安帶來了富有本民族文化特色的風俗，長安風俗也就成為各民族風俗的匯總。

無論遷入人數，還是文化影響，隋唐時期長安城裡的北方民族要首推突厥了。突厥對隋唐文化的影響要從其與中原政權之間的關係說起。突厥部落原臣附於柔然，因善於製造金屬產品而被蔑稱為「鍛奴」。突厥部落強大後，向柔然人發起猛攻，並將其趕出漠南草原。突厥部落聯盟的強盛，超過了以往任何一個北方民族。《周書·異域突厥傳》載：「其地東自遼海以西，西至西海萬里，南自沙漠以北，北至北海五六千里，皆屬焉。」

而此時中國北部正處於東、西魏分裂之時，突厥人的強大與崛起不會是中原政權的福音。為了在兩國交爭中得到突厥人的支援，東、西魏都傾其府藏所有，爭相結好突厥。如北周為結好突厥，又是聯姻，又是贈物，每年奉送的錦彩就達 10 萬段。留居長安的突厥人成為備受尊崇的貴客，待遇極為優厚，「衣錦食肉者，常以千數（一說近萬人）」。當時的他缽可汗曾發出如此狂言：「只要我南方的兩個兒子孝順，還擔心缺少財物嗎？」[098] 隋朝建立後，對突厥採取了較為靈活的政策，一方面堅決反擊突厥人的南下侵掠，一方面扶植親漢的突厥首領，有效地遏制了突厥人的囂張氣焰。但到隋末喪亂，大批中原人避難逃至塞外，突厥勢力又趨鼎盛。各路豪強雖劃地自立，各建名號，但懾於突厥人的武力，相

---

[098]《周書》卷五〇《異域突厥傳》，中華書局校勘本，第 910 頁。

率臣附於突厥可汗，突厥可汗儼然成為華夏九州的最高統治者。唐代史學家李延壽對當時的情形記憶非常深刻：

於是分置官司，總統中國，子女玉帛，相繼於道，使者之車，往來結轍。自古蕃夷驕僭，未若有斯之甚也。[099]

唐朝初起時，與各路割據豪強一樣，對突厥也極盡討好之情態。高祖李淵甚至尊稱可汗為父，前後奉送的財物不可勝紀。進入長安的突厥使者也驕橫跋扈，蠻橫無理。雄才大略的唐太宗李世民即位後，一改畏懼之態，針鋒相對地反擊突厥人的威脅，最終大獲全勝，生擒頡利可汗，十餘萬降眾入居唐朝邊塞安置。

突厥聯盟盛極一時的強大，與中原政權長時間的卑辭求歡，在中原士民的心理上留下了強烈的印象，突厥降附後，大批入居邊界地區，這對突厥風俗在中原地區的傳播產生了特殊的影響。這在長安地區表現得最為明顯，因為從北周開始，長安已是突厥降人入居最集中的都會。突厥人降附唐朝後，受到特別優遇，《貞觀政要》卷九載：唐朝官府「每見一人初降，賜物五匹，袍一領。」部落首領更是待遇優厚，都被授予高官，或拜將軍、或任中郎將，一時間布滿朝殿，僅五品以上官就達百餘人，幾乎占同級官員的一半，大唐王朝簡直快成為突厥人的王朝了。這些首領及其眷屬入居長安將近一萬家。這數萬人的特殊居民，本身就是長安城一道奇異的人文景觀。突厥風俗也就成為長安都市風俗的一個重要組成部分。如被俘的可汗頡利入居長安後，依然保持原有習俗，在居處搭起圓帳生活，不在漢式的房屋內居住。他去世後，也按照突厥的風

---

[099]《北史》卷九九《突厥傳》後史臣論，中華書局校勘本，第 3,305 頁。

俗下葬。一些好奇喜異的中國人士也因此成為突厥風俗的狂熱愛好者，太宗李世民之子李承乾就是其中之一。

李承乾曾被立為太子，為贏得李世民的器重，他表面上故作矜持，遵循禮法，但私下裡耽於娛樂，逸樂無度。他對北方民族的風俗文化有著一種難以抑止的狂熱嗜好。他居住的宮殿甚至成為其效法與排演少數民族風俗舞蹈的舞臺。他不僅讓宮內成群的奴僕梳起胡人式的椎髻，穿上五顏六色的綵衣，還選出一些相貌類似突厥的臣僕披上羊裘，結起髮辮，每五個人成為一組，搭起一個個披氈帳篷。另外，還刻意模仿突厥可汗建起五狼頭大旗，長戟列陣，高繫幡旗，為自己建起高大的圓頂大帳。他命這些人完全依照突厥人習俗，過起游牧部落的生活，殺羊以烹，抽刀割肉以食。更為甚者，李承乾還在宮內上演突厥人為可汗送終的一幕。他扮演一位死去的可汗，讓那些「突厥人」剺面號哭，圍著「屍體」縱馬狂奔。這一切的表演讓李承乾獲得了極大的滿足，他按捺不住，一躍而起，大聲嚷道：

要是有一天我登上皇位，君臨天下，必率數萬精騎，前往邊塞金城狩獵，然後解髮結辮，投在塞上突厥可汗思摩的帳下，當一名突厥酋長，那該有多麼快活啊！

當我們了解到北朝至隋唐突厥人地位的演變狀況，就不難理解李承乾這些貌似怪誕的行為。另外，還須補充說明的是，隋唐以前的魏晉南北朝時期是各民族大融合的雜居時代，異族間通婚的現象十分普遍。長期居留於北部中國的地位顯赫的漢人家族，一般均難以保持純正的本族血統。開創隋、唐兩大王朝的楊氏與李氏家族也不例外，李淵的皇后竇

氏為鮮卑人，李世民的皇后長孫氏為拓跋鮮卑人，李承乾即具有北方民族血統。這樣客觀的背景，使楊氏與李氏家族對北方民族缺少偏見，容易接受與欣賞各民族的風俗文化。這也是造成「唐人大有胡氣」的客觀社會背景的主要因素。

第二節

人眾方為天下中
—— 移民與中州文化區的盛衰

　　自從東周遷都雒邑（今河南洛陽）後，以今洛陽市為中心的河洛地區便在中國政治版圖上居於「天下之中」的尊崇地位。「河出《圖》，洛出《書》」，河洛地區也就成為天下豪傑關注的焦點。所謂「逐鹿中原」，本意不外乎爭奪河洛這塊「風水寶地」。秦漢以來，任何一個強盛的中原王朝都不會忽視這一地區。至五代以後，開封與洛陽共同成為中原王朝的兩大政治、文化中心，中州文化區也由此在中國文化史上了發揮了難以取代的強大作用。然而，河洛文化區在全國的地位並不是固定不變的，歷經坎坷，幾度沉浮。其命運的盛衰消長雖與政治形勢息息相關，但也與人口變遷存在直接的關聯。人口的眾寡，是河洛地區興盛與否的重要象徵，而這一地區的人口形勢又是移民運動的直接後果。

▌一、河洛夙稱「帝王鄉」
▌—— 兩漢時期河洛文化區的興盛

古來名與利，俱在洛陽城。

—— 〔唐〕于鄴〈過洛陽〉

西周滅亡後，平王東遷，這是東周（也就是春秋戰國時期）的開始。諸侯爭雄，周王失去了強大的軍事實力，已形同虛設，但居住於雒邑的周王依然是最高王權的象徵。「河出《圖》，洛出《書》」，所謂「問鼎中原」，正反映了河洛地區在天下豪傑心目中無法踰越的尊崇地位。時至西漢時期，河洛地區仍然為人們心目中「大有王氣」的風水寶地，漢初大行分封，卻始終不肯在河洛地區另立諸侯王。另外，在經濟生活中，洛陽是天下五都（其餘「四都」為邯鄲、臨淄、宛、成都）之一，地位僅次於長安。當地人（時稱「周人」）充分利用這一地區四通八達的交通優勢，轉運懋遷，「周地」的商業繁榮與「周人」的富庶成為人們津津樂道的話題。「洛陽東賈齊、魯，南賈梁、楚」，成為富冠天下的名都。被譽為古代「商界鼻祖」的白圭就是一位「周人」。他所創立的「人棄我取，人取我與」的經營思想，為後世人廣為傳頌。在白圭之外，洛陽一帶還有一位大商人師史，對這種現象的出現，太史公司馬遷評論道：

昔唐人都河東，殷人都河內，周人都河南。夫三河在天下之中，若鼎足，王者所更居也，建國各數百千歲，土地小狹，民人眾，都國諸侯所聚會，故其俗纖儉習事。

……周人既纖，而師史（著名富商）尤甚，轉轂以百數，賈郡國，無所不至。洛陽街居在齊、秦、楚、趙之中，貧人學事富家，相矜以久賈，數過邑不入門，設任此等，故師史能致七千萬。[100]

不過，一些有鄙薄商賈意識的人士如東漢史學家班固對當時河洛風氣頗有微詞：

周人之失，巧偽趨利，貴財賤義，高富下貧，憙為商賈，不好仕宦。[101]

比較而言，司馬遷對這一地區民風的認識更深刻，更符合實際。因為三河地區有長期建都的歷史，人口稠密，可耕地資源有限，人地矛盾顯得較為突出，光靠節儉，解決不了根本的生計問題。如果缺乏最基本的生產方式 —— 耕地，那麼，普通百姓如何能務本，從事農業生產活動呢？貴族人口多，必然會對生產生活方式產生較大需求，貿易有無正是滿足人們迫切需求的最好途徑。洛陽既然擁有「天下之中」的地理優勢，一些大富商的成功又為當地做出了極具誘惑力的示範，人們喜為商賈，自在情理之中。如果不考慮人們的實際困難與需求，盲目貶斥商賈，那就太不近人情了。應該說，商業發達為維持洛陽地區密集的人口做出了重要貢獻，這對維持「天下之中」的地位也是十分必要的。

兩漢之際的社會大動盪，造成天下人口銳減，相比之下，河洛地區受到的破壞較弱，人口依然較多，因此，東漢光武帝劉秀放棄長安，定都洛陽。鑒於洛陽地區人眾地狹，土地資源較為有限，東漢官府並沒有

---

[100]《史記》卷一二九《貨殖列傳》，第 3,262-3,279 頁。
[101]《漢書》二八下《地理志下》，第 1,651 頁。

施行向洛陽的大規模移民行動。但由於政治中心地位的確立，大批官僚士大夫湧入，河洛地區的發展進入了一個嶄新階段。在東漢向洛陽地區的遷入人口中，最引人注目的應屬那些輔佐劉秀打下天下的功臣世家及外戚家族。這也是東漢政治的一大特色。這些功臣及外戚大都擁有眾多顯貴與龐大的家族，形成在東漢政壇上影響強大的家族集團，他們大都長期居住於首都洛陽。如功臣耿弇一家在東漢一代出過「大將軍二人，將軍九人，卿十三人，尚公主三人，列侯十九人，中郎將、護羌校尉及刺史、二千石數十百人，遂與漢興衰云」[102]。外戚竇融一家在東漢初年擁有「一公，兩侯，三公主，四二千石，相與並時。自祖及孫，官府邸第相望京邑。奴婢以千數，於親戚、功臣中莫與為比。」[103] 不過，最顯赫的家族集團還要屬鄧寇一家。「鄧氏自中興後，累世寵貴，凡侯者二十九人，公二人，大將軍以下十三人，中二千石十四人，列校二十二人，州牧、郡守四十八人，其餘侍中、將、大夫、郎、謁者不可勝數，東京莫與為比。」[104]

這些龐大的家族擁有尊崇的政治地位與經濟實力，為滿足自身享樂的需求，建造出數量驚人的豪宅大院及亭臺園林，使洛陽地區的都市景觀呈現出富麗奢華的光彩。在住宅與園林的建造中，梁冀一家的經營是最為豪侈與耀眼的。梁氏「一門前後七封侯，三皇后，六貴人，二大將軍，夫人、女食邑稱君者七人，尚公主者三人，其餘卿、將、尹、校五十七人。（梁冀）在位二十餘年，窮極滿盈，威行內外」[105]。在梁氏家族氣焰熏天之時，梁冀與其妻孫壽在洛陽城中大興土木，興造宅院，

---

[102]《後漢書》卷一九《耿弇列傳》，第 724 頁。
[103]《後漢書》卷二三《竇融列傳》，第 808 頁。
[104]《後漢書》卷一六《鄧寇列傳》，第 619 頁。
[105]《後漢書》卷三四《梁統列傳》，第 1,185 頁。

煞費心機，窮奢極侈，互相誇耀於世。「堂寢皆有陰陽奧室，連房洞戶。柱壁雕鏤，加以銅漆。窗牖皆有綺疏青瑣，圖以雲間仙氣。臺圖相通，更相臨望；飛梁石磴，陵跨水道。」梁冀等權貴也非常講究生活空間中自然情趣的營造，故而，「廣開園囿，採土築山，十里九阪，以像二崤。深林絕澗，有若自然，奇禽馴獸，飛走其間。」梁冀精心營造的一所著名園林 —— 菟苑，位於洛陽城西連亙數十里，意境奇麗，巧奪天工，為其家勢財力的象徵，在中國園林建築史上也占有一席之地。東漢一朝宦官與外戚相繼專權，一些宦官家族的巨府豪宅也堪與外戚勢家媲美。

然而，真正為洛陽精神文化發展做出貢獻的還是那些儒臣文士。東漢洛陽文化發達的主要特徵是經學鼎盛。這首先與光武帝本人對經學的提倡有著密切的關係。學者們透過觀察，承認西漢王朝的創業功臣大都出身於流氓無賴，而東漢開國功臣大都出身世族，均有「儒將」風采。以劉秀為例，雖以武力開創天下，然對儒學情有獨鍾，他對經學的愛好對洛陽地區學術的復興發揮了決定性的影響。如《後漢書·儒林列傳》載：

及光武中興，愛好經術，未及下車，而先訪儒雅，採求闕文，補綴漏逸。先是四方學士多懷協圖書，遁逃林藪，自是莫不抱負墳策，雲會京師。

東漢多位皇帝雅愛經術，是導致河洛地區儒學大興的重要原因。「上有所好，下必甚焉」。明帝劉莊等甚至親自執教，講解經義，產生了極其熱烈的轟動效應：

帝正坐自講，諸儒執經問難於前，冠帶縉紳之人，圜橋門而觀聽者蓋億萬計。[106]

儒學最高學府 —— 太學在洛陽的重建，是吸引各地士人紛至沓來的又一直接誘因。

「光武初興，湣其（太學）荒廢，起太學博士舍，內外講堂，諸生橫巷，為海內所集。」[107]

東漢歷代君主還專門下詔，要求貴族子弟入太學攻讀，甚至連匈奴首領的子弟也送入太學讀書，一時間形成了「人人通經」的鼎盛局面。至漢順帝時，太學規模進一步擴大。《後漢書·儒林列傳》載：當時「更修黌宇，凡所造構二百四十房，千八百五十室。」、「自是遊學增盛，至三萬餘生。」一座擁有 3 萬多名學生的學府，就是在 21 世紀的今天，比之於世界上任何一所著名大學也毫不遜色。而這一切卻發生在西元 1 至 2 世紀的洛陽地區，中國古代文明的早熟，由此可窺一斑。許多儒生在通達經術之後，長期留居洛陽從事教育或行政工作，成為洛陽居民中具有高度文化素養的族群。

當然，一批著名學者的出現，更是河洛地區儒學成就的傑出展現，他們有：

一代思想鉅著《論衡》的作者 —— 著名思想家王充，原籍會稽上虞（今浙江上虞），而他的學識完全得益於在洛陽的遊學經歷。王充到達京師洛陽後，進入太學攻讀。洛陽地區學者雲集，藏書宏富的文化環境讓他如魚得水，如飢似渴地遨遊於知識的空間。因「家貧無書，（王充）常

---

[106]《後漢書》卷七九《儒林列傳》，第 2,545-2,546 頁。
[107]《後漢書》卷四八《翟酺傳》，第 1,606 頁。

遊洛陽書肆，閱所賣書，一見輒能誦憶，遂博通眾流百家之言。」[108]

著名文學家、科學家張衡也是洛陽太學畢業生中的佼佼者。張衡為南陽西鄂（今河南南陽）人。他自幼聰慧過人，下筆成章。後進入洛陽太學學習，「遂通五經，貫六藝」。張衡後任太史令，先後製造了地震儀、候風鳥等先進儀器，成為中國古代科技史上的一顆巨星。[109]

然而，如此繁盛富麗的洛陽城在東漢末年，竟被奸雄董卓付之一炬。史載：當時洛陽城內「貴戚室第相望，金帛財產，家家殷積」，正是一派富裕興旺的光景。沒想到喪心病狂的董卓放縱士兵瘋狂剽掠，淫婦女，搶財貨，強制驅迫洛陽數百萬人口遷往關中，最後，縱火焚燒，宮室、巨宅、民居灰飛煙滅，可嘆一代名都浩劫過後，「二百里內無孑遺」[110]。後來，曹操之子、著名文學家曹植路過洛陽時，吟詩道：「步登北芒阪，遙望洛陽山。洛陽何寂寞，宮室盡燒焚……中野何蕭條，千里無人煙……」[111] 千載之後，我們依然可以感受到詩人「長歌當哭」的悽慘心境。

二、「西天」也無此名城
—— 北魏後期河洛文化區的復興

自晉、宋以來，號洛陽為荒土，此中謂長江以北，盡是夷狄。昨至洛陽，始知衣冠士族，並在中原……

—— 〔南朝·梁〕陳慶之

[108]《後漢書》卷四九《王充傳》，第 1,629 頁。
[109]《後漢書》卷五九《張衡傳》，第 1,897-1,909 頁。
[110]《後漢書》卷七二《董卓列傳》，第 2,325-2,327 頁。
[111]《文選》卷二〇《送應氏詩》，第 277 頁。

北魏遷都洛陽，為這一古都的發展帶來了新的契機。遷都之前，洛陽地處南北割據政權的邊境地區，久罹戰亂，破敗不堪。大批南遷人口使這一荒廢已久的故都重新煥發出奪目的光彩。不僅如此，遷都改制，正值北魏發展史上的巔峰時期，國力鼎盛，來自雁北的王公貴族、官僚大臣在洛陽新居的規畫上窮其精巧，斥資無數，富麗堂皇的各種建設使洛陽平添了一道侈麗的風景線。《洛陽伽藍記》卷四「城西」載：

當時四海晏清，八荒率職，珠囊紀慶，玉燭調辰，百姓殷阜，年登俗樂。鰥寡不聞犬豕之食，煢獨不見牛馬之衣。於是帝族王侯，外戚公主，擅山海之富，居川林之饒，爭修園宅，互相誇競。崇門豐室，洞戶連房，飛館生風，重樓起霧，高臺芳榭，家家而築；花林曲池，園園而有，莫不桃李夏綠，竹柏冬青。

拓跋氏（元氏）王公之中，河間王元琛被稱為豪富之首。他曾遣使者前往西域購求名馬，得到十餘匹駿馬，以銀為食槽，以金為鎖環。亭臺館閣及日常器皿，精妙無比，府內財貨山積，不可勝數。他常常感嘆：「不恨我不見石崇（晉朝富豪），恨石崇不見我！」結果把生性貪暴而心胸狹窄的章武王元融氣得三日臥床不起。當時，與元琛財富相頡頏的王公還有高陽王元雍及清河王元懌等。他們的豪宅都成為洛陽城中耀眼奪目的景觀。

當時洛陽城中大臣豪宅要首推張倫之家了。張倫為北魏開國元勛張袞之玄孫。他的住宅位於城東昭德里。「齋宇光麗，服玩精奇，車馬出入，逾於邦君。園林山池之美，諸王莫及。倫造景陽山，有若自然。其中重巖複嶺，嵌崟相屬，深蹊洞壑，邐迤連接。高林巨樹，足使日月蔽虧；懸葛

垂蘿，能令風煙出入。崎嶇石路，似壅而通；崢嶸澗道，盤行復直。是以山情野興之士，遊以忘歸。」（卷二「城東」，第 100 頁）天水人姜質在觀賞張家園林後，稱賞不已，特作〈亭山賦〉頌揚其絕美景致。

北魏國力的強大，洛陽都市的繁盛，吸引著大批周邊民族人民向洛陽湧來，洛陽由此成為當時具有國際性的大都會，一座名副其實的移民城市。名著《洛陽伽藍記》用生花之筆為我們出神入化地描繪出當時的盛況：

自蔥嶺已西，至於大秦（古羅馬帝國）。百國千城，莫不歡附。商胡販客，日奔塞下，所謂盡天地之區已。樂中國土風，因而宅者，不可勝數。是以附化之民，萬有餘家。門巷修整，閶闔填列，青槐蔭陌，綠樹垂庭，天下難得之貨，咸悉在焉。（卷三「城南」，第 161 頁）

為安置來自四面八方的「附化之民」，北魏官府專門在伊洛之間、御道兩旁建有「四夷館」。來自不同地域的人分別住進不同名號的館舍。不過，四夷館只是過渡性的寓舍，一般在三年之後，四夷館的異鄉客會被重新安置在洛陽城內，從而成為洛陽的正式居民。

道東有四館：一名金陵，二名燕然，三名扶桑，四名崦嵫。道西有四館：一曰歸正，二曰歸德，三曰慕化，四曰慕義。吳人投國者處金陵館，三年已後，賜宅歸正里……北夷來附者處燕然館，三年已後，賜宅歸德里……東夷來附者，處扶桑館，賜宅慕化里。西夷來附者得崦嵫館，賜宅慕義里。[112]

---

[112]《洛陽伽藍記》卷三「城南」，第 160 頁。

　　對異族他國歸附之人，做出如此精心而妥善的安置，充分顯示出當時北魏統治者的自信與胸襟。

　　不同民族、不同國度的人們聚居在伊洛之間，不僅帶著對名都的仰慕之情，更帶著各地迥然不同的風土人情。如南方移民集中的城南歸正里：

民間號為吳人坊，南來投化者多居其內。近伊、洛二水，任其習御。里三千餘家，自立巷市，所賣口味，多是水族，時人謂為魚鱉市也。（卷二「城東」，第 117 頁）

　　北魏時期河洛文化成就的另一大代表就是佛教興教，洛陽古都成為當時首屈一指的佛教大都會，各國僧侶紛紛來到洛陽。

時佛法經像，盛於洛陽，異國沙門，咸來輻輳。負錫持經，適茲樂土。世宗故立此寺（城西永明寺）以憩之。房廡連互，一千餘間。庭列修竹，簷拂高松，奇花異草，駢闐階砌。百國沙門，三千餘人，西域遠者，乃至大秦國，盡天地之西垂。（卷四「城西」，第 235 頁）

　　河洛地區佛寺林立，成為城市建設中的一大特徵。

逮皇魏受圖，光宅嵩、洛，篤信彌繁，法教逾盛。王侯貴臣，棄象馬如脫屣，庶士豪家，舍金財若遺跡。於是昭提櫛比，寶塔駢羅。爭寫天上之姿，競摹山中之影。金剎與靈臺比高，廣殿共阿房等壯。（《洛陽伽藍記》原序）

北魏末年，洛陽城內最宏偉的寺院就是胡靈太后所立的永寧寺了。這座寺院修建於熙平元年（西元 516 年）。主體建築為九層浮屠，為架木結構，高九十丈。浮屠之上，又有寶剎，也有十丈之高。寶剎頂離地面一千尺。遠離京師百餘里之外，就能看到這座高聳入雲的寶剎。這座佛塔的內部裝飾也代表了當時的建築藝術的最高水準。「殫土木之巧，窮造形之妙，佛事精妙，不可思議。繡柱金鋪，駭人心目。至於高風永夜，寶鐸和鳴，鏗鏘之聲，聞及十餘里。」波斯國胡人（疑為南印度人）菩提達摩是中國禪宗的始祖，當時也來到洛陽。他在永寧寺佛殿前被這座無與倫比的建築驚呆了，自稱年已一百五十餘歲，遍歷各國，但即使是在西天極樂世界也沒有目睹過如此精麗的寶剎（卷一「城內」，第 1 − 5 頁）。

有些寺院景致宜人，成為洛陽士民休憩遊玩的好去處。如城西寶光寺周圍「葭芙被岸，菱荷覆水，青竹翠竹，羅生其旁。京邑士子，至於良辰美日，休沐告歸。徵友命朋，來遊此寺，雲車接軫，羽蓋成陰，或置酒林泉，題詩花圃，折藕浮瓜，以為興適。」（卷四「城西」，第 199 − 200 頁）好一幅優遊和諧的都市生活畫卷！

洛陽城內建寺，至北魏末年至於極盛，但也出現了畸形發展的態勢。神龜元年（西元 518 年），尚書令元澄對此進行了抨擊：

……爾來十年，私營轉盛，罪擯之事，寂爾無聞……自遷都已來，年逾二紀，寺奪民居，三分且一……今之僧寺，無處不有。或比滿城邑之中，或連溢屠沽之肆，或三五少僧，共為一寺。梵唱屠音，連簷接響，像塔纏於腥臊，性靈沒於嗜慾，真偽混居，往來紛雜……昔如來闡教，多依山林，今此僧徒，戀著城邑……[113]

---

[113]《魏書》卷一一四《釋老志》，第 3,044-3,045 頁。

此後不久，執政的胡靈太后及滿朝文武數百人喪生於「河陰之變」，僧徒與佛寺的極盛竟成為北魏亡國之兆，洛陽古都文化由此面臨著破滅的橫禍。

河陰之變，是北朝洛陽地區發生巨變的轉捩點。契胡爾朱榮率領部眾進入洛陽，為剷除朝廷權貴對他的威脅，將胡靈太后母子及滿朝大臣驅至河陰，大肆屠戮，王公卿士及朝臣死者三千餘人。爾朱榮部眾的殘暴屠殺引起了河洛百姓的驚恐，四散逃奔，以避災禍。「貴室豪家，棄宅競竄；貧夫賤士，繼負爭逃。」（卷一「城內」，第 7 頁）為超度死者，「其家多舍居宅，以施僧尼，京邑第舍，略為寺矣」[114]。東魏天平元年（西元 534 年），高歡認為洛陽過於接近西魏及南朝邊境，逼迫孝靜帝遷都鄴城（今河北臨漳縣西南）。由於缺乏必要的準備時間，遷徙過程十分狼狽混亂。

如此慘痛的喪亂及大規模的人口遷出，對洛陽地區的衝擊是強大的。至武定五年（西元 547 年），楊衒之有事重遊洛陽，看到的是一片衰殘景象：城郭崩毀，宮室傾覆，寺觀化為灰燼，廟塔變為丘墟。城牆遍布蒿艾，里巷處處荊棘，各類野獸在荒廢的門階內造穴，山鳥在昔日的庭樹上築巢。牧童在鬧市廢墟上放牧牛羊，農夫在宮殿遺址裡耕耘。匆匆十餘年，彈指一揮間，而洛陽的興廢已恍若隔世，怎能不讓人悄然而生「滄海桑田」之嘆？[115]

---

[114] 參見《魏書》卷一一四《釋老志》，第 3,047 頁。
[115] 本節引文非特別注釋，均出於《洛陽伽藍記》，上海古籍出版社，1978 年。

三、賢俊皓首館閣間
── 北宋時期諸國降臣的文化貢獻

令公獻籍朝未央，敕書築第優降王。

── 〔宋〕晁補之〈芳儀曲〉

宋朝人士喜歡「京、洛」並稱，「洛」即洛陽，而「京」即北宋首都東京汴梁（今河南開封市）。趙匡胤透過「黃袍加身」登上帝位後，對南北割據政權展開了強大的攻勢，在消滅這些割據勢力之後，往往將那些亡國君臣及其家眷遷入首都汴梁，這類政治性移民對汴梁城的繁榮發揮了重要的作用，竟然使汴梁城一下子擁擠起來。時人楊侃〈皇畿賦〉對此進行了生動而具體的描述：

太祖以神武獨斷，太宗以聖文誕敷，平江表，破蜀都，下南越，來東吳，北定并汾，南取荊湖。是故七國之雄軍，諸侯之陪臣，隨其王公，與其士民；小者十郡之眾，大者百州之人，莫不去其鄉黨，率彼宗親，盡徙家於上國。何懷土之不聞，甲第星羅，比屋鱗次。坊無廣巷，市不通騎。[116]

五代十國時期，戰亂不休，黃河以北地區遭受嚴重破壞，以汴梁、洛陽為中心的河南地區也在劫難逃。戰爭的破壞與文化的衰落往往成正比。相比之下，南方許多割據小國卻保持著相對穩定的發展態勢，藏書

---

[116]〔宋〕呂祖謙編：《宋文鑒》卷二，《景印文淵閣四庫全書》，臺灣商務印書館影印本，第1,350冊。

富贍，人才濟濟，擁有豐厚的文化資源。北宋統治者非常重視文化資源的爭奪，大批飽學之士無疑是最可寶貴的文化財富，他們的北遷為汴梁的文化發展注入了生機。如後蜀名臣毋昭裔曾力勸後主孟昶雕版印刷《九經》，為後蜀文化振興做出了貢獻。他又命門下學士句中正、孫逢吉等人雕版印製《文選》、《初學記》、《白氏六帖》等典籍，這實為中國印刷史上的一件盛事。後來，毋昭裔的後人將這些雕版帶到汴梁，獻給朝廷，從此，這些稀有的典籍廣布士林，可謂功德無量。又如後唐、後蜀兩國移民中有一些聲名卓著的藝術家。李煜本人就是一個多才多藝的書畫家，其國中翰林待詔董源為一代山水畫大師，而徐熙為花鳥畫大家，後唐亡後，徐熙、董羽等一些畫家進入汴梁。同時，「蜀主好事，故藝能之士精書畫者眾矣。」蜀國藝能之士中最負盛名者當推一代畫壇巨匠黃筌。黃筌為成都人，早年即以擅長繪畫馳名於巴山蜀水。他兼採眾家之長，筆意豪贍，脫盡俗氣，超邁前賢。被人譽為「前無古人，後無來者」。遷入汴梁後，黃筌入翰林圖畫院供職與徐熙並稱「黃、徐」，同為花鳥畫開門立派的宗師。黃筌諸子也多善畫，隨其父供職於圖畫院。諸子中最出色的是黃居寀，以畫藝精湛深受朝野人士的推重，比之其父黃筌有「青出於藍」之譽。這批才華卓著的藝術家無疑為北宋畫壇增添了奪目的光彩。[117]

除翰林圖畫院外，接納這批移民最集中的文化機構要數崇文院了。北宋官府為妥善安置大批降王、陪臣的到來，著實動了一番腦筋，可謂用心良苦。對那些降王及其眷屬，北宋官府都提供了寬敞的住宅及豐厚的賞賜，降王子弟封官晉爵，備受關照。目的就為了讓這些亡國之君免去懷舊的感傷，優遊度日。與此同時，各國降臣幾乎被北宋官府全數錄

---

[117] 參見陳高華編：《宋遼金畫家史料》，文物出版社，1984 年。

用。但在這些降臣的任用上，北宋朝廷自然有戒備之心，他們是不能隨意離開汴梁的，而朝廷之中又不可能有這麼多實缺，因此，一批飽讀詩書的文臣進入北宋最大的文化機構 —— 崇文院之中。

汴梁城中的崇文院的前身為昭文館、集賢館、史館等三館，始建於後梁貞明年間。起初，館舍地處宿衛軍士駐地，環境嘈雜，房舍簡陋狹窄。太平興國初年，宋太宗趙光義駕臨此地，十分不滿，對左右隨從講道：「像這樣簡陋不堪的房舍，怎麼能容納天下藏書，招攬天下賢俊呢？」立即命人重選館址，另行修建。不久，新的館合竣工，規模宏麗，幾乎可與皇宮內院相媲美，特賜名為崇文院。不難發現，將大批文臣強遷的同時，北宋執政者還盡力蒐集各類文獻圖書。如「江南藏書之盛為天下冠」，南唐滅亡後，這些藏書一股腦運到了開封。崇文院建成後，將蒐集的圖書全部收藏其中，後來，趙光義又將三館中最精良的圖書，另造書庫收藏，這就是祕閣。據粗略統計，至宋真宗即位之時，崇文院及祕閣所藏書已將近四萬卷。

館藏書籍的激增，必然帶來繁重的校勘、整理工作。據宋人王明清《揮塵後錄》的記載，到太平興國年間，北上入汴的降王大都過世，他們手下的大臣們不免產生「物是人非」的悲涼之情，對遠遷的生活頗有厭倦之意。碰巧，北宋在平定南方諸國的同時，大力蒐集圖書，獎勵主動獻書之家，館閣藏書迅速增加。太宗趙光義即將這些南方舊臣組織到館閣之中，從事校讎整理工作，並編纂大型類書。生活待遇優厚，無復後顧之憂。許多文臣在圖書編纂生涯中度過了一生。宋朝著名的四大類書《冊府元龜》、《文苑英華》、《太平御覽》、《太平廣記》等都是這些文臣辛勤工作的結晶。

　　宋太宗的做法無疑是仁慈而明智的，既可使這些文士免卻思念故國之苦，又可為國家文化建設事業做出貢獻。這些降臣亡國之前，大都待遇優厚，家境豐裕。移居開封後，因攜帶家眷，生活負擔較為沉重。加之人地兩生，沒有額外的經濟收入。除少數高官外，許多移民生活拮据，度日艱難，不免會怨氣滿腹。而北宋官府也不可能無條件地贍養這一特殊的移民族群。而這些昔日的朝臣都飽讀詩書，嫺於文辭，招入崇文院正是人盡其才，兩全其美。「四大類書」是中國古代文化史上的豐碑，具有難以取代的重大價值。如被譽為「類書之冠」的《太平御覽》長達一千卷，所引經史圖書達 1,690 種，時至今日，這些引用的古書十之七八已經失傳，後世學者得益於《太平御覽》的引用，才有機會看到這些古代典籍的片光隻羽。又如《冊府元龜》卷數最為龐大，幾乎是《太平御覽》的一倍，所用資料全部來自以往的 17 部正史，成為後人校勘正史資料的極好參照。

　　諸國降臣的成就並不只於此。如南唐名臣徐鉉與後蜀句中正等人校正《說文解字》，也是一件了不起的貢獻。後漢許慎所著《說文解字》是中國最早的文字學著作。徐、句二人都是造詣精深的文字學家、書法家。他們對這部著作進行了校定、整理，後人稱為「大徐本」。今天，許慎原書已經失傳，徐鉉等人所校之書成為後世學者研究《說文解字》及古文字學的奠基石。因此，當後人感嘆宋代文化的偉大成就時，切不可忘記這群離鄉背井的亡國之臣所付出的心血。

第三節

南人多是北人來
—— 移民與江南文化區的興盛

　　江南好，風景舊曾諳。日出江花紅勝火，春來江水綠如藍，能不憶江南？

　　江南憶，最憶是杭州。山寺月中尋桂子，郡亭枕上看潮頭。何日更重遊？

—— 〔唐〕白居易〈憶江南〉詞

　　如此輕靈明豔的詞句，不知勾起多少人對江南水鄉無限的嚮往之情。「上有天堂，下有蘇、杭」，蘇州、杭州秀絕天下的美麗景致，共同構築起人們夢想中的江南。文人騷客對江南美景盡情地謳歌，不僅豐富了中國文學藝術寶庫，更增加了江南文化的神奇魅力。然而，在上古時期，人們心目中的江南並沒有如此美麗動人，前往江南甚至被視為畏途。江南地區的開發以及江南風景的馳名宇內，有賴於大批北方移民的不懈努力。

一、江南卑溼，丈夫早夭
—— 先秦及秦漢時期江南文化帶的低落

自交址（趾）至會稽七八千里，百越雜處，各有種姓。

—— 〔唐〕顏師古引臣瓚注《漢書·地理志》

江南，顧名思義，意為「長江之南」。古文獻中出現的「江南」有多種含義，廣義的「江南」不僅包括今天的江、浙地區，而且包括湖南及江西等地。與所謂「楚越之地」相當。在先秦時期，楚、越等國被中原諸侯視為「蠻夷之地」，其文化發展程度與中原諸大國有較明顯的差距。周文王之叔父吳太伯逃到荊蠻之地，依從當地風俗，「紋身斷髮」，獲得「荊蠻」居民的支持，建立起以荊蠻之人為核心的「句吳之國」。後來，吳國一度強大，稱雄一時，但中原人士對他們依然有「蠻夷之吳」的印象。越國雖然與吳國長期爭戰，但風俗與吳國極為相近，言語相通，因而被中原人士同樣視為「蠻夷」之類。據傳說，楚國的祖先也是黃帝流落在蠻夷的子孫，但楚國國君常常以「蠻夷」自居。秦始皇統一六國後，在全國範圍推行統一的郡縣制度與文化體制，但承六國之舊，各地居民及風俗差異還相當明顯。在中原人心目中，長江以南仍是較為荒僻的地方。西漢司馬遷曾在《史記·貨殖列傳》中描述道：

總之，楚、越之地，地廣人希，飯稻羹魚，或火耕而水耨，果隋蠃蛤，不待賈而足，地埶饒食，無饑饉之患，以故呰窳偷生，無積聚而多貧。是故江、淮以南，無凍餓之人，亦無千金之家。

　　可見，在秦漢初年，長江以南大部分地區尚處於火耕水耨的原始農業時代，然而物產豐富，人口稀少，仰賴天賜，沒有饑饉之憂。不過，兩漢時期文獻記載卻顯示了當時中原人對南方暑溼氣候的恐懼。司馬遷緊接著上文即指出：「江南卑溼，丈夫早夭」。東漢班固贊同這樣的觀點，在《漢書·地理志》也重複了「江南卑溼，丈夫早夭」的論斷。很明顯，在兩漢人心目中，江淮以南完全不是一塊令人嚮往的樂土。最出名的事例便是賈誼謫居長沙了。據《史記·賈生傳》記載，賈誼博學多才，為人所忌，被遣往長沙國任太傅。生長於河南洛陽的賈誼早就聞聽長沙卑溼，男子壽促，因而鬱鬱寡歡，悲傷不已，〈弔屈原賦〉、〈鵬鳥賦〉等名作都是其憂鬱心境的寫照。後來淮南王劉安為阻止漢武帝征伐閩越，上書極言南方地區的險惡環境：

　　南方暑溼，近夏癉熱，暴露水居，蝮蛇蠚生，疾癘多作，兵未血刃而病死者什二三。雖舉越國而虜之，不足以償所亡。[118]

　　所謂「卑溼」、「下溼」或「暑溼」，不外乎地勢低窪，溼度過大以及過於炎熱等幾個方面，這些客觀狀況對早期農業開發是十分不利的。另外，江淮以南地區土壤黏性過大，在鐵製工具並不普及的時代，在這些地區從事農耕是十分困難的。此外還必須指出，兩漢人對楚越地區的畏懼並不只在於當地「卑溫」或「暑溼」的自然條件，還在於當地居民的構成。秦漢時期，江南地區的土著居民主要是吳越國人的後裔，即所謂「越人」，又稱為「百越」。西漢初年，還發生了兩次越人向江淮地區的大規模遷徙。越王勾踐之後無諸與搖，因佐漢伐楚，被分別立為閩越王與東海王。建元三年

---

[118]《漢書》卷六四上《嚴助傳》，第 2,781 頁。

（西元前 138 年），閩越進攻東海王都城東甌（今浙江溫州市），東甌向漢朝求救，閩越退走後，「東甌請舉國徙中國，乃悉舉眾來，處江、淮之間」。後來，南越國反叛漢朝，東越（即閩越）與之往來密切，也起兵造反，漢朝軍隊平定叛亂後，漢武帝認為「東越狹多阻，閩越悍，數反覆」，於是下詔命「軍民皆將其民徙處江淮間。」[119] 兩次大規模的內徙，使江淮地區幾乎成為百越民族的世界。唐顏師古《漢書地理志注》引臣瓚曰：「自交趾（今越南北部）至會稽（今浙江紹興）七八千里，百越雜處，各有種姓。」古代越人的回歸，無疑會使越族風俗重新瀰漫江淮地區，成為該地風俗的主導特徵。直到東漢末年及三國時期，江浙一帶仍然有大量「山越（山居的越人）」活動，難怪中原漢族士大夫視江南為畏途了。

■ 二、避難者的新天地
—— 南朝時期江南文化區的崛起

金陵昔日何壯哉，席捲英豪天下來。

—— 〔唐〕李白〈金陵歌送別范宣〉

東漢末年，中原大亂，北方人民為逃避災禍，成群結隊地向江南地區遷徙。「避亂江南」的記載在史籍中屢屢出現。與刀刃交下，干戈日起的殘酷動亂相比，江南地區的氣候缺陷已不足為慮了。因此，「四方賢大夫避亂江南者甚眾」。隨著人口的增加與農業生產的發展，江南地區除卻了神祕莫測的面紗，成為中原人民得以安居樂業的新家園。

---

[119]《史記》卷一一四《東越列傳》，第 2,980-2,984 頁。

　　吳國的建立，是江南文化發展的一個重要契機。吳國不少官僚都是來自北方的移民。首都建業（今江蘇南京市）開始成為江南地區首屈一指的政治、經濟、文化重鎮，它的發展是當時江南文化興起的重要象徵。吳國主孫皓等人曾遷都武昌（今湖北鄂州市），結果遭到群臣的強烈反對，不久又不得不返回建業。當時童謠歌道：「寧飲建業水，不食武昌魚；寧還建業死，不止武昌居。」時至晉朝，著名文士左思撰〈三都賦〉，將魏、蜀、吳三國國都建設成就加以頌揚，說明了建業城市文化建設絲毫不遜色於北方的鄴都（今河北臨漳縣西南）。

　　西晉末年的「永嘉南渡」是中國歷史上前所未有的南遷運動，對江南文化發展也帶來了難以估量的影響與動力。早在「永嘉南渡」之前，王導等人已極力勸說司馬睿經營江南重鎮建康（因避西晉湣帝名諱，建業改為建康）。「永嘉喪亂」爆發後，大批中原世家大族奔向江浙一帶避難，這些世家大族也就成為東晉政權依賴的基礎力量。最著名的就是以王導、王敦為首的琅邪臨沂（今山東費縣東）王氏家族。王導、王敦分掌民政與軍政大權，王氏子弟布列朝班，故時諺云：「王與馬（司馬氏），共天下。」「永嘉喪亂」使中原地區的禮樂文明遭受滅頂之厄，大批世族人士具有較高的文化造詣，他們向東南地區的彙集，對迅速提高當地的學術文化地位發揮了重要作用。隋朝開皇初年，祕書監牛弘曾回顧南北朝時期文化發展的艱難歷程：

　　永嘉之後，寇竊競興，因河據洛，跨秦帶趙。論其建國立家，雖傳名號，憲章禮樂，寂滅無聞。……故知衣冠軌物，圖畫記注，播遷之餘，皆歸江左。晉、宋之際，學藝為多，齊、梁之間，經史彌盛。[120]

---

[120]《隋書》卷四九《牛弘傳》，第 1,299 頁。

　　以儒學為例，一些飽學之士南遷，成為東南一帶頗具號召力的儒學宗師。如東莞姑幕（今山東諸城）人徐邈，在「永嘉之亂」中與同鄉臧琨率子弟及鄉人千餘家遷居京口。在孝武帝即位後，在謝安的舉薦下，官補中書舍人，為皇室顧問，校定儒家經典，受到學者推重。又魯國人孔衍，為孔子之後裔，南遷江東後，深得司馬睿等人的倚重。後世學者已注意到，整體而言，兩晉時期，世崇老莊之學，玄風大熾，儒學發展處於谷底，這種狀況一直延續至宋、齊兩朝。直到蕭梁時期，南方文化才發生了較大提升。天監四年（西元 505 年），蕭衍下詔設置五經博士，「廣開館宇，招內後進」。平原（今山東平原縣）人明山賓等四人各主一館，「館內有數百生，給其餼廩。其射策通明者，即除為吏，十數年間，懷經負笈者雲會京師。」蕭衍還遣博士祭酒到州郡立學，在其倡導下，梁國內出現研習儒家經典的熱潮。[121] 在蕭衍等人崇經重文政策的激勵下，一批卓有成就的學者、文士相繼出現，獨領風騷。他們中間不少是北方移民及其後裔。如清河東武城（今河北清河縣西北）人崔靈恩從北魏奔梁後，位兼國子博士，「聚徒講授，聽者常數百人」。所講內容精微，深受當地儒者擁戴。與崔靈恩同時奔梁的北方儒學家還有孫詳、蔣顯、盧廣、宋懷方等人，也都任國子博士，聚徒講學，其中盧廣以「音辭清雅，不類北人」而廣受好評。南朝儒學家出於移民後裔者，還有清河東武城人張譏、太原晉陽人王元規，他們均著論宏富，子弟如雲。

　　除儒學外，移民在哲學、文學及史學等領域同樣有卓著建樹。如：

　　著有《神滅論》的一代無神論思想家范縝為南鄉舞陰（今河南泌陽市西北）人；著有《詩評（品）》的著名文論家鍾嶸為潁川長社（今河南長葛市東）人；編撰《千字文》的周興嗣為陳郡項（今河南沈丘縣）人；

---

[121]　參見《梁書》卷四八《儒林傳》，中華書局校勘本。

一代文學批評鉅著《文心雕龍》的作者劉勰為東莞莒（今山東莒縣）人；科技奇才祖沖之為范陽遒（今河北淶水縣北）人等等。[122]

由此可見，正如東晉等朝的建設有賴於外來移民一樣，南朝文化發展史如果沒有北方移民的參與，將是難以想像的。

三、繁華錢塘夢
—— 南宋杭州城內的「汴梁遺風」

東南形勝，三吳都會，錢塘自古繁華。煙柳畫橋，風簾翠幕，參差十萬人家。雲樹繞堤沙，怒濤卷霜雪，天塹無涯，市列珠璣，戶盈羅綺，競豪奢。

重湖疊巘清嘉，有三秋桂子，十里荷花。羌笛弄晴，菱歌泛夜，嬉嬉釣叟蓮娃。千騎擁高牙，乘醉聽簫鼓，吟賞煙霞。異日圖將好景，歸去鳳池誇。

—— 〔宋〕柳永《望海潮》

一代才子柳永的這首〈望海潮〉詞，歷來被譽為刻劃錢塘（今杭州市）風景的上佳之作。據說金朝海陵王完顏亮聞聽此詞後，詠賞久之，深深被「三秋桂子，十里荷花」的清麗景致所陶醉，遂有興兵南下，吞併南宋之意，結果，身敗名裂，含恨而終。一首絕妙好詞竟挑起了一場戰爭，也稱得上是千古奇事。不過，才華橫溢的柳永在這首詞中卻犯了一個常識性的錯誤，因為說「錢塘自古繁華」，實在是言過其實。

---

[122] 參見《梁書》卷四八《儒林傳》、卷四九、卷五〇《文學傳上、下》，中華書局校勘本。

且不說先秦時期江浙一帶為「斷髮紋身」的荊蠻之民所占，就是至六朝時期，錢塘還遠不能與建鄴、江陵等都城相媲美。近代歷史地理學家譚其驤先生曾對杭州歷史進行了深入的考察，指出從秦漢到兩宋，杭州城市發展經過了以下幾個階段：

1. 秦漢六朝八百年為一期 —— 山中小縣時代。
2. 隋唐三百年為一期 —— 江干大郡時代。
3. 五代北宋二年四十年為一期 —— 吳越國都及兩浙路路治時代。
4. 南宋一百四十年為一期 —— 首都時代。[123]

錢塘城市馳名海內，在相當程度上要歸功於五代十國時期錢鏐等人的苦心經營。在唐末五代的激烈動盪之後，金陵（今南京）等江南大都會遭嚴重破壞後，平穩發展的杭州遂成為「東南第一州」。北宋著名文學家歐陽修對這一變化進行了較全面的說明：

若乃四方之所聚，百貨之所交，物盛人眾為一都會，而又能兼山水之美，以資富貴之娛者，唯金陵、錢塘。然二邦皆僭竊於亂世，乃聖宋受命，海內為一，金陵以後服見誅，今其江山雖在，而頹垣廢址，荒煙野草，過而覽者，莫不為之躊躇而悽愴。獨錢塘自五代時知尊中國，效臣順，及其亡也，頓首請命，不煩干戈，今其民幸富完安樂。又其習俗工巧，邑屋華麗，蓋十萬餘家，環以湖山，左右映帶，而閩商海賈，風帆浪泊出入於江濤浩渺、雲煙杳靄之間，可謂盛矣。[124]

[123] 譚其驤：〈杭州都市發展之經過〉，《長水集》（上），人民出版社，1987年，第417頁。
[124] 《歐陽修全集·居士集》卷四十《有美堂記》，北京市中國書店影印本，1986年，第280-281頁。

　　柳永詞中所描繪的正是北宋時杭州的盛況，但杭州城市發展更大的進步，這位才子並沒有看到。靖康南渡後，以杭州為中心的江南地區文化發展迎來了一個前所未有的高潮。南宋大理學家朱熹指出：「靖康之亂，中原塗炭，衣冠人物，萃於東南。」[125] 作為行在所（臨時首都）的臨安更是人才濟濟之區，「中朝人物悉會於行在」。[126] 衣冠人物而外，大批北方普通士民又避難入居杭州。南宋朝廷為安置這些中下層士民，特地在江河碼頭等交通要地設立接待處，當時臨安城內外這類接待處多達二十餘個。又因為接待處多設於佛寺之中，當時人因此稱為接待寺。臨安最大的接待寺是今湖墅夾城巷附近的妙行寺。該寺地處運河碼頭，外來士民投奔者最多。[127]

　　南宋大詩人陸游在《老學庵筆記》中稱：「大駕初躍臨安，故都及四方士民、商賈輻輳。」這句話準確地道出了南渡初期杭州城內移民構成的特徵。就遷入杭州的外來移民而言，人數最多又最引人注目的自然是來自故都（即汴梁，今河南開封市）人。高宗南逃之初，杭州城屢遭破壞，人口凋零，十存二三。可以說，南宋杭州城是在外來移民的推動下復興的，而大批汴梁移民的到來，在相當程度上決定了杭州城城市文化風貌的特徵。

　　汴梁城市生活的糜爛奢華，是相當出名的。對此，宋室皇家的奢侈行為難辭其咎。宋徽宗時期的「花石綱」行動最為臭名昭彰，害得無數平民傾家蕩產，天下怨聲載道。在皇族成員的引導下，貴族官僚驕奢淫逸，揮霍成風。北宋大史學家司馬光曾在〈論財利疏〉中對此提出強烈批評：

[125] 《晦庵集》卷八三《跋呂仁甫諸公帖》，《景印文淵閣四庫全書》，第 1,145 冊。
[126] 《陸放翁全集·渭南文集》卷一五《傅給事外制集序》，北京市中國書店，1986 年影印本，第 86 頁。
[127] 林正秋著：《南宋都城臨安》第六章〈人口與家庭〉，西泠印社出版社，1986 年，第 175-177 頁。

宗戚貴臣之家，第宅園囿，服食器用，往往窮天下之珍怪，極一時之鮮明。唯意所致，無復分限，以豪華相尚，以儉陋相訾，愈厭而好新，月異而歲殊。[128]

定都臨安後，以趙構、秦檜為首的南宋君臣無復北還之思，醉心於西湖畔迷人的山水之中，大肆修建宮室、園林、豪宅，豪華奢侈程度比之汴梁，有過之而無不及，很快使「東南第一州」（宋仁宗趙禎語）大放光芒。現代學者透過仔細考察後指出：

西湖綠水黛瓦之間，「一色樓臺三十里」，御園、王府，大小園囿不知其數；城內南北十餘里，貴宅、宦居、幽園、雅舍亦不下百餘處。南宋臨安園林，數量之多甲於天下，而奢侈之風，亦不亞於汴京。[129]

關於南宋杭州人文氛圍中的移民特徵，我們不妨看看兩位明朝人士的感想。沈士龍在《東京夢華錄序》中講道：他曾路過汴梁城，看到當地居民住宅之門屏及商店隔扇式樣，都與「武林」（即浙江杭州市）城內完全相同，心中不禁非常奇怪。後來讀《東京夢華錄》記載汴梁風俗有：貴家士女小轎不垂簾幕，端陽節時賣葵蒲艾葉，七夕節時吃油麵糖煎果，重陽節所吃插糕上樹剪綵小旗，十一月廿四日祭祀灶神，以及窮苦人家扮鬼神驅祟等，都與杭州相同。至此，才醒悟：原來杭州城中的風俗都是南渡移民傳入的風尚。杭州人郎瑛在《七修類稿》更明確指出：杭州城中方言，比周圍各郡更加動聽，其主要原因就是南宋初年汴梁人隨高宗南渡，在此永久定居下來，因此，當地方言與汴梁方言極為相

---

[128] 吳濤著：《北宋都城東京》，河南人民出版社，1984 年，第 131 頁引文。
[129] 姚毓璆、鄭祺生：《南宋臨安園林》，《南宋京城杭州》，1985 年，第 229 頁。

似。按現代語言學家的定義，南宋杭州實際形成了一個獨特的方言島。如果杭州城內的語言、風俗到明代還與汴梁相似，那麼，南宋時期，杭州城可以稱得上是汴梁城的翻版了。

據《夢粱錄》、《都城紀勝》諸書的記載，南宋杭州城中數飲食業與娛樂業中「汴梁遺風」最為顯著。如《都城紀勝》稱：「都城食店，多是舊京師人開張，如羊飯店兼賣酒。」又「南食店謂之南食，川飯分茶。蓋因京師開此店，以備南人不服北食者，今既在南，則其名誤矣。」仔細思索，杭州城內「南食店」的出現，也不完全是「照搬照抄」導致的錯誤。如果杭州城內遍布汴梁人開設的北方風味的飯館，自然有必要標明專供南方口味食物的「南食店」。《夢粱錄》也云：「杭城食店，多是效學京師人，開張亦效御廚體式，貴官家品件。」又「汴京熟食店，張掛名畫，所以勾引觀者，流連食客。今杭城茶肆亦如此，插四時花，掛名人畫，裝點門面。」

應該指出：杭州城內的「汴梁遺風」的熾烈，不僅在於大批汴梁移民的到來，還在於人們的刻意營造。不僅飯館如此，當時杭州城內各式商店都竭力「效學汴京氣象」（即模仿汴梁城的特色），理由很簡單，當時杭州城內皇親國戚、達官貴人大都來自汴梁，飯館熟悉的汴梁風貌使這些移民有「賓至如歸」的親切感，自然會頻繁光顧，生意興盛。再加上高宗趙構及後宮人員，經常傳喚街上貨販，因而，所有商家不敢苟且行事，特別講究商品品質。否則，生意成敗事小，衝犯「天顏」就會大禍臨頭。《雞肋編》卷中還提道：為了讓皇室舒適地度過南方炎熱的夏天，杭州城內特地引進北方窖藏技術，以提供消暑的冰塊，「皆如京師（即汴梁）法」。

杭州城中最搶眼喧鬧的娛樂場所是「瓦舍」，同樣是北方移民從汴梁

城移入的。「瓦舍」起源於何時，已無法考定，但在汴梁城中非常盛行，燈紅酒綠，妓女成群，既是文人墨客放浪形骸之處，也是富家子弟流連忘返的好地方。南渡之初，杭州城駐守大批北方籍軍士，思鄉情切，又百無聊賴。為避免這些軍士無事生非，擾亂社會治安，在一些將領的主持下，杭州城內外創立多處瓦舍，招集妓樂，成為軍卒們閒暇娛樂的場所。後來，瓦舍生意大好，數量急遽增加，富家子弟成為頻繁光顧的主客，揮金如土，逸樂無度。如《夢粱錄》卷一九《瓦舍》稱：「今貴家子弟郎君，因此蕩游破壞，尤甚於汴都也。」

其實，當時杭州城內，蕩游揮霍的遠不止於「貴家子弟郎君」。古語云：「心安即為家」。在上層統治者苟且偷安、屈辱求和的思想引導下，除少數稍知良知的人士外，大多數王公貴族、達官顯宦早已不再有「收復神州」的念頭，更把被擄北遷的徽、欽二帝拋在了腦後，抱定「今朝有酒今朝醉」的信條，在醉生夢死中消磨光陰。南宋詞家文辰翁曾無奈而辛酸地吟道：「一勺西湖水，渡江來百年歌舞，百年酣醉……」南宋學者周密也在《武林舊事·西湖遊幸》中講道：當時杭州城內「貴璫要地，大賈豪民，買笑千金，呼盧百萬。以至痴兒呆子，密約幽期，無不在焉。日糜金錢，靡有紀極。故杭諺有『銷金鍋兒』之號，此語不為過也。」因此，杭州城內就出現了這樣耳熟能詳的諷刺詩：

山外青山樓外樓，西湖歌舞幾時休？
暖風薰得遊人醉，只把杭州作汴州。

當品味這首諷刺詩的時候，後人也不要忘記當時杭州城內客觀的移民文化背景。「走在杭州，如在汴梁。」大批移民的南遷與刻意營造，無

論是語言，還是四時風俗，南宋的杭州城與舊都汴梁如出一轍，難分彼此，實在是太相像了。北方移民在這裡聽到的是熟悉的鄉音，吃到的家鄉風味的食品，玩樂享受，一應俱全，哪裡還有離鄉背井、寄人籬下的苦澀與憂傷？自然優遊度日，快樂無涯，何必去自討苦吃，投身於金戈鐵馬的疆場！福禍相倚，實在難以說清，南宋杭州城內濃郁的「汴梁遺風」，對大批北方移民來講，究竟是陶陶樂事，還是隱形災禍呢？

第三章

燕山胡騎鳴啾啾
——周邊民族內遷與中原文化

　　中國古代史也是一部民族融合史，民族融合的根本途徑在於不同的民族走到一起，在共同的地域裡長期生活在一起。只有這樣，才能消除各民族間心理與文化心態上的差異，培養民族間的感情及相互依存的關係。而這一途徑則非移民莫屬。大批周邊民族進入中原地區，對中國文化發展也做出了特殊的貢獻。周邊民族進入中原的過程，既是學習與接受華夏（漢）族文化成就的過程，也是以自身特有的民族文化特徵影響中原文化的過程。

第一節

胡越一家聚中華——內遷
—— 周邊民族接受漢化的捷徑

▌一、從「塞外胡虜」到「漢家皇親」
▌—— 匈奴族的內遷與漢化過程

夫帝王豈有常哉？！大禹出於西戎，

文王生於東夷，顧唯德所授耳。

—— 〔十六國〕劉淵

匈奴是最早對漢族中原王朝產生重大影響的北方游牧民族，以至於在匈奴族消失之後，而匈奴或「胡（『匈奴』二字之促讀）」依然是域外及北方民族的代名詞。從現有文獻資料分析，後來出現在塞外的游牧民族，就其生產方式及風俗習慣而言，與匈奴也大同小異。《史記·匈奴列傳》關於其生產生活特徵的記載云：

……居於北蠻，隨畜牧而轉移……逐水草遷徙，毋城郭常處耕田之業，然亦各有分地。毋文書，以言語為約束……其俗，寬則隨畜，因射獵禽獸為生業，急則人習戰攻以侵伐，其天性也……

匈奴族生產生活方式的形成，相當程度上取決於所在地理區域的自然環境。秦統一六國後，築成萬里長城，從此，這座萬里長城就成為匈奴族活動區與漢族中原王朝轄區的分界線。當匈奴部落強盛之時，其控制區域相當遼闊，西接月氏、氐、羌，東接穢貊、朝鮮，包括今內蒙古自治區與蒙古國等地。大致處於今天的蒙古高原，屬寒溫帶氣候。

歷史時期各個游牧民族與中原王朝的關係都經歷了複雜的演變過程。其中匈奴族與中原王朝的敵對狀態維持時間最長，關係發展也最為曲折。早在戰國時期，匈奴人對中原諸國的侵襲已相當頻繁。秦與西漢時期，長城南北曾爆發過多次大規模的戰爭，造成生命財產的龐大損失。東漢時期，南北關係發生了重大變化。建武二十四年（西元 48 年），南北匈奴分裂，南邊八部擁立比為呼韓邪單于，歸款五原塞。之後，匈奴族內遷出現了兩次大的提升。首先，東漢官府允許南單于入居雲中，並設置匈奴中郎將之職，其責任就是率領官軍護衛入居的匈奴部眾。這也是南匈奴部眾正式內遷的開始。後來，南單于又徙居西河美稷（今內蒙古自治區準格爾旗西北），而南匈奴各部主要入居於東漢緣邊諸郡，相當於今天內蒙古中西部及山西、河北兩省北部。《後漢書·南匈奴傳》載云：

使韓氏骨都侯屯北地（治今甘肅慶陽縣），右賢王屯朔方（治今內蒙古杭錦旗），當于骨都侯屯五原（治今內蒙古包頭市），呼衍骨都侯屯雲中（治今內蒙古托克托縣），郎氏骨都侯屯定襄（治今內蒙古和林格爾），左南將軍屯雁門（治今山西右玉縣），要籍骨都侯屯代郡（治今河北蔚縣）。皆領部眾，為郡縣偵羅耳目。

可見，當時南匈奴各部與東漢邊防軍隊一起，共同擔負起抵抗北匈奴的重任。到東漢永平年間，南匈奴在反擊北匈奴的戰爭中獲得重大勝利，大批北匈奴部眾也南遷加入南匈奴之中，部族勢力也趨於強盛。如永平二年（西元 59 年），「是時，南部連克獲納降，黨眾最盛，領戶三萬四千，口二十三萬七千三百，勝兵五萬一百七十」[130]。北匈奴在東漢與南匈奴的聯合攻擊下，陷於土崩瓦解的狀態，南匈奴日趨強大，但他們卻沒有因此產生回歸塞外的願望，相反，南匈奴內遷的步伐進一步加快，到曹魏時期，匈奴的核心部分已居住於今天山西省的中、西、南部，當時人們也由此稱內遷南匈奴為「并州胡」。從「塞外虜」到「并州胡」，實為匈奴發展史上的重大變化。又因其主體分為五部，故又被稱為「五部胡」，《晉書 · 劉元海載記》載其五部分布格局為：

左部居太原茲氏（今山西汾陽市），右部居祁（今山西祁縣東南），南部居蒲子（今山西隰縣），北部居新興（今山西忻州市一帶），中部居大陵（今山西文水縣東南）。

當匈奴長期游牧於長城以北之時，其風俗特徵並沒有明顯的改變。但在其南下之後，風俗與心理狀態都有顯著的變化。傾向於中原王朝的南匈奴部落開始入居漢朝緣邊地區後，他們與北匈奴之間的差異越來越明顯。如西元 88 年，趁北匈奴內外交困，實力大為削弱之際，南單于上書東漢朝廷，有意藉助東漢的力量，吞併北匈奴。在這份上書中，他表達了對東漢朝廷的感激之情：

---

[130]《後漢書》卷八九《南匈奴列傳》，中華書局校勘本，第 2,953-2,954 頁。

臣累世蒙恩，不可勝數……臣伏念先父歸漢以來，被蒙覆載，嚴塞明候，大兵擁護，積四十年。臣等生長漢地，開口仰食，歲時賞賜，動輒億萬，雖垂拱安枕，慚無報效之地……[131]

無疑，「生長於漢地」的匈奴貴族與生長於塞外的匈奴酋長存在著不容忽視的差別，東漢朝廷給予南匈奴上層人物十分豐厚的待遇，並允許匈奴貴族子弟前往京師洛陽太學讀書，享有與漢族貴族同等的就學機會，這對培養他們親漢的感情以及提高漢化水準是相當關鍵的。與此同時，匈奴上層貴族也積極與漢族士大夫交遊，與漢族朝廷及士大夫的關係日益融洽，深受漢族文化薰染。這一點在劉淵等人身上表現得特別明顯。漢族傳統士大夫出於狹隘的民族偏見，往往對少數民族的風俗習慣極盡醜化之能事，然而就在地位崇高的「正史」（如《晉書》）中，後世的史官卻對劉淵等人的漢化程度做了十分肯定的記述。這引起了眾多研究者的關注。

劉淵，字元海，因名犯唐高祖李淵名諱，故史書習稱其字。他是十六國時期最早出現的劉氏漢國的創立者。據載，他是新興（今山西忻州市）匈奴人，是匈奴單于冒頓之後。因漢高祖將皇族女子嫁與冒頓為妻，故而，冒頓後裔都以劉為姓氏。劉淵之父為左賢王劉豹。劉淵雖出身於匈奴酋長之家，但自幼就以好學聞名，拜上黨籍儒士崔遊為師，攻讀《詩經》、《易經》、《尚書》等儒家經典，尤其喜愛《左傳》、《孫子兵法》等書，博覽《史記》、《漢書》及諸子百家之書，學識大進，并州地區的漢族名士，如屯留崔懿之、襄陵公師彧、太原王渾等人都與他有深厚的友誼。西晉末年，劉淵曾任匈奴五部大都督，聲望更著，「幽冀名

[131]《後漢書》卷八九《南匈奴列傳》，第 2,952 頁。

儒，後門秀士，不遠千里，亦皆遊焉。」[132] 可以說，除卻其民族屬性，我們很難發現劉淵與一般漢族士人的差別。晉末大亂，劉淵等人經過深思熟慮，決定打出恢復劉氏漢室政權的旗號，他說：「我是劉氏皇族的外甥，與劉氏子弟約為兄弟，兄位弟承，有何不可？」儼然以漢室繼承人自居。這一宣揚收到良好的效果，劉淵漢國創立之初，聞訊而來的華、夷人士達數萬人。劉淵任命著名儒士雁門人范隆為大鴻臚，上黨人朱紀為太常。

除劉淵外，劉氏漢國的後繼者及主要匈奴族官員也都具有較深的漢文化素養，如頭號功臣劉宣（字士則），也是匈奴貴族後裔，以儒生孫炎為師，好學精思，廢寢忘食，深受漢族友人的推重。晉末綱紀大亂，劉宣多方策劃，極力勸說劉淵自立稱王。劉淵死後，王位為其子劉聰所篡奪。劉聰執政後雖有「暴虐」之名，然其漢文化造詣卻超過其父。他自幼聰悟好學，博通經史，廣涉百家之言，《孫子兵法》等書能背誦如流。精於書法，文筆暢達，創作述懷詩百餘篇，賦、頌等 50 餘篇，稱得上是一位頗有成就的才子。弱冠後，劉聰遊歷京師洛陽，漢族名士爭相與之訂交。其出類拔萃的人格魅力顯然出於他對漢族傳統文化的極高造詣。

從塞外游牧民族到深入中原創立漢族模式的政權，匈奴族的這一重大變化得益於內遷，得益於接受漢族文化。儘管當時漢族士大夫將「十六國」的出現稱為「五胡亂華」，但我們可以清楚地看到以劉氏漢趙國為代表，當時所謂「少數民族政權」其實是由漢化的內遷民族的上層人物與漢族士大夫共同構成。儘管這些政權帶有較多的民族性特徵，然就其根本屬性而言，其與中原漢族政權並無二致。這應該是內遷少數民族接受漢文化的典型展現。

---

[132]《晉書》卷一〇一《劉元海載記》，第 2,647 頁。

▋ 二、遷都改制慕漢化
—— 拓跋鮮卑的內遷與漢化

遷都嵩極，定鼎河瀍，庶南蕩甌吳，復禮萬國，以仰光七廟，俯濟
蒼生。困窮早滅，不永乃志。

—— 〔北魏〕孝文帝遺詔

在南遷中原之前，拓跋鮮卑的文化風俗與匈奴等塞外游牧民族並
無明顯差別，正如《魏書·序紀》所載「畜牧遷徙，射獵為業，純樸為
俗，簡易為化，不為文字，刻木紀契而已，世事遠近，人相傳授」等。
拓跋鮮卑接受漢化的歷史應從太子沙漠汗時算起。與匈奴族相比，拓跋
鮮卑內遷與接受漢文化速度之快，是驚人的。沙漠汗是始祖力微的長
子，力微時，拓跋部落的聚居中心已轉移至定襄盛樂（今內蒙古和林格
爾西北）。曹魏景元二年（西元 261 年），拓跋鮮卑與魏國通好，沙漠汗
入洛陽為質。此後長期在洛陽居住，與魏國士大夫來往密切，多方學習
中原的文化與技能，「風彩被服，同於南夏」，受到其部落大夫的忌恨，
在北歸途中慘遭殺害。但拓跋鮮卑漢化道路並沒有因此而斷絕。後來，
拓跋部落內部紛爭，為獲得後趙國的支持，什翼犍又入質鄴都（今河北
臨漳縣西南）。他在鄴都居住時間長達十餘年，深受後趙國制度文化的影
響，後來回到代國即位後，就按照後趙模式進行改革。封置百官，分掌
眾職。又想定都灅源川。由於皇后王氏等人的反對而暫時作罷。但什翼
犍並沒有放棄定都的努力，在即位第四年秋九月，又築盛樂城於故城南
八里。可以說，什翼犍在位時期，拓跋鮮卑在國家建設方面獲得了長足
的進步。

　　天興元年（西元 398 年），拓跋珪在消滅後燕政權後，正式由盛樂遷都平城（今山西大同），在大批漢族士人的幫助下，一個新興國家在塞北崛起。北魏初期的國家制度也是按漢族王朝的模式建立起來的。拓跋珪對文化教育十分重視，「始建都邑，便以經術為先，立太學，置五經博士生員千有餘人。天興二年春，增國子太學生員三千。」[133] 當時，北魏的統治中心區仍集中於雁門關以北地區，出身於北方游牧民族的統治者能夠如此重儒學，建學校，是非常難能可貴的。

　　拓跋鮮卑的漢化程度在拓跋氏皇族身上表現得最為突出，從什翼犍時期起，隨著國內漢族士人的增多，拓跋氏王族後裔已開始建立子孫學習漢族典籍的傳統。拓跋珪自幼遭受國難，顛沛流離，但以身作則，依然在漢族典籍上下了一番工夫，他崇尚黃老之學，還親自向諸王講解黃老典籍。太宗拓跋嗣的教育程度比拓跋珪更高出一籌，不僅博覽群籍，還能著書立說，可以說是一位學者型的帝王：

　　帝禮愛儒生，好覽史傳。以劉向所撰《新序》、《說苑》於經典正義多有所闕，乃撰《新集》三十篇，採諸經史，該洽古義，兼資文武焉。[134]

　　當然，拓跋鮮卑帝王中傾心漢文化的傑出代表還要屬孝文帝拓跋（元）宏。他不僅天資聰穎，好學不倦，且極有文才，下筆成章。這種對傳統漢文化出類拔萃的造詣與才幹就是在漢族皇王中也是極為少見的。《魏書·高祖紀》載云：

　　雅好讀書，手不釋卷。《五經》之義，覽之便講，學不師受，探其

[133]《魏書》卷八四《儒林傳》，第 1,841 頁。
[134]《魏書》卷三《太宗紀》，第 64 頁。

精奧。史傳百家，無不該涉。善談《莊》、《老》，尤精釋義。才藻富贍，好為文章，詩賦銘頌，任興而作。有大文筆，馬上口授，及其成也，不改一字。自太和十年已後詔冊，皆帝之文也，自余文章，百有餘篇。

正是擁有如此高深的漢文化造詣，拓跋宏有意一統天下，擁有四海，成為華夏文化的正統代表，因此，他對代都平城的地理位置十分失望，克服重重阻力，遷都洛陽。遷都洛陽後，孝文帝屬行種種漢化政策，力度之強，範圍之廣，可謂前無古人，後無來者，是中國古代史上的一次意義極為深遠的文化改革運動。孝文帝改制的核心在於「全盤漢化」。他不僅在官方場合廢止鮮卑族語言、服飾，還將拓跋鮮卑的姓氏一併改為漢姓，並且代遷而來之人，均入籍為河南洛陽人，不准入居洛陽的鮮卑貴族死後返葬塞北。更可貴的是，拓跋（元）宏在力矯鮮卑舊俗的同時，大力起用漢族才學之士，為北魏後期文化建設的鼎盛做出了積極貢獻。《魏書·儒林傳》稱當時盛況為：「時天下承平，學業大盛。故燕、齊、趙、魏之間，橫經著錄，不可勝數。大者千餘人，小者猶百數。」如果沒有拓跋氏皇族對漢文化的推重與提倡，這種盛況的出現是難以想像的。

三、彼耕此種捐舊風
—— 女真人的內遷與漢化

猛安人與漢戶，今皆一家，彼耕此種，皆是國人。

—— 〔金〕唐括安禮

金朝創始者出於生女真（或稱女直），在其興起之前，尚處於較原始的文化發展階段，風俗純樸，受到契丹等鄰近民族的壓迫與歧視。

生女直地有混同江、長白山，混同江亦號黑龍江，所謂「白山、黑水」是也……黑水舊俗無室廬，負山水坎地，梁木其上，覆以土。夏則出，隨水草以居，冬則入處其中，遷徙不常……生女直無書契，無約束，不可檢制……尚未有文字，無官府，不知歲月晦朔，是以年壽修短莫得而考焉。[135]

女真族自太祖完顏阿骨打時崛起，定都於會寧（今黑龍江阿城縣南白城）。滅遼之後，遼國原先契丹族大臣與漢族大臣成為其王朝建設的骨幹，各種制度均繼承遼朝的舊規。攻滅北宋之後，又獲得了汴梁城中大部分漢文圖籍，許多宋朝大臣也跟隨北上，為學習漢文化提供了良好的條件。在這種氛圍中，女直（真）皇族直接受到漢文化的影響。如太宗完顏晟於天會五年（西元 1127 年）已下詔舉行科舉考試，選拔人才，以充實各級官府。皇統元年（西元 1141 年）二月，金熙宗完顏亶親自前往孔子廟祭祀，北面拜行弟子禮，表達了對這位儒家先聖的崇敬。以帝王之尊，行此大禮，其影響之大，是可以想像的。祭拜儀式結束後，熙宗還對隨從說：「朕幼年遊俠，不知志學，歲月逾邁，深以為悔。孔子雖無位，其道可尊，使萬世景仰。大凡為善，不可不勉。」此後，他用心攻讀《尚書》、《論語》、《五代》、《遼史》等書籍，至於夜以繼日的程度[136]。

在舊史籍中，海陵王完顏亮往往被刻劃成一位淫暴至極的君王，但他在女真人漢化史上卻占有相當重要的地位。據說海陵王相貌酷似漢人，自

---

[135]《金史》卷一《世紀》，第 2-4 頁。
[136]《金史》卷四《熙宗紀》，第 77 頁。

幼喜好讀書，交結儒生，表現出過人的記憶力與文學才能，「一詠一吟，冠絕當時。」正是出於對漢文化的喜愛，海陵王在即位後的第二年，即決定遷都燕京（今北京市）。宋人宇文懋昭所著《大金國志》卷一三《海陵煬王紀年上》載云：「國主嗜習經史，一閱終身不復忘，見江南衣冠文物，朝儀位著而慕之。」可見，完顏亮有深深的「江南情結」，特別是在看到柳永描述杭州景色「三秋桂子，十里荷花」等詞句後，更是思戀不已。他曾密遣畫師隨使南宋，歸來後，將臨安（今杭州市）風景繪於屏風之上。完顏亮仔細觀賞後，無限感慨，遂有南侵之志，在屏風上題詩云：

> 自古車書一混同，南人何事費車工（攻）？提師百萬臨江上，立刻吳山第一峰。[137]

但海陵王未免操之過急了。為了實現其吞併江南的野心，海陵王不顧女真族大臣的反對，又遷都汴梁，並在民怨沸騰的情況下，親統大軍南侵。結果，眾叛親離，為不滿的將士所殺，身敗名裂，遭到人們無情地唾罵。南宋人謝處厚曾賦詩云：「誰把杭州曲子謳？荷花十里桂三秋。那知卉木無情物，牽動長江萬里愁。」[138]

但是，女真人漢化的腳步沒有因此而中輟。金世宗完顏雍曾對此感慨不已：「自海陵遷都永安（即燕京），女真人浸忘舊風……今之燕飲音樂，皆習漢風。」世宗本人對女真舊俗頗有懷戀，屢屢告誡皇族子弟不可忘記女真舊俗：「汝輩自幼唯習漢人風俗，不知女直純實之風，至於文字語言，或不通曉，是忘本也。」[139] 可見，當時的皇族子弟連女真文字語言都棄而

---

[137]〔宋〕宇文懋昭撰：《大金國志》卷一四《海陵煬王紀年中》，第 199 頁。
[138]〔元〕劉一清撰：《錢塘遺事》卷一，《景印文淵閣四庫全書》。
[139]《金史》卷七《世宗紀》，第 159 頁。

不學了。不過，完顏雍的這些言論不過是懷舊心理作怪而已，因為他在位時期仍然繼續留居燕京，沒有遷回會寧的意向。史載「世宗、章宗之世，儒風丕變，庠序日盛。」[140] 漢化速度比起海陵王時期有過之而無不及。

與海陵王相似，章宗完顏璟同樣「博學工詩」，如他有一首牡丹詩為時人傳誦：「洛陽穀雨紅千葉，嶺外朱明玉一枝。地力發生雖有異，天工造物本無私。」承安四年（西元 1199 年），章宗下詔在燕京城內建最高學府 —— 太學，該太學設施齊備，完全仿效漢族王朝學校式樣，規模相當可觀，「總為屋七十有五區。」、「公卿以下子孫並入學受業，每季臨觀，課其優劣，學徒甚盛，諸生獻詩頌及賦者四百人。」[141] 可以說，當時包括女真貴族子弟在內的高級官員後裔都進入太學攻讀，章宗本人還時時親臨測試，以漢文程度定諸生優劣，「學而優則仕」，「士絲科第位至宰輔者接踵」。學業成為步入仕途的捷徑，這種提倡會極大地增進各族學生學習漢文的熱情。儘管世宗、章宗曾不只一次下詔禁止女真人改漢姓，著南人衣裝，但在儒風日熾的環境中，即使不改漢姓，著漢裝，也不影響女真人對漢文化的傾慕。

攻滅北宋後，金朝統治者為了有效控制大片國土，將女真族人組成屯田軍，入居中國北部地區。關於這些屯田軍的生活狀況，宋人張棣《金虜圖經》載云：

> 自本部族徙居於中土，與（漢族）百姓雜處，計其戶口給賜官田，使自播種，以充口食……（軍士出征之時）老幼在家依舊耕耨……所居止處，皆不在州縣，築寨處村落間。

[140]《金史》卷一二五《文藝傳》序，第 2,713 頁。
[141]《大金國志》卷二〇《章宗紀年》，中華書局，1986 年，第 275 頁。

女真屯田軍分布地域相當廣袤,「自燕山之南,淮隴之北,皆有之,多至六萬人,皆築壘村落間。」[142] 這些女真人雖保持舊有的猛安謀克制度,負有鎮戍之責,但他們與漢族人一樣從事農業生產,故又稱為「軍戶」。可以說,屯田軍的建立及內遷,是女真族全面擺脫舊有生產生活方式,接受農耕文明的開始。對此,大臣唐括安禮明確指出:「猛安人與漢人,今皆一家;彼耕此種,皆是國人。」[143]

貞祐二年(西元 1214 年),在蒙古人攻勢的逼迫下,金宣宗遷都汴梁(今河南開封)。從此,金朝逐步喪失了對黃河以北大部分地區的控制權,大多數女真軍戶也隨之南下,集中於河南等地,史稱「貞祐南渡」。面對蒙古人的凶猛攻勢,金宣宗及手下已漢化的女真族大臣再也沒有其祖先的雄野之風,只是在唉聲嘆氣的無奈中消磨光陰。據《大金國志》卷二五載:「宣宗幼美風姿,好學,善談論,尤工於詩,多招文學之士,賦詩飲酒。」又據劉祁等人的回憶,宣宗與群臣每當聽到蒙古軍隊大舉進攻的消息,以為末日將臨,相對無言,失聲流涕;每當蒙古軍隊退卻,戰事稍為平息之時,君臣又張燈奏樂,舉杯相慶。[144] 同時,完全脫離了塞北地區的風土環境之後,女真族部眾也不再好勇尚武,嫻於騎射,與漢族士民混而為一,難分彼此了。元朝實行民族歧視政策,把女真人、契丹人與中國北方的漢族人列為一等(即「漢人」),可見,經過長期的共同生活,他們與「漢人」差別已經遜於「漢人」與「南人」(即南宋境內的漢族人)的區別了。

---

[142]《大金國志》卷十二《熙宗紀年四》,第 173 頁。
[143]《金史》卷八八《唐括安禮傳》,第 1,964 頁。
[144]〔金〕劉祁撰:《歸潛志》卷七,第 70 頁。

第二節
堂堂「天府」成「戎落」
── 周邊民族內遷與中原文化區的轉型

　　兩種文化的接觸與影響總是相互的，雖具有明顯的傾向性，但在相當長的一段時間裡，雙向性滲透的態勢往往是勢均力敵的。華夏（漢）族與周邊民族的文化接觸與碰撞充分證明了這一點。繼夏、商、周三代之後，華夏族在典章制度、學術思想及文學藝術方面獲得了極大進步，與周邊民族相比，占有整體上的文化優勢，進入秦漢以後，雖屢經摧殘，然不絕如縷，顯示出頑強的生命力。另一方面，在長期的生產生活實踐中，周邊民族也創造了自己別具風采的文化風俗，以及豐富多彩的實用性創造，特別是在衣食住行等方面的用品，與華夏族相比，並無優劣高下之分，能夠極大地滿足其他民族人民厭惡陳腐、追求新異的心理。因此，我們不難發現，在某一少數民族上層人物熱心學習儒家典籍文化的同時，其風俗習慣卻受到漢族士民的喜愛，並在他們中間廣泛地傳播。在周邊民族內遷的過程中，如果在某一地區居民中占有相當高的比例，則有可能使當地民俗明顯「胡化」，即異族化。這種現象在中國文化史上並不少見。

一、羌笛悠悠繞長安
—— 氐、羌族入居與關中文化區的轉型

> 黃河遠上白雲間，一片孤城萬仞山。羌笛何須怨楊柳，春風不度玉門關。

—— 〔唐〕王之渙〈涼州詞〉

唐代著名詩人王之渙的這首〈涼州詞〉，用流暢而極富美感的文字描繪出唐代的邊塞風情，成為傳頌千古的名篇。但人們在欣賞這篇名作時，也應了解到，古代玉門關並不是隔絕西北民族文化內傳的障礙。歷史時期隨著周邊民族的內遷，悠悠的羌笛曾迴響在華北大地，飄進古都長安。

秦漢以來，關中地區作為華夏漢族最重要的文化區之一，歷來廣受推重。但關中地區地處西北，是周邊民族南遷後的重要聚居區，秦國正是在所謂「戎狄」的包圍下強大起來的。然而，秦國的富強只能暫時震懾周圍少數民族部眾，而不可能從根本上改變當地的民族結構。秦漢時期的「實關中」移民運動，其遷入地也僅限於關中一帶。在考察關中地區經歷盛衰變遷的時候，人們往往忽視了周邊少數民族人口的增加，只有當周邊民族的活動對中原王朝的政治構成強而有力威脅的時候，封建統治者才驚訝地注意到種落蕃息的「夷狄」。歷史時期以氐、羌族為主的周邊民族的內遷，對關中地區的政治、經濟、文化諸方面的發展產生了極大的影響，關中地區的文化風貌由此出現了深刻而顯著的變化，其主要趨向即「戎狄化」。

　　氐、羌族很早就出現在漢文史籍之中，《詩經·商頌》中就有「昔有成湯，自彼氐、羌，莫敢不來享，莫敢不來王」的記載。古籍中「氐」、「羌」常常連用或混用，古代學者們大都認為氐、羌同源，在我們今天看來，兩個民族間雖存在某些差別，但其風俗的相似性是相當突出的。在先秦時期，氐、羌兩族同屬於「西戎」，散居於今天的西北地區。氐人集中於今天甘肅、陝西、四川三省的交界地區，而羌人發源地則在今青海省河湟地區，出於這種客觀地理位置的不同，氐人與漢族中原王朝的關係較為平和，如氐人最重要的聚居地之一是武都百頃山，又稱為仇池山，在今甘肅省西和縣西南。漢武帝時期開拓西南，在氐人聚居區設置武都、隴西、陰平等郡，其中設十三氐道，以與為漢族居民所置的縣相區別。

　　而羌人的內遷及叛亂則影響極大。為了與匈奴人爭奪西域地區，西漢軍隊在名將霍去病等人的指揮下大舉北進，在河西走廊一帶先後設置河西四郡，即敦煌、酒泉、張掖、武威。一些羌族酋豪依附漢朝，入居漢朝邊塞之內，故有護羌校尉之設。然而，隨著羌族人口的劇增以及漢朝官府的治理失當，漢羌衝突迅速升級，至西漢後期，爆發了大規模的羌人叛亂事件。漢朝派重兵鎮壓後，採取優撫酋豪，罷兵屯田等政策，才維持了邊塞局勢的暫時平靜。東漢建立後，為消除「羌亂」的威脅，開始將羌人內遷。關中（即三輔地區）即氐、羌人內遷的主要安置地之一。如建武十一年（西元 35 年），東漢名將馬援擊敗先零羌之後，將羌眾內遷，安置於天水（治今甘肅通渭縣）、隴西（治今甘肅臨洮縣）、扶風（治今陝西興平市）三郡。這是羌人大規模內遷關中的開端。當時實際遷入區並不僅限於上述三郡，如晉人江統曾回憶道：

建武中，以馬援領隴西太守，討叛羌，徙其餘種於關中，居馮翊（今陝西大荔縣）、河東（今山西西南部）空地，而與華人雜處。數歲之後，族類蕃息……[145]

此後，這種內遷形成一種慣例，每當東漢軍隊平定一次「羌亂」後，總有不少降服的羌人內遷到關中一帶。這勢必造成關中地區羌人數量的急增。如永平六年（西元 63 年），竇固擊敗反叛的羌人之後，將降服之眾內遷，安置於三輔地區。「越是後來，西羌之人入關者越多，除三輔外，安定、北地、上郡等地無不有羌。」[146] 羌人的內遷，不僅沒有遏制羌人的反叛勢頭，反而促使漢羌衝突更加激化，「羌亂」或「羌叛」幾乎與東漢一朝相始終。羌人人口的快速成長，也正與羌人反抗力量的增強形成正比關係。

至三國時期，氐、羌人內遷的趨勢更加突出。如建安二十四年（西元 219 年），曹操為防止武都地區的氐人支持劉備軍隊，一次就將氐人五萬餘落遷至扶風、天水二郡，從而引起氐人大量向關中一帶集中。氐、羌合流，幾乎構成了當地人口的主體部分。這自然引起了漢族士大夫的憂慮。如西晉初年，江統著《徙戎論》，其核心思想就是強調關中地區內遷的氐、羌人對漢族王朝統治的強大威脅，主張將這些氐、羌人遷回河湟故地。他明確指出：「且關中之人百餘萬口，率其少多，戎狄居半。」[147] 這裡所云「戎狄」包含了眾多進入關中的其他民族，然應以氐、羌族人為主。這種特殊的民族構成，對當地風俗產生了決定性的影響。

與匈奴人相比，氐、羌人之所以與漢族王朝發生如此特殊的關係，

---

[145]《晉書》卷五六《江統傳》，第 1,531 頁。

[146] 馬長壽著：《碑銘所見前秦至隋初的關中部族》，中華書局，1985 年，第 8 頁。

[147]《晉書》卷五六《江統傳》，第 1,533 頁。

其中一個重要的原因便是氐、羌人風俗習慣的複雜性。首先，氐人自古即為一個定居性民族，住房形式以板屋為主。氐人從事的主要產業為農業與畜牧業，就經濟形式而言，與漢族之間存在很大的相容性。羌人早期居住於河湟地區時，以游牧生活為主。「所居無常，依隨水草。」然自從始祖無弋爰劍從秦地學回農耕技術之後，開始田畜並重，農耕業與畜牧業占有同樣重要的地位。這為他們內遷後很快適應並定居於關中地區，創造了良好的條件。但氐、羌與漢族之間的文化差異還是非常突出的，以羌族為例：

其俗氐族無定，或以父名母姓為種號。十二世後，相與婚姻，父沒則妻其後母，兄亡則納釐，故國無鰥寡，種類繁熾。不立君臣，無相長一，強則分種為酋豪，弱則為人附落，更相抄暴，以力相雄。殺人償死，無它禁令。其兵長於山谷，短於平地，不能持久，而果於觸突，以戰死為吉利，病終為不祥。[148]

顯然，氐、羌族的一個鮮明風俗特徵就是崇尚武力，勇敢善戰。進入內地後，當他們受到嚴酷的民族壓迫時，強烈的反抗精神會自然迸發出來。「羌胡被髮左衽，而與漢人雜處，習俗既異，言語不通，數為小吏黠人所見侵奪，窮恚無聊，故致反叛。」[149]「羌亂」的頻繁發生，也可從一個側面說明，進入關中地區後，氐、羌族在相當長的時間裡，依然保持著自己特有的民族精神與風俗特徵。

氐、羌族人聚居於關隴地區，也為自己民族政權的建立奠定了基

---

[148]《後漢書》卷八七《西羌傳》。第 2,869 頁。
[149]《後漢書》卷八七《西羌傳》，第 2,878 頁。

礎。十六國時期，氐人符氏的前秦政權，與羌人姚氏後秦政權先後在關中地區建立起來，因而吸引更多的氐人、羌人向這一地區聚居，數量相當可觀。如前秦強盛之時，抱負遠大的符堅聲稱氐人「族類彌繁」，將關隴一帶氐人 15 萬戶遷至關東各軍事重鎮。學者們據此猜想，當時關中附近地區的氐人至少在 20 萬戶以上，按每戶 5 人計，氐族總人口應在 100 萬以上 [150]。這顯然比西晉時期江統對「戎狄」人口的猜想有極大的成長。

羌人數量及實力僅次於氐人。西元 386 年，羌人首領姚萇在羌、匈奴、漢等各族人士的支持下，在長安稱帝，建立後秦政權。儘管後秦在數十年之後，為東晉所滅，但可以肯定，大多數羌族平民依然留居在關隴地區，因此，到北魏時期，三秦地區「華夷雜居」的文化風貌依然相當顯著，關隴地區各族人民的反叛風起雲湧。關中地區有著名的羌族聚居區，如杏城、李潤堡等。權勢顯赫的大太監王遇就是馮翊李潤鎮羌人。太和年間置華州，其州治就在李潤堡。據學者考證，李潤堡大致在今陝西澄城縣西南。[151] 關於這一帶的文化風貌，北魏華州刺史元燮曾在上表中稱：

謹唯州治李潤堡，雖是少梁舊地，晉、芮錫壤，然胡夷內附，遂為戎落。城非舊邑先代之名，爰自國初，護羌小戍。及改鎮立郡，依嶽立州，因籍倉府，未刊名實。竊見馮翊古城（今陝西大荔縣），羌、魏兩民之交，許、洛水陸之際，先漢之左輔，皇魏之右翼，形勝名都，實唯西蕃奧府……

---

[150]　見《碑銘所見前秦至隋初的關中部族》，第 10 頁。
[151]　見《碑銘所見前秦至隋初的關中部族》，第 46 頁。

因此，元變請求將州治從李潤堡遷至馮翔古城，得到了世宗的同意。[152] 樂安王拓跋範鎮守長安，世祖因其年少，考慮到「三秦民夷，恃險多變」，特選一些清廉有才幹的官員相助。[153] 然而，北魏一朝，三秦地區仍然是民族起義的高度發生區。如盧水胡蓋吳領導的起義就震動一時，多次擊敗官兵的鎮壓。魏將陸俟在評價關中形勢時曾云：

夫長安一都，險絕之土，民多剛強，類乃非一。清平之時，仍多叛動，今雖良民，猶以為懼，況其黨與乎？

後來，安定盧水胡劉超等人又聚眾萬人反叛，拓跋燾特命陸俟為長安鎮大將，前往鎮壓。[154] 顯而易見，當時的關中根本不是北部中國文化發達之區，而是少數民族風俗特徵占優勢的各民族雜居之地。

李白在〈觀胡人吹笛〉一詩中吟道：「胡人吹玉笛，一半是秦聲。」這位吹笛的胡人顯然是關中的居民。學者們往往十分讚賞氐、羌族上層人物，如苻堅、姚萇等人接受漢化的熱情與高度漢文化素養，卻沒有充分猜想到在特定環境下民族文化所固有的頑強性，尤其是在大批普通平民集體入居之後，民族特性會在新的移民社群中長期維持。直到隋唐時期，關中地區依然有不少羌村存在，大詩人杜甫有多首吟詠羌村的詩篇，表達了詩人與羌族父老的深厚情誼。而此時距離東漢初年羌人向關中地區的內遷已有 700 多年的時間了。

---

[152]《魏書》卷一九下《安定王變傳》，第 518 頁。
[153]《魏書》卷二四《崔玄伯附徽傳》，第 624 頁。
[154]《魏書》卷四〇《陸俟傳》，第 902-903 頁。

▌二、巍巍呂梁 「山胡」家鄉
▌ ── 匈奴入居與稽胡文化區的出現

> 胡人別種，延蔓山谷，酋渠萬族，廣袤千里，憑險不恭，恣其
> 桀黠。
>
> ── 〔東魏〕孝靜帝冊命語

　　一般說來，以長城一線為界，歷史上南北主要民族關係的發展大致可分兩大階段：一是對峙時期，一是入居時期。比較而言，對峙是南北民族關係中最常見的態勢。在這一時期漢族邊緣地區難以擺脫北方民族的種種影響，而這種影響對當地風貌的形成產生了不可忽視的作用，山西西部及北部地區自然不能例外。在上述山西文化區域的變遷軌跡中，我們已經清楚地看到了這一點。然而，當北方游牧民族入居漢地之後，即成為真正的移民之後，南北民族的關係就進入了一個複雜而特殊的階段。籠統地說，南北民族融合的大趨勢是「漢化」，即非漢民族逐步接受農耕經濟及中原文化。然而實際狀況往往要複雜得多。文化的影響總是雙向進行的，移民本身是文化最活躍的載體，如遷入地為拋荒已久之區，漢族人口極其稀少，大量異族移民的進入就會使當地成為較純粹的、具有異族特徵的文化區域。匈奴人的內遷與稽胡文化區的出現就是一個典型例證。

　　匈奴人大規模南遷始於東漢初年，南匈奴首先入居的諸郡（即北地、朔方、五原、雲中、定襄、雁門、代郡等）就包括今天的雁門關以北地區。至魏晉時期，南匈奴的居留區進一步向南伸展，涵蓋了山西大

部分地區，並形成幾大聚居中心。如茲氏縣（今呂梁汾陽市）、祁縣（今晉中祁縣）、蒲子縣（今臨汾隰縣）與新興縣（今忻州市）等。

其中今天山西呂梁地區已成為南匈奴部眾聚居的主要區域之一，十六國時期劉淵首先在離石（今呂梁市離石區）發難，顯然與這一移民運動的大背景直接相關。而在劉淵南遷平陽之後，這一區域似乎為世人所遺忘，直到「山胡」出現之後。

事實上，內遷的匈奴等周邊民族並沒有退出這一大片地區。到北魏前期，更有大批「河西胡」向黃河東岸地區遷移。如《魏書·太宗紀》載：神瑞元年（西元 414 年），「河西胡酋劉遮、劉退孤率部落等萬餘家，渡河內屬。」二年（西元 415 年），「河西胡劉雲等，率數萬戶內附。」北魏官軍曾大舉鎮壓反叛的內遷胡族，除瘋狂屠殺外，一次擄獲降眾就達 10 萬多口。[155] 足見當時東遷河西胡族人的繁盛。然而，終北魏一朝，也沒有能遏制「山胡」人的反抗運動。

學者們對「山胡」的淵源尚有爭論，我們同意這種觀點：即「山胡」的來源是多元的，是多種內遷民族混同後的遺存，其中以匈奴苗裔為主。[156]「山胡」的主要聚居區就在西河、離石一帶（即今山西呂梁地區），北魏統治者雖曾多次對「山胡」進行大規模進攻，但收效不大，「山胡」的勢力甚至日益強盛，起義及反抗活動連綿不斷，成為北朝統治者的心腹大患，北魏末年甚至形成所謂「胡荒」，「汾、晉之間略無寧歲」[157]。東、西魏分裂後，以并州晉陽為根基的北齊政權向「山胡」進行了多次大規模的清剿，大肆屠殺之餘，將大批「山胡」部眾外遷。與

---

[155] 參見《魏書》卷二九《叔孫建傳》。
[156] 參見馬長壽著：《北狄與匈奴》，三聯書店，1962 年。
[157] 《周書》卷四九《稽胡傳》，第 897 頁。

此同時，宇文泰等人也出兵追討，解散其境內山胡部落。[158] 然而這些措施依然不能完全清除「山胡」的影響，直到唐代前期，并州的「山胡」才算銷聲匿跡。

數量龐大的「山胡」（又稱「稽胡」），長期居住在包括今山西西部、陝西北部、甘肅東部的遼闊地區，實際上形成了十分獨特的「山胡文化區」。關於山胡文化區的主要特徵，《周書·稽胡傳》進行了十分精闢的概括：

稽胡一曰步落稽，蓋匈奴別種，劉元海五部之苗裔也。或云山戎、赤狄之後。自離石以西，安定以東，方七八百里，居山谷間，種落繁熾。其俗土著，亦知種田。地少桑蠶，多麻布。其丈夫衣服及死亡殯葬，與中夏略同。婦人則多貫蜃貝以為耳及頸飾。又與華民錯居，其渠帥頗識文字。然語類夷狄，因譯乃通。蹲踞無禮，貪而忍害。俗好淫穢，處女尤甚。將嫁之夕，方與淫者敘離，夫氏聞之，以多為貴。既嫁之後，頗亦防閒，有犯奸者，隨事懲罰。又兄弟死，皆納其妻。雖分統郡縣，列於編戶，然輕其徭賦，有異齊民。山谷阻深者，又未盡役屬。而凶悍恃險，數為寇亂。

與其他文獻資料相參證，我們可以對山西境內的「山胡」情況有一個較全面的認識：

首先，山胡區範圍相當廣，「自離石以西，安定以東，方七八百里」。安定即今甘肅涇川縣，離石即今呂梁市離石區。顯然這種猜想過於保守。如東魏孝靜帝在鼓吹高洋等人的功績時曾說：「胡人別種，延蔓山

---

[158] 參見《北齊書》卷一、二《神武紀》（上、下），《周書》卷二七《韓果傳》等。

谷，酋渠萬族，廣袤千里。憑險不恭」[159]，云云。另外，各種史籍往往以居留中心地為各地山胡命名，而這正為我們確定其活動區域提供了方便。這類名號有「離石胡」、「西河胡」、「吐京（今山西石樓縣）胡」、「河西胡」、「并州胡」、「汾州吐京胡」等[160]。又據《周書·韋孝寬傳》載：「汾州之北，離石以南，悉是生胡，抄掠居人，阻斷河路。」

　　《周書》所載是以北周轄境為限。以黃河一線為界，稽胡區可分為東、西兩個部分，而東部應為當時中國北方山胡或稽胡居留最集中的區域。這一區域又以離石、吐京為核心，完全涵蓋了今天的呂梁地區。

　　其次，由於山胡「居山谷間」，再加上當地屬長城以南農耕區及華夏族聚居區，因此，稽胡部眾無論在生產方式還是在習俗上與純粹游牧民族已有相當明顯的差距，其文化屬性具有明顯的過渡性與交叉的特色。崇山峻嶺間的丘陵地帶缺乏從事游牧業的客觀條件，同時，「又與華民錯居」，稽胡之眾已掌握初步的農業生產與紡織技術，如「其俗土著，亦知種田，地少桑蠶，多麻布」。長期與漢族居民共同生活，不可避免地受到漢族文化風俗的薰染。如「其丈夫衣服及死亡殯葬，與中夏略同」、「其渠帥頗識文字」等。

　　第三，即使如此，山胡本身依然保存著濃厚的原始游牧民族特徵，與華夏族間文化風俗的差異同樣是顯而易見的。其主要表現為：（1）保持本民族特有的語言。稽胡「語類夷狄，因譯而通。」（2）保持收繼婚等原始習俗。如「俗好淫穢，處女尤甚。將嫁之夕，方與淫者敘離，夫氏聞之，以多為貴。」、「又兄弟死，皆納其妻。」

　　南北朝時期「山胡」或「稽胡」區的形成還有兩方面的客觀條件，

---

[159] 參見《魏書》諸帝本紀。
[160] 《北齊書》卷四《文宣紀》，第 46 頁。

一是呂梁地區自然環境狀況。這一地區農業生產的條件較為惡劣，在相當程度上限制了當地經濟與文化的發展。呂梁山脈從北向南縱貫全區，適合農業生產的、較為平坦的地塊均在呂梁山脈東側，為太原盆地的邊緣。呂梁山脈以西至黃河基本上是丘陵山地。境內山勢險峻，道路崎嶇，與山西其他地區相比，人煙稀少，農業生產比較落後，在生產條件十分原始的古代更是如此。特別是呂梁山脈以西，由於群山環抱，與外界交通不便，形成相當封閉的自然小區，恰好為「山胡」提供了適宜的棲身之地。這絕非偶然的巧合。

二是當地漢族人口的稀少。在北朝統治時期，上述稽胡區屬汾州轄境，據《魏書·地形志》，汾州戶口情況為「戶六千八百二十六，口三萬一千二百一十」，境內戶口分布狀況為：

郡名	戶數	口數
西河郡	5,388	25,388
吐京郡	384	1,513
五城郡	257	1,101
定陽郡	797	3,208

汾州五郡之中，西河郡在離石以東，所轄介休等縣今屬晉中地區，其戶口占汾州總戶口的 80％ 以上。其餘三郡戶口相加不到總戶口的 20％，稽胡較為集中的地區如吐京，漢族人戶屈指可數。作為「山胡」聚居中心區的離石卻沒有任何紀錄。在北周軍隊的清剿記載中，稽胡俘虜數字相當可觀，足以證明當地稽胡居民數量之龐大。其次，這些數字本身還值得推敲。查《魏書·地形志》，吐京郡、五城郡、定陽郡等三

郡下均有「孝昌中陷，寄治西河」的記載，明確了自北魏孝昌年間喪亂後，上述三郡實際已廢棄，其郡中漢族居民之大部必隨之外遷，故孝昌以後，當地更成為山胡的地盤。在人口比例上，稽胡必居當地居民的絕對多數，這正是呂梁地區成為稽胡文化區的客觀基礎。[161] 另外，北魏統治者在征伐山胡的同時，還有意遷走當地的漢族居民，這同樣有助於增加山胡部眾所占的人口比例。如太平真君九年（西元 448 年）二月，「徙西河離石民五千餘家於京師（即山西大同市）。」[162]「五千餘家」並不是一個十分驚人的數字，但對漢族居民本身就十分稀少的西河郡來說，其影響就不同尋常了，我們可以想像當地漢人的稀少。這一切無疑都為呂梁地區「稽胡區」的出現創造了便利。總之，北朝時期并州境內「山胡」文化區的出現並非偶然，是數百年來匈奴族人入居漢地的特有成果，也是中國文化史上具有特殊意義的重要課題。

三、齊魯不見讀書郎
—— 唐代河北藩鎮地區的「胡風」

自從胡騎起煙塵，毛毳腥羶滿咸洛。

女為胡婦學胡妝，伎進胡音務胡樂。

—— 〔唐〕元稹〈法曲〉

---

[161] 譚其驤先生在黃河史研究中，曾仔細地考察兩漢時期黃河中游地區人口狀況，指出由於匈奴等游牧民族的南遷，至東漢時期至少在邊郡十郡範圍內（包括呂梁地區），漢人已成了少數民族。進而以此為依據，對東漢以後黃河安流問題提出了創見。北方游牧民族南遷的複雜影響由此可見一斑。見〈何以黃河在東漢以後會出現一個長期安流局面〉，《長水集》（下），人民出版社，1987 年，第 1-33 頁。
[162] 《魏書》卷四下《太武帝紀》，第 102 頁。

近代著名史學家陳寅恪先生在名著《唐代政治史述論稿》中對唐代河北藩鎮的「胡化」問題進行了十分深入的研究，他精闢地指出：

唐代中國疆土之內，自安史亂後，除擁護李氏皇室之區域，即以東南財富及漢化文化維持長安為中心之集團外，尚別有一河北藩鎮獨立之團體，其政治、軍事、財政等與長安中央政府實際上固無隸屬之關係，其民間社會亦未深受漢族文化之影響，即不以長安、洛陽之周孔名教及科舉仕進為安身立命之歸宿。故論唐代河北藩鎮問題必於民族及文化二端注意，方能得其真相所在也。[163]

根據陳先生的考定，河北藩鎮地區的「胡化」傾向，直接來源於周邊民族的內遷，因此，欲了解這種「胡化」問題的形成與發展，必須從民族遷移說起。而在考察民族遷移與河北藩鎮問題時，最重要的線索就是「蕃（同番）兵蕃將」以及「安史之亂」的影響。

據記載，安祿山與名將哥舒翰關係很不融洽，唐玄宗李隆基經常從中調解，讓他們結拜成兄弟，但效果依然不理想。一次，安祿山來到長安，李隆基特派太監高力士為之宴請接風，哥舒翰也出席宴會。為了打破尷尬的局面，安祿山對哥舒翰說道：「我父是胡人，母為突厥人，公父是突厥人，母是胡人，你我族類相同，為何不能相親相善呢？」面對這種「民族感情」的誘惑，哥舒翰似乎並不領情，反唇相譏：「古人說，野狐嗥叫，是不祥之兆，因為牠忘本啊！」諷刺安祿山身為胡人，卻不知其父，惹得安祿山惱羞成怒：「突厥竟敢如此欺辱我！」要不是高力士在旁解勸，兩人差點在酒席前廝打起來。

安祿山與哥舒翰的爭論，從一個側面道出了唐代政治史上的一大特色，即「蕃將蕃兵」的眾多。《新唐書》為此特列《諸夷蕃將列傳》，而

---

[163]《陳寅恪史學論文選集》，上海古籍出版社，1992 年，第 575-576 頁。

像高仙芝、哥舒翰、安祿山等著名的蕃將都是單獨列傳的。就族源而言，唐代蕃將大致可分為三大類：一是源自於降附的北方的突厥族與回紇族（即回鶻）。一是源自於歸附的東北民族，如契丹、奚人以及朝鮮境內的高麗人。一是源自於內遷的西域民族（當時稱為「胡」）。據《新唐書．逆臣傳》的記載，安祿山為營州柳城胡人，「通六蕃語，為互市郎。」史思明為突厥種人，「與安祿山同鄉里，通六蕃譯，亦為互市郎」。顯然，安祿山與史思明，這兩大叛軍主帥，具有極其相近的民族文化背景與生活閱歷。唐朝初年置營州都護府在柳城（今遼寧朝陽市），主要功能是為了控制與震懾緣邊的契丹與奚兩族（時稱「兩蕃」）。武則天在位時，「兩蕃」反抗唐朝統治，迫使營州內遷到幽州漁陽（今北京市）。唐玄宗時，契丹與奚族歸降，營州又遷回柳城。關於幽州與營州一帶民族風俗狀況，我們可以從著名邊塞詩人高適的〈營州歌〉中找到答案：

營州少年厭原野，皮裘蒙茸獵城下。

虜酒千鍾不醉人，胡兒十歲能走馬。

大詩人李白也在〈幽州胡馬客歌〉中稱頌了胡族俠士的英姿：

幽州胡馬客，綠眼虎皮冠。笑拂兩隻箭，萬人不可干。彎弓若轉月，白雁落雲端……

安祿山與史思明正是在這種環境中成長起來的。作為內遷民族的後裔，他們通曉多種民族語言，熟悉各邊疆民族的風俗習慣。在蓄謀叛亂之時，安祿山身兼范陽、平盧、河東三道節度使，有意識地利用自己在這方面的優勢。如為了增加軍事實力，安祿山特別注重收攬各族將士，

大大增強了軍隊的戰鬥力。如他蓄養各族壯士八千人為其義子，恩威並施，手握精兵，天下無敵。

> 祿山謀逆十餘年，凡降蕃夷皆接以恩，有不服者，假兵脅制之。所得士，釋縛給湯沐、衣服，或重譯以達，故蕃夷情偽悉得之。祿山通夷語，躬自尉（同慰）撫，皆釋俘囚為戰士，故其下樂輸死，所戰無前。[164]

因叛軍中精兵強將均來自少數民族，故天寶十四載（西元 755 年）叛亂發生後，人們指叛軍為「羯胡」或「胡賊」。「漁陽鼙鼓動地來，驚破霓裳羽衣曲。」叛軍從薊城（今北京市）南下後，攻陷大片北方城池。今天黃河以北的河北、山東等地全部落入叛軍的控制之中。叛軍還攻占了唐朝兩大都城，即西京長安與東京洛陽。而唐朝請來平定叛亂的援軍也為回鶻人，與叛軍族類相近。這些胡族軍士的南侵，一時間竟讓「胡風」吹遍了唐王朝政治、文化中心區。元稹〈胡旋女〉云：

> 天寶欲末胡欲亂，胡人獻女能胡旋。
> 旋得明王不覺迷，妖胡奄到長生殿……

又劉禹錫〈平齊行〉云：

> 胡塵昔起薊北門，河南地屬平盧軍。
> 貂裘代馬繞東嶽，嶧陽孤桐削為角。
> 地形十二虜意驕，恩澤含濡歷四朝。
> 魯人皆解帶弓箭，齊人不復聞簫韶……

---

[164]《新唐書》卷二二五上《逆臣安祿山傳》，第 6,417 頁。

「安史之亂」平定後，唐朝政府為了安撫歸降的叛將，以高官厚祿加以封賞，讓其繼續握有重權，鎮守河北諸地，也就成為日後河北藩鎮的主帥。這些藩鎮擁有獨立的軍政與民政大權，飛揚跋扈，主帥去世後，由其副帥繼承或將士推舉，儼然一個個獨立王國。唐朝官府往往束手無策，聽之任之。這些藩鎮主帥及其後繼者與安、史二位相似，大都具有異族血統。

如盧龍（即幽州，治今北京市）節度使李懷仙為柳城胡人，與安祿山同鄉同種，曾為叛軍驍將；後任節度使李茂勳為回鶻酋長阿布思的後裔。

魏博（治今河北大名縣）節度使史憲誠為內徙的奚人後裔。

鎮冀（又名成德，治今河北正定縣）節度使李寶臣、其子李惟岳為內徙范陽的奚人；後任節度使王武俊為契丹人；王廷湊為回鶻阿布思族人等等。

因此，河北藩鎮與「安史叛軍」在民族文化背景上一脈相承，同為河朔「胡化」集團，河北地區的「胡化」傾向在「安史之亂」後不僅沒有消退，反而大有增強，故而，「天下指河朔若夷狄然。」熟悉河北藩鎮實情的盧龍籍唐將田弘正在上表中相當準確地道出了河北地區的演變：「臣家本邊塞，累代唐人……驅馳戎馬之鄉，不睹朝廷之禮……伏自天寶已還，幽陵肇亂，山東奧壤，悉化戎墟，官封代襲，刑賞自專。」[165] 當地漢族人士也完全「胡化」，「未知古有人曰周公、孔夫子者，擊球飲酒，馬射走兔，語言習尚無非攻守戰鬥之事。」[166] 直到唐朝滅亡，河北藩鎮地區始終沒有歸入中央王朝的統轄。

---

[165]《舊唐書》卷一四一《田弘正傳》，第 3,849-3,850 頁。
[166]《故范陽盧秀才墓誌》，《全唐文》卷七五五，中華書局，1983 年影印本。

　　唐太宗李世民曾有名言云：「自古皆貴中華，賤夷狄，朕獨愛之如一。故其種落皆依朕如父母。」從移民史的角度上看，唐代的蕃將蕃兵不過是無數周邊民族向中原地區移民的代表，每一位蕃將的家族史，就是異族入居中原歷史的縮影。大量異族移民的內遷，不可避免地帶入了異族的文化風俗，使一些重要遷入區的文化風貌發生了強烈的變化。據《隋書‧地理志》的記載，隋代河北中北部地區的風俗特徵還是漢文化占主導地位：「人性多敦厚，務在農桑，好尚儒學，而傷於遲重。」而至唐「安史之亂」後，河北中北部則變為遠離儒教的「戎墟」，可見，弄清楚各地居民的民族淵源，實為研究地域文化特徵的第一要義。

第四章

歷經風雨綻奇葩
——移民的文化貢獻

移民是文化傳播最重要的載體，人口遷移實質上是一種文化的遷移；而移民更是文化的創造者，無論群體，還是個人，移民都顯示出創造文化的能力。對於一些高素養的移民個人及群體，人口遷移這一客觀過程在相當程度上激發出他們創造才能的發揮，或提供給他們充分發揮創造才能的機遇。

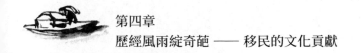

第一節

夢斷故園山川
—— 移民與文學創作

　　南朝人江淹在名篇〈別賦〉中嘆道:「黯然銷魂者,唯別而已矣!」離別,對每一個血肉之軀而言,都是一個難以忘懷的情感難關。遠離故園,身處異鄉,卻是所有移民的共同遭遇。如果說「安土重遷」是人之常情,那麼離鄉背井的遭遇對絕大多數移民而言,都是痛楚難堪的,特別是對那些強制性移民而言,遷徙之路往往是痛徹心肝的血淚之路。滿腔的痛楚需要宣洩,文學創作就是宣洩人們情感的重要途徑。

　　古代中國是詩歌的國度。金代學者劉祁在《歸潛志》中指出:「夫詩者,本發其喜怒哀樂之情,如使人讀之無所感動,非詩也。」藝術來源於生活,如果詩人自身沒有特殊的情感歷程,又如何能創作出驚天地泣鬼神的感人作品呢?而遷徙就是一種相當特殊的生活經歷,同時也為多愁善感的移民衍化出一段銘心刻骨的心路歷程,滿腔的苦澀會凝聚為泣血的詩句,成為詩人對這一心路歷程的永久紀念。

　　此外,大規模的移民運動往往引起一個政權或一個區域社會的興衰,這種滄桑巨變也會反映在文學作品之中。文人墨客們會用他們的筆和紙,表達他們的思索、憤懣及徬徨。他們所創作的文學作品也就成為反映那個時代變遷的第一手資料。

一、離江南後思江南
—— 北朝江陵移民與庾信〈哀江南賦〉

庾信文章老始成，凌雲健筆意縱橫。

—— 〔唐〕杜甫〈戲為六絕句〉

　　江陵移民發生在西元 554 年，為南朝梁承聖三年。當年 11 月，西魏軍隊攻陷梁都江陵（今湖北荊州市江陵縣）後，實施了一次大規模的移民行動。「擒梁元帝（蕭繹），殺之，並虜其百官及士民以歸。沒為奴婢者十餘萬，其免者二百餘家。」[167] 除老弱之人皆被殺外，所有移民被強制遷往長安，這次移民是對江陵人口的徹底性遷出，其中包括城中梁朝的文武百官及絕大部分士民，其中被沒為奴婢者就有 10 餘萬人。這場強迫性的遷徙對所有移民來說都是一場刻骨銘心的慘痛經歷，大批文人士大夫淪為奴僕，更遭橫暴的虐待。為此，庾季才向宇文泰據理力爭：「君王無知，抗拒有罪；官紳何辜，淪為奴婢？」宇文泰為緩和這批移民的怨憤，下令開釋數千人。[168]

　　這批移民中也有一些人受到了特別的優待，如著名文士王褒、顏之儀、庾季才、王克、劉殼、宗懍、殷不害等。當時已執掌朝中大權的宇文泰對這批高素養移民的到來倍感欣喜，他說：「昔平吳之利，二陸（指吳國著名文人陸機、陸雲兄弟）而已。今定楚之功，群賢畢至。可謂過之矣。」[169] 當即授予王褒、王克、殷不害等人車騎大將軍、儀同三司

---

[167] 《周書》卷二《文帝紀下》，中華書局校勘本，第 36 頁。
[168] 《北史》卷八九《庾季才傳》，中華書局校勘本，第 2,948 頁。
[169] 《周書》卷四一《王褒傳》，第 731 頁。

等官職，被待為上賓，賞賜豐厚，給予了相當優厚的禮遇。這些移民對北周文化建設做出了重要的貢獻。後來南朝陳霸先曾想設法贖回王褒等人，北朝方面同意放回一些人士，但愛惜才名最高的王褒與庾信兩人，拒絕同意放回。王褒與庾信也從此定居於北方，度過了他們的後半生。異地為客的落寞、有家難歸的絕望清晰地反映在他們的文學創作之中。

　　王褒，字子淵，祖籍琅邪臨沂（今山東費縣東），是梁朝聲望卓著的文學家、書法家。北遷之後，深受周朝皇帝的信任，但依然無法消除內心的故園之思。一次，故友周弘讓之兄作為聘使來到長安，王褒被特許作書向故友致意，這封書信便是一篇抒發思鄉之情的佳作，文中講道：

　　征蓬長逝，流水不歸，舒慘殊方，炎涼異節……頃年事道盡，容髮衰謝，芸其黃矣，零落無時。還念生涯，繁憂總集……河陽北臨，空思鞏縣；霸陵南望，還見長安。所冀書生之魂，來依舊壤；射聲之鬼，無恨他鄉。白雲在天，長離別矣，會見之期，邈無日矣。援筆攬紙，龍鍾橫集。[170]

　　可謂聲聲悲泣，字字生血，生離死別之痛，躍然紙上。然而，他魂歸故壤的願望終究沒能實現。不過，反映江陵移民思鄉之苦的最著名的篇章，還要數庾信的〈哀江南賦〉。

　　庾信，字子才，南陽新野（今南陽市新野縣）人，是南朝著名文士庾肩吾的公子。他自幼聰敏絕倫，極有文學才能。江陵被圍困時，他正作為梁元帝的使者住在長安。江陵城陷後，他也被留在長安城。

　　庾信的後半生生活在長安，雖然受到周朝諸位皇帝的厚遇，名位尊

---

[170]《周書》卷四一《王褒傳》，第 731-732 頁。

崇，但他卻抹不去發自內心深處的「鄉關之思」。這位文壇巨擘的許多
作品浸透著深深的哀傷。如他的〈怨歌行〉將自己比作一位無奈北嫁的
南國新娘：「家住金陵縣前，嫁得長安少年。回頭望鄉淚落，不知何處
天邊？胡塵幾日能盡？漢家何時更圓？為君能歌此曲，不覺心隨斷絃。」
千古名篇〈哀江南賦〉更是凝聚著他無盡的愁思。

〈哀江南賦〉文辭宏富，氣勢非凡，交織著庾信十分複雜的情感。哀
怨悲憤，一齊訴諸筆端，整篇文章呈現出詭譎多姿、一詠三嘆的藝術魅
力。庾信在文首即宣告，此賦是其個人痛苦遭遇的紀念，「不無危苦之
辭，唯以悲哀為主。」在感嘆江表王氣將盡之後，他回顧了庾氏家族轉遷
歷程，「逮永嘉之艱虞，始中原之乏主。民枕倚於牆壁，路交橫於豺虎。」
永嘉大亂之後，庾氏一族遷至南陽，仍在當地擁有較高聲望。「文詞高於
甲觀，模楷盛於漳濱。」在蕭衍在位初期，梁朝國家發展趨於鼎盛。「於
時朝野歡娛，池臺鐘鼓。里為冠蓋，門成鄒魯。連茂苑於海陵，跨橫塘
於江浦。東門則鞭石成橋，南極則鑄銅為柱。樹則園植萬株，竹則家封
千戶……草木之藉春陽，魚龍之得風雨。五十年中，江表無事。」而「侯
景之亂」使梁朝士民陷於苦痛的深淵。庾信本人也開始了四處奔投的落
魄生涯。然而，痛苦正一步步緊逼而來，江陵失陷後的強徙，更是浸透
了南朝士民血與淚的回憶。

水毒秦涇，山高趙陘。十里五里，長亭短亭……秦中水黑，關上泥
青。於時瓦解冰泮，風飛電散。渾然千里，淄、澠一亂。雪暗如沙，冰
橫似岸。逢赴洛之陸機，見離家之王粲。莫不聞隴水而掩泣，向關山而
長嘆。況復君在交河，妾在清波。石望夫而逾遠，山望子而逾多。

　　隨著時間的推移，以庾信為代表的這些江陵移民對故國的思念反而越來越急切。「提挈老幼，關河累年。死生契闊，不可問天。況復零落將盡，靈光巋然。日窮於紀，歲將復始。逼切危慮，端憂暮齒。」[171] 他們多想在有生之年實現歸鄉之夢啊。有家不能歸的苦痛，也許是任何富貴榮華都無法抹去的。

　　《楚辭‧招魂篇》末有二句為：「目極千里傷心悲，魂兮歸來哀江南。」取名於此的另一名賦〈傷心賦〉也是庾信思鄉之苦的宣洩。庾信先後有多名子女在喪亂中殞命。北遷以來，已經成人的女兒與孫子又不幸早亡，這種沉重打擊讓漸入暮年的庾信無限感傷，特作〈傷心賦〉以記之。他在賦中講道：

　　悲哉秋風，搖落變衰。魂兮遠矣，何去何依？望思無望，歸來不歸……在昔金陵，天下喪亂，王室板蕩，生民塗炭……況乃流寓秦川，飄颻播遷。從官非官，歸田不田。對玉關而羈旅，坐長河而暮年。已觸目於萬恨，更傷心於九泉……望隴首而不歸，出都門而長送……人生幾何，百憂俱至！……一朝風燭，萬古埃塵。丘陵兮何忍，能留兮幾人……[172]

　　離開賓朋如雲的南國，離開親族聚居的故土，對多愁善感的一代文豪是無限痛苦的，然而我們不能不承認，如果沒有這種痛苦的經歷，庾信恐怕也難創造出如此沉雄激越的壯麗辭章。詩聖杜甫曾在〈戲為六絕句〉中讚云：「庾信文章老更成，凌雲健筆意縱橫。」庾信在南朝時，與著名才子徐陵齊名，所作駢體文崇尚結構之典雅工整，辭藻之綺麗豐

[171]《哀江南賦》見《周書》卷四一《庾信傳》，第 734-742 頁。
[172]《庾子山集注》卷一，中華書局，1980 年，第 58-63 頁。

贍,風靡一時,二人每成一文,立即傳誦於京城之中,成為當時梁朝國內年輕學子爭相仿效的楷模,人們稱之為「徐、庾體」。二人之文學成就與造詣在伯仲之間,難分高低。但是,庾信北遷以後,出現了新的創作高峰,其文學作品的深度與廣度已較前有大的提升,從而奠定了在中國文學史上舉足輕重的地位,遠遠超過了徐陵的文學成就,這早已成為學術界的公論。如《四庫全書總目提要》的作者公允地評論道:

> 至(庾)信北遷以後,閱歷既久,學問彌深,所作皆華實相扶,情文兼至,抽黃對白之下,灝氣舒捲,變化自如,則非(徐)陵之所能及矣。

因此,研究庾信的文學成就,離不開對江陵移民過程及移民生活的分析。否則,我們根本無法體會這位大文學家真實的心境與創作動機。

二、去國憂思成絕唱
—— 南唐移民與李煜詞

> 詞至李後主而眼界始大,感慨遂深,遂變伶工之詞而為士大夫之詞。

—— 王國維《人間詞話》

同樣是喪失家邦的亡國之君,同樣在遷入地有著較為優裕的生活,但對遷徙卻有兩種截然不同的反應。一種是以三國時蜀國後主劉禪(小字阿斗)為代表。蜀國滅亡後,降主劉禪舉家北上,入居洛陽。他被封為安樂縣公,食邑萬戶,並賜給絹萬匹,奴婢百人,劉氏子孫封侯封官

者達 50 多人。待遇可謂相當優厚,劉禪也從此在洛陽城中過起了無憂無慮的逍遙生活。一天,司馬懿設宴款待劉禪及蜀國舊臣。席間,司馬懿命優人表演起蜀國的娛樂節目,在場的蜀臣不免觸景生情,萬分感傷。唯獨劉禪談笑自若,絲毫沒有傷感的模樣。連征戰沙場的老將司馬懿也不免嘆息:「人之無情,竟能到如此地步?」過了幾日,司馬懿特意問劉禪:「你難道不思念巴蜀故地嗎?」劉禪很乾脆地回答道:「我在這裡過得很開心,一點也不想念巴蜀。」這也就是成語「樂不思蜀」的由來。另一種態度則是雖然衣食無憂,卻始終無法忘卻亡國之痛,對故國的思念與日俱增。南唐後主李煜就是後一種態度的典型。

　　一代詞曲聖手李煜是一位不成功的皇帝,雖沒有多少令人不齒的斑斑劣跡,卻不幸淪為一個亡國之君。這種人生道路上的劇變對他文學創作產生了強烈影響。南唐國定都金陵(今江蘇南京市),疆域包括今江蘇、安徽、江西三省之地,本來是南方十國中實力相當雄厚的。少年時代的李煜就顯示出過人的才華,然而,他的足跡卻長期停留在王宮內院之中,纏綿於充滿脂粉氣息的溫柔之鄉。作為尊貴的王太子,他受到所有人的寵愛,所見所聞,不過是後宮妃嬪的溫情撫慰與嬌豔宮女的燕語鶯聲。「生於深宮之中,養於婦人之手。」作為多愁善感的才子,李煜同樣流連於風月場,醉心於男女情愫。他與大、小周后的愛情故事,也成為膾炙人口的風流傳奇。因此,這一時期所創作的詩詞雖技巧精妙,但浮豔有餘,內蘊不足。內容不外乎宮廷生活與男女相悅之情,讀其詞,甜膩的脂粉氣撲面而來。如〈菩薩蠻〉:

　　銅簧韻脆鏘寒竹,新聲慢奏移纖玉。眼色暗相鉤,秋波橫欲流。雨雲深繡戶,未便諧衷素。宴罷又成空,魂(一作夢)迷春睡中。

李煜對填詞有特別的嗜好。據載當宋朝軍隊兵臨金陵城下時，李煜依然在為填寫一首新詞而咬文嚼字，煞費苦心。南唐終究敗亡於北宋之手。國破家亡的奇恥大辱終於讓李煜徹底清醒了，冷森森的劍戟和厲聲的詬詈驅走了飄逸的裙帶與溫柔的笑語，屈辱與痛楚深深觸動了麻木不仁的心靈，讓其發出了令人心酸的哀歌：

四十年來家國，三千里地山河。
鳳閣龍樓連霄漢，玉樹瓊枝作煙蘿。
幾曾識干戈！
一旦歸為臣虜，沈腰潘鬢銷磨。
最是倉皇（一作蒼黃）辭廟日，教坊猶奏別離歌。
垂淚對宮娥！

因遲遲不肯歸降，李煜到達汴梁後的待遇顯然比不上其他降王，但其家族受到的待遇並不是太差。他的親族大都封官賜第，他本人也被封為違命侯，依然可以保持著較為舒適的生活。但就在這種狀況下，李煜卻顯示出與劉禪完全不同的精神狀態，終日悶悶不樂，鬱鬱寡歡，甚至以淚洗面，與舊時宮女相對哀嘆。

為了排解滿腔的愁怨，李煜在汴梁更加潛心於詞曲的創作，真情實感的宣洩以及長時間的縝密推敲，使他的詞作無論在境界與技巧上都達到了一個前所未有的高度。你聽：

別來春半，觸目愁腸斷。砌下落梅如雪亂，拂了一身還滿。雁來音信無憑，路遙歸夢難成。離恨恰如春草，更行更遠還生。（〈清平樂〉）

157

林花謝了春紅，太匆匆！無奈朝來寒雨晚來風！胭脂淚，相留醉，幾時重？自是人生長恨水長東！（〈相見歡〉）

無言獨上西樓，月如鈎。寂寞梧桐深院鎖清秋。剪不斷，理還亂，是離愁。別是一般滋味在心頭。（〈相見歡〉）

簾外雨潺潺，春意闌珊。羅衾不耐五更寒。夢裡不知身是客，一晌貪歡。獨自莫憑欄，無限江山，別時容易見時難。流水落花春去也，天上人間！（〈浪淘沙〉）

近代學者將李煜的文學創作分為前、後兩個時期，並對後一時期作品的特徵及影響力進行了細膩入微的敘述：

這些作品在思想內容上有一個共同的凝聚點與發光點，就是集中寫亡國之痛、故國之思。字字流淌著血淚，句句飽和著愁恨，其憂憤悔恨之情達到了無以復加的地步！

這是一個從天堂墮入地獄，從帝王淪為階下囚的人，一個途窮路絕而又不甘泯滅的人，一個在即將走完人生之路又懷著無限悔恨對往昔進行審視反思的人的心靈呼喊。它是詞人獨特經歷的產物，又綜合了人生的某些共同性，因而，它不但能使心懷亡國之痛的人，而且也能使多少傷春悲秋的人、生活道路坎坷的人同聲慟哭，共拋珠淚！ [173]

可以說，詞曲成為李煜生命價值的標尺，他所完成的最著名的一首詞 —— 〈虞美人〉稱得上是一首離愁的絕唱，但也成為這位大詞人的絕命詞：

---

[173] 傅正谷、王沛霖著：《南唐二主詞析釋》前言，天津古籍出版社，1988 年，第 5-6 頁。

春花秋月何時了？往事知多少！小樓昨夜又東風，故國不堪回首月明中！

雕欄玉砌應猶在，只是朱顏改。問君能有幾多愁？恰似一江春水向東流。

當時正值太平興國三年（西元 978 年）七夕之夜，李煜讓自己原來宮中的歌女在樂師的伴奏下高唱起這首〈虞美人〉詞，曲調哀婉悽惻，一詠三嘆，歌聲傳得很遠很遠。宋太宗趙光義本來對諸位降王就多有猜忌之心，當左右密探將這一消息向他彙報後，趙光義不由勃然大怒：李煜竟敢在大宋「天子腳下」明目張膽地懷念「江東故國」！顯然是在發洩對大宋朝攻亡南唐的怨恨，是可忍，孰不可忍！為了進一步了解李煜的真實想法，趙光義別有用心地派南唐舊臣徐鉉前去探望李煜。李煜見到往日舊臣，不由百感交集，長吁短嘆，情不自禁地悔恨道：「現在真後悔當初錯殺了兩位直言敢諫的忠臣潘佑與李平。」徐鉉將李煜的話原原本本地告訴了趙光義，趙光義又是火冒三丈，殺機頓起，不客氣地派使者向李煜送去了牽機毒藥，可憐一代詞曲聖手由此魂斷異鄉。

著名學者王國維先生在《人間詞話》中對李煜之詞推崇備至：

詞至李後主而眼界始大，感慨遂深，遂變伶工詞而為士大夫之詞。

尼采謂：「一切文學，余愛以血書者。」後主之詞，真所謂「以血書者」也。

王國維先生又說：「客觀之詩人，不可不多閱世。閱世愈深，則材料愈豐富，愈變化，《水滸傳》、《紅樓夢》之作者是也。主觀之詩人，不必

多閱世，閱世愈淺，則性情愈真，李後主是也。」王先生此言不免有些
偏頗。國破家亡、降為臣虜的遭遇，應該是一種並不普遍的人生經歷，
正是這種經歷讓李煜痛定思痛，感傷萬分，許多作品都是這種悲傷心境
的真實寫照。如果沒有這段刻骨銘心的悲慘經歷，李煜依舊悠閒地徜徉
於皇宮內院的桃紅柳綠之中，怎麼可能創作出充滿家國之思的千古名篇
呢？還是詞學名家龍榆生先生所言一語中的：「後主之詞之高不可攀，
由多方面之涵濡與刺激，迫而自然出此，非專恃天才或學力者之所能為
也。」[174]

三、故國山河落照紅
—— 靖康南渡與南宋詩詞創作

　　落日熔金，暮雲合璧，人在何處？染柳煙濃，吹梅笛怨，春意知幾
許！元宵佳節，融和天氣，次第豈無風雨？來相召、香車寶馬，謝他酒
朋詩侶。

　　中州盛日，閨門多暇，記得偏重三五。鋪翠冠兒，撚金雪柳，簇帶
爭濟楚。如今憔悴，風鬟霜鬢，怕見夜間出去。不如向、簾兒底下，聽
人笑語。

—— 〔宋〕李清照〈永遇樂〉

　　宋代女詞人李清照在「靖康南渡」後顛沛流離，漂泊不定，意氣消
沉。步入晚年的她十分懷念當初在汴梁（今河南開封市）生活的美好情

---

[174]《龍榆生詞學論文集》，上海古籍出版社，1997 年，第 208 頁。

景，這首〈永遇樂〉便是詞人馳譽士林的懷舊之作。那是一段多麼值得回憶的光陰：一輪夕陽將金黃色的色彩塗滿了半個天空，朵朵白雲如寶石般剔透晶瑩。裊裊的柳枝在霧色朦朧中搖曳，悠揚的笛聲中透出一絲絲淡淡的憂傷。當年，元宵佳節是汴梁城一年四季中最豐盛的節日，親朋好友車馬相邀，何等的盛情！街市上車水馬龍，婦女們服飾豔麗多姿，個個笑語盈盈。而如今流落他鄉，韶光不再，容顏憔悴，只有躲入閨閣之內空自感懷……據說南宋詞人劉辰翁被這首詞深深打動，反覆吟詠之餘，流下了激動的淚水。

唐詩、宋詞是中國文學發展史上兩座登峰造極的偉大豐碑。就宋詞而言，南宋在詞創作上的整體成就，要超過北宋。近代學者胡雲翼先生指出：

　　詞至南宋發展到了高峰。向來人們都認為宋朝是詞的輝煌燦爛的黃金時代，如果把這話說確切一點，這光榮稱號應歸於南宋前期。這時期愛國主義詞作突出地反映了時代的主要矛盾 ── 複雜的民族矛盾，放射出無限的光芒。清初朱彝尊在《詞綜·發凡》裡曾經把南宋詞提得很高，他說：「世人言詞，必稱北宋，然詞至南宋始極其工，至宋季始極其變。」[175]

「靖康南渡」是北宋與南宋的分界點，這場大規模南遷運動，也是一場震撼力強大的社會劇變，它影響到當時的絕大部分漢族人士，包括大批才華橫溢的文人墨客。南渡是他們生命歷程中的刻骨銘心的經歷，完全改變了他們的生活之路。南渡之後，以趙構、秦檜為首的南宋執政者

---

[175] 見《宋詞選》前言，上海古籍出版社，1997 年，第 11-12 頁。

161

被女真人的攻勢嚇破了膽,完全不理被擄的徽、欽二帝,滿足於東南一隅的偏安。面對被女真人侵奪的故國河山,無數富有愛國熱情的人士滿腔悲憤,扼腕嘆息,用詩詞來宣洩積鬱心中的亡國之痛、思鄉之情。「靖康南渡」對宋詞創作的影響是十分深刻的,就外在表現而言,主要展現於兩個方面:一是許多知名詞人改變了自己以往的創作風格,創作了一批直接反映家國之痛的佳作。二是一些詞人抱著昂揚的愛國熱忱,主張收復失地,指斥苟且偷安,形成了面對現實的豪放派詞人族群。

李清照正是展現前一種影響的著名詞人。李清照,號易安居士,原本出生於一個生活優裕的官僚家庭。後嫁與著名學者趙明誠,夫妻二人相敬如賓,在披覽文卷、品嘗香茶、賦詩填詞的雅趣中消磨時光。這種無憂無慮的悠閒生活曾在這位才女的早期詞作中表露無遺。如〈如夢令〉云:

常記溪亭日暮,沉醉不知歸路。興盡晚回舟,誤入藕花深處。爭渡,爭渡,驚起一灘鷗鷺。

然而,「靖康喪亂」猶如平地升起的狂飆,將詞人拋入匆匆南奔的人流,徹底改變了原來的生活軌跡。痛失家園的屈辱與無奈,讓這位才女寫下了如此沉雄無比的詩篇:「生當作人傑,死亦為鬼雄。至今思項羽,不肯過江東。」後來丈夫趙明誠也不幸因病去世,孤苦伶仃的女詞人在無盡的苦痛中受盡了煎熬,無盡的心酸化為催人淚下的詞作:

尋尋覓覓,冷冷清清,悽悽慘慘戚戚。乍暖還寒時候,最難將息。三杯兩盞淡酒,怎敵他、晚來風急!雁過也,正傷心,卻是舊時相識。

滿地黃花堆積，憔悴損，如今有誰堪摘？守著窗兒，獨自怎生得黑，梧桐更兼細雨，到黃昏、點點滴滴。這次第，怎一個愁字了得！（〈聲聲慢〉）

朱敦儒在詞壇地位雖不及李清照，卻在描述亡國之痛的創作中獨樹一幟，留下了不少精彩的好作品。據載，朱敦儒是河南洛陽人，崇尚遁世離俗的神仙生活，詞風一貫灑脫飄逸。但在「靖康南渡」後，他流落南方各地，對遠離故國之痛楚感觸很深，他在詞作中表達出滿懷悲憤與哀傷。如〈採桑子〉（彭浪磯）云：

扁舟去作江南客，旅雁孤雲。萬里煙塵，回首中原淚滿巾。碧山相映汀洲冷，楓葉蘆根。日落波平，愁損辭鄉去國人。

又〈臨江仙〉云：

直自鳳凰城[176]破後，擘釵破鏡分飛。天涯海角信音稀。夢迴遼海北，魂斷玉關西。

月解重圓星解聚，如何不見人歸？今春還聽杜鵑啼。年年看塞雁，一十四番回。

又〈沙塞子〉云：

萬里飄零南越，山引淚，酒添愁。不見鳳樓龍闕、又驚秋。九日江亭閒望，蠻樹繞，瘴雲浮。腸斷紅蕉花晚、水西流。[177]

---

[176] 指朱敦儒的故鄉北宋西京洛陽。
[177] 朱敦儒詞參見《樵歌》，上海古籍出版社，1998 年。

　　當然，在婉約派詞人極力宣洩家國之痛的同時，更有一些豪放之士積極主張恢復中原，他們用手中的筆抒發出激昂的鬥志與熱情，從而大大擴展了詞曲藝術的表現手法與內容，其中代表人物就是南宋詞壇豪放派領袖辛棄疾、張孝祥、陳亮等人。在這些作家的作品中，我們幾乎看不到多少離愁別恨，字裡行間只有對收復故國的熾熱渴望、對投降思想的無情抨擊以及對生不逢時的強烈憤慨。如一代詞曲巨匠辛棄疾為山東濟南人，曾加入抗金義軍，失敗後南下。他文學造詣極深，詞風凝重蒼涼，大氣磅礴。很多作品膾炙人口，涉及內容十分廣泛，既有對山河破碎的感慨，又有收復故國的雄心，更有壯志難酬的悲愴。如〈菩薩蠻〉（書江西造口壁）云：「鬱孤臺下清江水，中間多少行人淚！西北望長安，可憐無數山。」又如〈賀新郎〉云：「我最憐君中宵舞，道男兒到死心如鐵。看試手，補天裂！」〈破陣子〉云：「了卻君王天下事，贏得生前身後名，可憐白髮生！」辛棄疾的好友陳亮雖為浙江人，但想法及詞風與辛棄疾極為相似，他的一首〈水調歌頭〉堪稱是豪放派詞人的思想宣言：

　　不見南師久，漫說北群空。當場隻手，畢竟還我萬夫雄。自笑堂堂漢使，得似洋洋河水，依舊只流東。且復穹廬拜，會向槁街逢。

　　堯之都，舜之壤，禹之封。於中應有，一個半個恥臣戎。萬里腥羶如許，千古英靈安在，磅礴幾時通。胡運何須問，赫日自當中。

　　總之，「靖康南渡」絕不是僅僅關係到宋朝嬗變的政治事件，而是一個波瀾壯闊的社會巨變，它影響到當時每一位漢族人士的個人生活與前途命運，種種不堪忍受的境遇不可避免地引發了人們心靈深處的思想「裂變」。對那些多愁善感的文人騷客，心中迸發出的感觸更為深刻，

從而大大激發了他們的創作熱情，筆下流淌出的美文便成為他們內心世界種種情愫的真實紀錄。如果脫離對這些歷史背景及個人經歷的深刻剖析，我們不可能真正觸摸到宋詞發展演變的脈絡，真正理解各位詞家的情感歷程。

第二節

梅花香自苦寒來
── 移民與學術研究

　　我們這裡所謂「學術研究」包含的內容是十分廣泛的，涵蓋了除文學藝術創作之外的所有文化建設領域。這裡既包括哲學、文學、史學，以至學術發展史等純學術研究，也包括對當時典章制度的制定、學校教育以及文化政策的調整與建議等。在悠久的中國文明發展史上，移民的學術成就無疑是豐富多彩的。而我們在這裡只是選取移民過程本身與學術貢獻有密切關係的事例進行說明，而不想泛泛而論。

一、苦讀成棟梁
── 平齊民的文化貢獻與劉孝標《世說新語注》

　　容體不足觀，勇力不足恃，族姓不足道，先祖不足稱，然而顯聞四方，流聲後裔者，其唯學乎？

── 〔北齊〕魏收《魏書·儒林傳》錄古語

　　《世說新語》是南朝宋劉義慶撰輯的一部筆記小說體名著，蒐集了大量漢末魏晉君臣士大夫的事蹟，分門別類，是研究魏晉南北朝歷史的重要參考書。而且，其文辭華美，描寫生動，在中國文學史上也占有重要的地位。更值得注意的是，南朝蕭梁時劉峻（字孝標）為《世說新語》作注，旁徵博引，所引經史雜著四百餘種，詩賦雜文七十餘種。這些引述的書籍後來大部分亡佚，因此，《世說新語注》倍受學者推重，成為古代史上與《三國志注》、《水經注》等名著相媲美的注書。但是，很少有人注意到它的作者劉峻來自北魏歷史上著名的移民群體 —— 平齊民。

　　平齊民來自青齊地區，包括北魏青（治今山東青州市）、齊（治今山東濟南市）二州之地，相當於今天山東中部與南部地區。南朝宋大明八年（西元 464 年），宋武帝劉駿去世，其子劉子業登基繼位。然而，僅過了一年，變亂驟起，劉子業被其叔父劉彧殺死，劉彧自己做了皇帝，是為宋明帝。也正在這一年，北魏獻文帝拓跋弘繼位，改元天安。劉彧的殺姪篡位之舉引起朝廷大亂，一些反對劉彧的大臣紛紛歸降北魏，這其中就有徐州刺史薛安都、兗州刺史畢眾敬、青州刺史沈文秀、冀州（歸入魏後改為齊州）刺史崔道固等。北魏朝廷喜出望外，立即派遣大軍前往接收。沒料到，沈文秀、崔道固中途反悔。北魏大將慕容白曜奉命南攻，最終占領了上述諸州。北魏皇興三年（西元 469 年），為了懲罰青、齊士民的反抗，北魏軍隊將青、齊地區參與抵抗的士族數百家遷往代都平城一帶。為安置這批移民，北魏官府特地設置平齊郡。

　　然而，幾十年之後，就在這批平齊民中，出現了一批名震北魏朝野的名臣巨卿，他們中有任中書令、祭酒、太常卿的劉芳，有任吏部尚書、尚書僕射的崔亮，有任中書令、中書監、侍中的崔光等，形成了北魏末年政壇上最富有地域性色彩的一支力量。青齊人士在北魏政壇的崛

起與壯大，也就成為特別值得關注的現象。青、齊兩州本是南遷的北方士族較為集中的地區，這些青齊人士具有自身獨特的優勢。他們大都為名門望族之後，具備足以炫耀的門閥背景，而這正是日後躋身政界不可或缺的條件。更為突出的是，身為名門望族之後裔，又來自文化較為發達的地區，這些平齊戶大多有攻讀經訓典籍的家規或傳統，在生活困頓之時還努力維持，這在當時平城地區是相當突出的。

「北人何用知書」[178] 是拓跋族及其他鮮卑化大臣與百姓的普遍心態，這更使平齊戶中刻苦攻讀的風尚顯得異常可貴。

起初，貧窮的平齊民大多以「傭書（即替人謄抄書籍）」為業。如房景伯「生於桑乾（今山西山陰縣東），少喪父，以孝聞。家貧，傭書自給，養母甚謹。」後被提拔為給事中、司空長史。其胞弟房景先的事蹟更為動人。「幼孤貧，無資從師，其母自授《毛詩》、《曲禮》。年十二，請其母曰：『豈可使兄傭賃以供景先也？請自求衣，然後就學。』母哀其小，不許。苦請，從之，遂得一羊裘，忻然自足。晝則樵蘇，夜誦經史，自是精勤，遂大通贍。」[179] 房景先後任太學博士、著作佐郎等職，其精湛的學識受到當時儒學宗師劉芳、崔光等人的推崇。這並不是極其個別的現象，如劉芳本人也是一個苦學成才的典型。

慕容白曜南討青齊，梁鄒降，芳北徙為平齊民，時年十六。南部尚書李敷妻，司徒崔浩之弟女；芳祖母，浩之姑也。芳至京師，詣敷門，崔恥芳流播，拒絕見之。芳雖處窮窘之中，而業尚貞固，聰敏過人，篤志墳典。晝則傭書，以自資給，夜則讀誦，終夕不寢，至有易衣並日之

---

[178]《魏書》卷二一《廣陵王羽傳》，第 550 頁。
[179]《魏書》卷四三《房景先傳》，第 977-978 頁。

弊，而澹然自守，不汲汲於榮利，不戚戚於賤貧，乃著《窮通論》以自
慰焉。[180]

　　另外，在崔光、崔亮、蔣少遊等人的傳記中均有窮時為人「傭書」
的紀錄。而日後巍然屹立於北魏廊宇之中的名臣正是這些自幼熟習墳
典、嫺於文辭之人。

　　其次，平齊民的崛起當然還仰仗北魏朝中世族後裔大臣的鼎力相助
以及他們自己的積極爭取。平齊民大都為世族之家，因而他們與較早進
入北魏朝中的世族大臣往往保持著相當複雜的戚屬或聯姻關係。有些大
臣有意發展這種關係，作為擴充自身勢力的手段，流落的平齊民更把這
層關係作為日後向上攀升的階梯。在援引舉薦方面，高允頗為典型。

　　顯祖平青、齊，徙其族望於代。時諸士人流移遠至，率皆飢寒。徙
　　人之中，多允姻媾，皆徒步造門。允散財竭產，以相贍賑，慰問周至。
　　無不感其仁厚。收其才能，表奏申用。時議者皆以新附致異，允謂取材
　　任能，無宜抑屈。[181]

　　著名大臣李沖也以「好士」著稱。他在權重朝堂之時，「而謙以自
牧，積而能散，近自姻族，逮於鄉閭，莫不分及。虛己接物，垂念羈
寒，衰舊淪屈由之躋敘者，亦以多矣。時以此稱之。」[182] 由高允與李沖
薦拔的青齊人士，數量相當可觀。

　　第三，平齊民雖然具備了躋身朝堂的家世背景與文章才學，但是要

---

[180] 《魏書》卷五五《劉芳傳》，第 1,219 頁。
[181] 《魏書》卷四八《高允傳》，第 1,089 頁。
[182] 《魏書》卷五三《李沖傳》，第 1,180 頁。

真正實現其光宗耀祖的目的，必須得恰逢其會。孝文帝拓跋宏的漢化政策提供了這樣的機會。自馮太后死後，孝文帝親政，他多次下詔命州縣薦舉才學之士。如太和十五年（西元 491 年）八月，「詔諸州舉秀才，先盡才學。」二十年三月，「詔諸州中正各舉其鄉之民望」。二十一年五月，「詔其孝友德義、文學才幹，悉仰貢舉」[183]。這完全是配合孝文帝遷都改制的舉措。然其選拔人才也有側重。「太和中，高祖選盡物望，河南之士，才學之徒，咸見申擢。」[184] 史載甚明，大多數平齊民的起家發跡均在孝文帝太和年間。

北魏孝文帝遷都改制，青齊人士獲得了大展身手的舞臺，這也是青齊人士最重要的文化貢獻。這一點似乎不難理解。平齊民正是依靠其特殊的家世、經歷以及嫻習經典而平步青雲，孝文帝拓跋宏也正是利用他們這些優勢來為其出力。如蔣少遊是平齊民中湧現出的工藝大師，曾任中書博士、將作大匠，在朝士衣冠的制定，太廟、太極殿及洛陽園林建設中發揮了重要作用。[185] 在改制中，平齊民中為孝文帝出力最多的還要數崔亮。崔亮因學業優異，被名臣李沖推薦為中書博士，他的突出才能終於被孝文帝發現。

高祖在洛，欲創革舊制，選置百官，謂群臣曰：「與朕舉一吏部郎，必使才望兼允者，給卿三日假。」又一日，高祖曰：「朕已得之，不煩卿輩也。」馳驛徵（崔）亮兼吏部郎。俄為太子中舍人，遷中書侍郎，兼尚書左丞……亮自參選事，垂將十年，廉慎明決，為尚書郭祚所委，每云：「非崔郎中，選事不辦。」……自遷都之後，經略四方，又營雒邑，

---

[183] 上述引文見《魏書》卷七《高祖紀》。
[184] 《魏書》卷四三《劉休賓傳》，第 969 頁。
[185] 《魏書》卷九一《蔣少遊傳》，第 1,971 頁。

費用甚廣。亮在度支，別立條格，歲省億計。又議修汴、蔡二渠，以通邊運，公私賴焉。[186]

　　就個人學術成就而言，青齊名臣中首推劉芳。多年的潛心苦讀，終於使劉芳成為一位廣博精深的學問家。在拜任中書博士後，劉芳的才學得到了朝中士大夫的推重。南朝著名文士王肅投奔北魏，聞聽劉芳的講論後，深為嘆服，稱其為無所不知的「劉石經」。後來，劉芳還引經據典，就太學建設、郊祀、禮樂等制度問題提出了重要的建議，影響極大，成為一代儒學宗師。劉芳著述豐富，就《魏書》記載，他個人著作有：《類辨》三卷、《徐州人地錄》四十卷、《急就篇續注音義證》三卷、《毛詩箋音義證》十卷、《禮記義證》十卷等，可惜均亡佚，沒有留傳下來。不過，他在北魏學術史上的重要地位還是應給予充分肯定。但在中國文化史上，平齊民中貢獻最大的應推劉孝標。

　　劉峻，字孝標，平原郡平原縣（今山東平原縣）人。劉峻自幼喪父，青齊地區陷落時，年僅八歲，與母親被掠至中山（今河北定州市），當地人劉宣出於憐憫之心，以束帛贖出他，並教他讀書。但魏朝官吏聽說劉峻在南方還有親屬，恐他有南歸之心，又將他徙至桑乾。年幼的劉峻雖經歷如此辛酸的變故，但好學不倦，「家貧，寄人廡下，自課讀書，常燎麻炬，從夕達旦，時或昏睡，爇其發，既覺復讀，終夜不寐，其精力如此」。

　　齊永明年間（即魏太和年間），劉峻從桑乾返回江南，繼續潛心讀書。「自謂所見不博，更求異書，聞京師（即金陵，今江蘇南京市）有

---

[186]《魏書》卷六六《崔亮傳》，第 1,476-1,477 頁。

者，必往祈借，清河崔慰祖謂之『書淫』。」[187] 回到南朝後，劉峻的仕宦生涯也頗多坎坷，並未受到重用。梁武帝蕭衍以喜好文學出名，廣納才學之士，卻很不喜歡劉峻。無可奈何之餘，劉峻退居東陽紫巖山，吳郡、會稽人士多從其學。

但是，劉峻的學術成就卻受到學者們的高度稱讚。如他完成《類苑》之後，劉之遴寄信示意，請求借閱。他在這封信中提到當時士人對該書的評價：「間聞足下作《類苑》，括綜百家，馳騁千載；彌綸天地，纏絡萬品。撮道略之英華，搜群書之隱賾。鉛摘既畢，殺青已就。義以類聚，事以群分。述征之妙，揚、班儔也。」[188] 至於《世說新語注》更是為古今學者奉為注書之楷模。宋朝高似孫曾對該書進行了認真的爬梳整理，他說：

宋臨川王義慶採擷漢晉以來佳事、佳話，為《世說新語》，極為精絕。而猶未為奇也。梁劉孝標注此書，引援詳確，有不言之妙，如引漢、魏、吳諸史及子、傳、地理之書，皆不必言。如晉氏一朝史及晉諸公列傳、譜錄、文章，皆出於正史之外，紀載特詳，聞見未接，實為注書之法。

據高似孫清理所及，劉峻注釋中，引述晉朝的史料就達 166 種[189]，確實令人驚嘆。然而，對劉孝標的學術成就的研究卻有不少疑點，如為何他能採取這樣的注書方式，難道純屬個人的苦心孤詣嗎？顯然不會如此簡單。近代著名歷史學家陳垣先生在研究北朝佛教典籍時，驚奇地發

---

[187] 上述記載見《梁書》卷五〇《劉峻傳》，中華書局校勘本，第 701 頁。
[188] 《藝文類聚》卷五八，上海古籍出版社，1965 年，第 1,043 頁。
[189] 《緯略》卷九「劉孝標世說」條，《守山閣叢書》，博古齋 1922 年影印本。

現，多部重要佛教典籍的筆受者竟是一代大學者劉孝標。由此，陳先生精闢地指出：

> 孝標逃回江南後，有兩大著述：其一為《世說新語注》，引書一百六十餘種，至今士林傳誦。其一為《類苑》，一百二十卷，隋唐三《志》皆錄。南宋末陳氏撰《書錄解題》時，始說不存。以今日觀之，孝標之注《世說》及撰《類苑》，均受其在雲岡石窟時所譯《雜寶藏經》之影響。印度人說經，喜引典故，南北朝人為文，亦喜引典故。《雜寶藏經》載印度故事，《世說》及《類苑》載中國故事。當時談佛教故事者，多取材於《雜寶藏經》；談中國故事者，多取材於《世說新語注》及《類苑》，實一時風尚……（梁武帝）曾策「錦被」事，咸言已罄。帝試呼問峻，峻請紙筆，疏十餘事，坐客皆驚。及峻《類苑》成，帝即命諸學士撰《華林遍略》以高之。其博洽見忌如此。其根底全植根於雲岡石窟寺為沙門時也。[190]

陳先生的分析可謂一針見血，切中要害。劉孝標的治學方式既不是無源之水，也不是個人的突發奇想，而是與其特殊的學習經歷有關。北魏代都佛學興盛，平齊民中不少人如劉芳參與了佛籍的謄寫抄錄工作，深受其佛學思想及著述方式的影響。劉孝標成功地將印度佛籍注釋方式運用於中國古籍的注解，不僅為後人保留了大量古代文獻，還開創了古書注釋的範例，不愧為中國學術文化史上一大功臣。

---

[190] 陳垣：〈雲岡石窟寺之譯經與劉孝標〉，《陳垣史學論著選集》，上海人民出版社，1981 年，第264 頁。

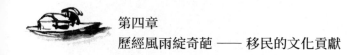
▍二、博涉貫南北
── 顏之推與《顏氏家訓》

予一生而三化，備荼苦而蓼辛，鳥焚林而鎩羽，魚奪水而暴鱗。嗟宇宙之遼曠，愧無所而容身。

── 〔北齊〕顏之推〈觀我生賦〉

北齊顏之推所著《顏氏家訓》被推為「古今家訓之祖」，在漫長的中國封建社會史上影響極為深遠，傳統士大夫將其奉為治家訓子之圭臬。「篇篇藥石，言言龜鑑，凡為人子弟者，可家置一冊，奉為明訓，不獨顏氏。」就家訓意義而言，這部書無非宣揚了一些儒家思想所遵奉的道德規範。這類語錄式的教條，雖有可取之處，但在學術史上並沒有什麼特殊的價值。如云「夫風化者，自上而行於下者也，自先而施於後者也。是以父不慈則子不孝，兄不友則弟不恭，夫不義則婦不順矣（治家篇）。」又「夫君子之處世，貴能有益於物耳，不徒高談虛論，左琴右書，以費人君之祿位也（涉務篇）。」其實，《顏氏家訓》的價值絕不只於此。

北齊黃門侍郎顏之推，學優才贍，山高海深。常雌黃朝廷，品藻人物，為書七卷，式範千葉，號為《顏氏家訓》。雖非子史同波，抑是王言蓋代。其中破疑遣惑，在《廣雅》之右；鏡賢燭愚，出《世說》之左。[191]

這裡將《顏氏家訓》的學術價值與《廣雅》、《世說新語》相提並

---

[191] 宋本《顏氏家訓》序，見王利器集解：《顏氏家訓集解》，上海古籍出版社，1980 年，第543 頁。

論，實非過譽。《顏氏家訓》內容宏富，條理清晰，歷來為學者所推重。如〈音辭〉篇就被音韻學家們奉為瑰寶。周祖謨先生稱：「黃門此制，專為辨析聲韻而作，斟酌古今，掎摭利病，具有精義，實為研求古音者所當深究。」[192] 然而，我們所要強調的是，《顏氏家訓》的學術成就得益於顏之推本人的經歷，而顏之推本人正是北朝時期北上的南方移民。

顏之推為琅邪臨沂（今山東臨沂市）人。早在顏之推出生前，顏氏家族已捲入了移民大潮中。九世祖顏含隨晉元帝南渡，從此定居於建康（今南京市）。顏之推自幼好學，博覽群書。侯景之亂時，顏之推一度被擄，後投奔江陵。江陵被西魏攻破後，顏之推攜妻子逃往北齊。他在北齊曾官至黃門郎，最為清顯，長期在鄴都（今河北臨漳縣西南）生活。北齊破亡後，又入周、隋為官。後卒於開皇年間。顏之推曾撰〈觀我生賦〉反映其複雜的身世及人生感受，實可與庾信〈哀江南賦〉相映生輝。該賦文字優美，節奏清暢，且出於個人親身體驗，具有實錄性質，對反映這一段歷史頗有參考價值。如金陵地區在侯景之亂後，「野蕭條以橫骨，邑闐寂而無煙，疇百家之或在，覆五宗而翦焉」（原注：中原冠帶隨晉渡江者百家，故江東有《百譜》，至是在都者覆滅略盡）。又如江陵陷落後，「民百萬而囚虜，書千兩而煙煬，溥天之下，斯文盡喪。（原注：北於墳籍少於江東三分之一，梁氏剝亂，散逸湮亡。唯孝元鳩合，通重十餘萬，史籍以來，未之有也。兵敗悉焚之，海內無覆書府。）憐嬰孺之何辜，矜老疾之無狀，奪諸懷而棄草，蹐於途而受掠。」深切地控訴了這場災難對中國文化及無辜百姓的重大傷害。

在南北轉遷過程，顏之推本人及其家庭生活也經歷了嚴峻的考驗。這一點在〈觀我生賦〉中有真切的反映。文中講道：「予一生而三化（原

---

[192]〈顏氏家訓音辭篇注補序〉，轉引自《顏氏家訓集解》敘錄，第 11 頁。

注謂：顏之推在梁朝時，遇上侯景殺害簡文帝而篡位；在江陵，恰逢梁元帝被北周軍隊攻滅；最後北齊為北周所滅，一生三次成為亡國之人），備荼苦而蓼辛，鳥焚林而鎩翮，魚奪水而暴鱗，嗟宇宙之遼曠，愧無所而容身。」[193] 但這種自南而北的奔波經歷，對顏之推的學術成就卻是大有益處的。南北朝長期分裂，造成南北人民彼此間的隔閡與思想觀念上的差異，再加上固有的地域差別，南北文化的不同風貌成為學者們關注的一個重要問題，而艱苦備嘗的顏之推本身就是一位學識廣博的學者，根據自己的親身實踐，在這一方面體會深刻，對這一問題進行了多方面的探討與分析，這也大大提高了《顏氏家訓》的學術價值。

古語云：「十里不同風，百里不同俗。」風俗的地域差異，在疆域遼闊的華夏大地表現得十分突出，歷來是文人學士談論的熱門話題。顏之推出生於恪守儒家禮法的士大夫家族，對這一問題相當敏感，在《顏氏家訓》中屢屢提及「江左」（或江東）與「河北」（或山東）的風俗的差異。如在婚姻習俗上：「江左不諱庶孽，喪室之後，多以妾媵終家事；疥癬蚊虻，或未能免，限以大分，故稀鬥閱之恥；河北鄙於側出，不預人流，是以必須重娶，至於三四，母年有少於子者。」（後娶第四）

在消費心理上：「今北土風俗，率能躬儉節用，以贍衣食；江南奢侈，多不逮焉。」（治家第五）

在男女社會地位上：「江東婦女，略無交遊，其婚姻之家，或十數年間，未相識者，唯以信命贈遺，致殷勤焉。鄴下風俗，專以婦持門戶，爭訟曲直，造請逢迎，車乘填街衢，綺羅盈府寺，代子求官，為夫訴屈。此乃恆、代之遺風乎？」（同上）

在士人習尚方面：「江南謂世之常射，以為兵射，冠冕儒生，多不習

---

[193]《北齊書》卷四五《顏之推傳》，第 618-626 頁。

此……河北文士，率曉兵射……三和宴集，常縻榮賜。」（雜藝十九）

「江南此學（指算學）殊少，唯范陽祖（即祖沖之之子，大數學家）精之，位至南康太守。河北多曉此術。」（同上）

《顏氏家訓》在古代音韻研究中的重要地位，歷來為學者所推重，其對南北音韻的對比研究，尤其值得關注。他以當時南京與洛陽的方言為主，描述並分析了南北方言的主要特徵及形成原因，並舉出了大量具有說服力的例項：

南方水土和柔，其音清舉而切詣，失在浮淺，其詞多鄙俗。北方山川深厚，其音沉濁而鈋鈍，得其質直，其辭多古語……而南染吳、越，北雜夷虜，皆有深弊，不可具論。（音辭十八）

顏之推對古書校勘學的貢獻也不容低估，他特別對南北方傳播的重要文籍進行了詳盡的對勘。自從「永嘉南渡」後，流落南方的漢族士大夫均指北方為「夷狄之地」，將流傳在北方的漢族典籍都斥為「偽書」，不屑一顧。而顏之推卻能本著嚴謹而公正的學者態度，實事求是地對勘、評判南北方的古籍版本優劣。他指出：「校定書籍，亦何容易，自揚雄、劉向（漢朝兩位著名的版本目錄學家），方稱此職耳。觀天下書未遍，不得妄下雌黃。或彼以為非，此以為是；或本同末異；或兩文皆欠，不可偏信一隅也。」（勉學第八）如《漢書·司馬相如傳》有「中外禔福」之語，「禔」為平安之義。而江南版本此四字作「中外提福」，顯然語意不通。又如《後漢書》載涼州歌詞為：「寧見乳虎穴，不入冀府寺」。而江南版本「穴」語為「六」，學者們盲從，不知其非。《詩經》有「駉駉牡馬」之語，而河北版本「牡」為放牧之「牧」，顏之推經過縝密

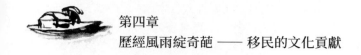
考定，指出了「牧」字不合本義。又如河北經傳幾乎全部省略文中語助詞「也」，結果經師在詮解中不可避免地鬧出了不少笑話。

　　南北朝時期，江南士大夫遷往北方的移民並不少見，而在學術上獲得較大成就的學者卻如鳳毛麟角，因此，《顏氏家訓》的成功非常值得後世學者的深思。首先，顏之推本人就是一位學識淵博的飽學之士，了解當時學術界存在的狀況，具有十分敏銳的眼光。其次，他在思想觀念上沒有厚此薄彼的狹隘觀念，具有豁達的心胸與實事求是的科學態度。他說：「吾生於亂世，長於戎馬，流離播越，聞見已多；所值名賢，未嘗不心醉魂迷嚮慕之也。」（慕賢第七）在這裡，顏之推並沒有甄別「南人之賢」還是「北人之賢」。顏之推又強調：「夫學者貴能博聞也。郡國山川，官位姓族，衣服飲食，器皿制度，皆欲根尋，得其原本。」（勉學第八）最後，南北轉遷的生活經歷為顏之推提供了充分展拓學術造詣的良好機會。如他曾強調文章引徵之時，「必須眼學，勿信耳受。（同上）」但，他又發現耳目之外，實踐更為重要。顏之推曾深有體會地說道：「昔在江南，不信有千人氈帳，及來河北，不信有二萬斛船，皆實驗也。」（歸心十六）如果沒有深刻而豐富的親身體驗，顏之推的認識也不可能有較大的提升。總之，種種主客觀因素結合起來，作為移民的顏之推才為中國文化史奉獻了《顏氏家訓》這部偉大的著作。

第三節

天涯何處覓鄉音
—— 移民與方言地理及傳統戲曲

　　《禮記·王制》云：「廣谷大川異制，民生其間異俗。」古語又云：「十里不同風，百里不同俗。」中國境內幅員遼闊，人口眾多，千山萬壑，瑰麗多姿，自古以來，文化風俗的地域性差異可謂豐富多彩，不勝枚舉，其中方言與戲曲便是特別能反映出地域性差異的兩種典型文化形式。語言是人類賴以相互溝通的文化工具，是人類文明發展程度的重要象徵之一。戲曲則是透過音樂化、藝術化的語言表達方式抒發情感的主要方式。饒有趣味的是，生活在不同自然空間的漢族人卻操著互相難以對話的方言，唱著彼此不知所云的戲曲。而移民更使這種原本源於地域上的文化差異變得更為曲折複雜。大批移民不僅能使原有的方言區大幅擴展，還能促使地方戲曲衝破藩籬，獲得長足的發展。

一、南音漸少北音多
—— 移民與漢語方言地理格局

　　南音漸少北音多，肉飛不起可奈何，行不得也哥哥！

—— 〔元〕鄧剡〈鷓鴣詞〉

　　語言作為一種內涵極為複雜的文化現象，其內部差異性只有透過科學而系統的分類才得以闡明。中國境內的語言系統通常可歸入五大語系，即漢藏語系、阿爾泰語系、南亞語系、印歐語系、南島語系（又稱為馬來·玻利尼西亞語系）。當然，分布最廣及使用人口最多的語系非漢藏語系莫屬。漢藏語系內部又有漢語、壯侗、藏緬等語族的差別，漢語作為漢族的通用語言，又成為漢藏語系中最重要的一種語言。

　　然而，純粹的所謂「漢語」又是不存在的，這種貌似「白馬非馬」的離奇邏輯卻是客觀存在的，因為每一個漢族人所操語言都是不同類別的方言。按今天學術界的共識，漢語可分為七大方言，即官話方言（北方方言）、吳方言、湘方言、贛方言、客家方言、粵方言、閩方言等。[194]如果按分布地域大致區分，這七大方言又可分為南、北兩大方言板塊，北方官話在中國北部占有絕對的優勢地位。歷史時期的方言區域與今天的方言格局有著相當突出的變異，今天漢語七大方言區的形成有著十分深刻的社會歷史及文化背景，其形成經歷了漫長的歷史演變，在這一漫長的演變過程中，其主要推動力便是歷史上頻繁而複雜的移民運動。[195]其中與移民運動關係最為密切的方言區演化，要數官話方言區的擴展了。可以說，淵源於北方的官話方言，其向南擴展的程序與歷史時期北方漢族人民的南遷息息相關。

　　探尋漢語方言格局的變遷，必須從漢語 —— 華夏（漢）族所用語言的形成說起。先秦時期的人們已經明確意識到華夏族與非華夏族之間在語言及服制上的差異。《左傳》襄公十四年記載了戎子駒支的一段話：

[194] 漢語方言分區標準及區域劃分參見詹伯慧主編：《漢語方言及方言調查》，第三章〈漢語方言的分區及主要特點〉，湖北教育出版社，1991 年，第 46-117 頁。
[195] 參見周振鶴、游汝傑著：《方言與中國文化》第一章〈方言與移民〉，上海人民出版社，1986年，第 15-63 頁。

「我諸戎飲食衣服不與華同，贄幣不通，言語不達。」可以說，各個民族
大都擁有自己獨特的語言，這也是人類所特有的卓越創造力的展現。然
而，即使是在先秦時期，華夏族內部在語言文字上也不統一。如戰國七
雄 —— 秦、楚、齊、燕、韓、趙、魏諸國都認同於華夏，但這七國間的
文化差異依然是那麼的顯著。東漢許慎在《說文解字序》中講道：

> 其後諸侯力政，不統於王，惡禮樂之害己而皆去其典籍，分為七
> 國。田疇異畝，車塗（同「途」）異軌，律令異法，衣冠異制，言語異
> 聲，文字異形。

「言語異聲」無疑是指各國方言之間的差異。七國之中，秦、齊、
燕、韓、趙、魏六國均在秦嶺－淮河以北的北部中國，楚國與北方諸國
之間語言上的差異，顯然遠遠大於北方各國間的不同。秦統一後，注重
語言文字的規範劃一，即所謂「書同文」。「小篆」字型由此誕生。「秦始
皇初兼天下，丞相李斯乃奏同之，罷其不與秦文合者。斯作〈倉頡篇〉，
中車府令趙高作〈爰歷篇〉，太史令胡母敬作〈博學篇〉，皆取史籀、大
篆，或頗省作，所謂『小篆』者也。[196]」文字的劃一，必然伴隨著「官
話」即官方語音系統的產生。為維護「萬乘之尊」的權威性，秦國方言
理所當然地成為當時通行的官方語音的藍本。秦朝滅亡後，西漢定都咸
陽，關中地區依然是全國政治及文化中心區，關中方言自然也就成為通
行的「官話」。中國最早的方言學著作為西漢揚雄所著《輶軒使者絕代
語釋別國方言》（簡稱《方言》）一書。據學者們的研究，《方言》一書
所載方言語彙以秦晉區最多，解釋也最細，這充分反映了秦晉方言在當

---

[196]〔東漢〕許慎撰：《說文解字》第十五上，中華書局，1963 年，第 315 頁。

時方言格局的主導地位。[197] 東漢、西晉均定都洛陽，故而河南洛陽一帶的方言又不可避免地占據明顯的優勢地位。隋、唐兩朝定都長安，北宋定都開封，元、明、清三朝定都北京，可以說封建王朝的政治文化中心 —— 國都長期在北部中國徘徊，對今天「官話區」的形成產生了至關重要的影響。

但是，今天「官話區」的範圍遠遠超出了歷代政治中心所涉的地域範圍，北越燕山與長城以北，南跨秦嶺 —— 淮河以南。這就要歸功於歷史時期移民運動的貢獻了。今天的官話方言區內部大致可分為四個次方言小區：（1）華北、東北官話區。（2）西北官話區。（3）西南官話區。（4）江淮官話區。除華北官話區外，其餘官話方言小區的出現與形成幾乎都與特定的移民運動有關。其中歷史上三次漢人的大規模南遷（即永嘉南渡、唐安史之亂後的南遷、靖康南渡）等一系列移民運動發揮了極為關鍵的作用。[198]

如江淮官話小區（習稱「方言片」），主要分布於今天安徽省內長江兩岸，江蘇省江北大部分地區（徐州一帶除外）以及江南鎮江以北南京以下地區，再加上江西省沿江地區。考察歷史時期的移民運動，可以看出，這一方言片出現最早，其原因就在於這一區域是歷史南遷運動中最重要、最集中的遷入地之一。西晉末年的「永嘉喪亂」引發了前所未有的移民運動，北方移民大量湧向江淮地區，東晉及宋、齊、梁、陳諸政權均建都建康（今江蘇南京市），南京一帶也就迅速成為北方移民麋集之地，僑民數量甚至超過了當地土著居民。譚其驤先生曾指出：當時，「江

---

[197] 周振鶴、游汝傑著：《方言與中國文化》，上海人民出版社，1986年，第99頁。
[198] 參見周振鶴：〈現代漢語方言地理的歷史背景〉，《歷史地理》第九輯，上海人民出版社，1990年，第69-80頁，筆者在該文基礎上略做分析說明。

蘇省所接受之移民，較之其他各省為特多，以帝都所在故也。」[199] 而作為政治中心，建康及京口（今鎮江）一帶更是雲集了眾多北方衣冠士族，在他們的影響下，北方方言很自然地在這一地區獲得了優勢。唐代杜佑在論及「揚州」（包括今江、浙、皖、閩、贛諸省）文化變遷指出：「永嘉之後，帝室東遷，衣冠避難，多所萃止。藝文儒術，斯之為盛。今雖閭閻賤品，處力役之際，吟詠不輟，蓋顏、謝、徐、庾之風扇焉。」毋庸置疑，在北方士族的影響下，南朝士人吟詠詩賦所用語言應為北方官話。故唐代詩人張籍在回憶永嘉南渡時曾賦詩云：「北人避胡多在南，南人至今能晉語。」這裡的「晉語」即指西晉以洛陽為核心的「官話」。顯然，直到唐代，由永嘉南渡所形成的南方官話片依然頑強地存在著。

唐代「安史之亂」所引發的北方人民南遷，又一次造成北方官話區的南侵，而這一南侵又大大強化了江淮官話片存在的基礎。《舊唐書·權德輿傳》載云：「兩京蹂躪於胡騎，士君子多以家渡江東。」後來，在兩宋之際的「靖康南渡」中，江蘇、浙江兩省又是重要的避難區。時人韓淲曾賦詩云：「太湖渺渺浸蘇臺，雲白天青萬里開。莫道吳中非樂土，南人多是北人來。」女真軍隊曾在建康城內實行大屠殺，造成當地人口的慘重損失，金軍退後，大批北方士民聚居此地，很快讓北方習俗風靡江浙一帶，這裡自然包括北方官話。《（至大）金陵新志》卷八引述道：「在宋建炎中，絕城境為墟，來居者多汴、洛力能遠遷巨族仕家，視東晉至此又為一變。歲時禮節、飲食、市井負街謳歌，尚傳京城（指開封）故事……氣習大率有近中原。」[200] 可以說，江淮官話片正是這一次又一次的南遷浪潮中得以鞏固，沒有北方移民的南下，也就不可能有江淮官話

---

[199]《長水集》（上），人民出版社，1987年，第200頁。
[200] 吳松弟：《中國移民史》第四卷第十四章第五節「方言」，第517-520頁。

片的形成與長期維持。

　　西南官話片與東北官話片的出現更是移民運動的直接結果。西南官話通行的主要區域包括今湖北省大部分地區（鄂東、鄂東南除外），雲南、貴州、四川三省漢族地區以及湖南、廣西兩省北緣地帶。熟悉中國民族史的人都知道，西南地區長期以來是中國境內非漢族的重要聚居區之一，雲南地區的南詔政權甚至從唐中葉至元初脫離中原王朝而獨立，時間長達 600 年，在漢族人口比例相對微小的狀況下，北方官話當然不可能獲得主導性地位。元、明兩朝為鞏固邊防，都在邊疆地區實行軍屯制度，大批軍人及其眷屬由此進入雲南及貴州等地，這類軍事移民大都操「官話」，在軍屯移民集中的區域，「官話」也就順理成章地成為通行語言。

　　然而，尋找今天西南官話的源頭，更不可忽略「兩湖（即湖北與湖北兩省）官話」的影響。其形成也可上溯至「永嘉喪亂」與「安史之亂」所引發的人口南遷，兩湖地區也是重要的移民遷入地，北方官話也隨之南侵，在當地逐步獲得了優勢地位。時至明末清初，西南地區人口構成發生劇變。明朝末年的社會大動盪中，四川等地人口遭受曠古未聞的慘痛損失。慘禍過後，四川本地人口死耗殆盡，極度凋零，因此，清朝初年發生了「湖廣填四川」的移民運動。今天西南各省漢族人的祖先，大多是在這場大移民中來到這裡定居的。學者們指出：「清代的『湖廣填四川』是一場以湖廣移民為主，廣東、江西、陝西等省移民為輔的規模浩大的人口遷移。」[201]「湖廣」也就是指兩湖地區，在這場大移民過後，西南官話片基本定形。

　　東北官話片形成的時間更晚一些，其與東三省地區的開發及移民社

---

[201]　曹樹基等著：《中國移民史》第六卷，第 91 頁。

會的形成同步。黑龍江、吉林、遼寧三省地區在歷史時期同樣是非漢族的聚集區，烏桓、鮮卑、契丹、女真等眾多少數民族都是在東北地區崛起，然後南遷稱雄於中原地區的。廣袤而富實的黑土地在中原人士心目中不過是蠻荒的化外之地，自然也就不會有漢族官話立足的空間了。滿族貴族獲得中原政權後，極力限制山海關內的各族百姓北上關外地區謀生，故有「柳條邊」之設。但生存壓力的驅使、北方沙俄的威脅等因素最終迫使清朝官府取消了對關外移民墾殖的禁令，山東、河北等省農民紛紛湧向山海關，投身於開發北大荒的熱潮之中。既然東北地區的居民以山東與河北等省的移民為主，東北官話也自然與華北官話最為接近了。

二、北調南腔意韻深
—— 移民與傳統戲曲的發展

　　見說中原極可哀，更無飛鳥下蒿萊。吾儂尚笑倡優拙，欲喚新翻歌舞來。

—— 〔南宋〕嚴粲〈觀北來倡優詩〉

　　中國傳統社會中似乎很早就形成了「重音樂輕戲曲」的觀念。音樂的功能備受推崇，如孔子云：「移風易俗，莫善於樂。」「禮、樂」並稱，成為中國禮制文化的核心內容。而戲曲一類的表演藝術因其功能重在提供娛樂，素來難以登大雅之堂。如先秦時期已出現職業化的表演藝人 ——「優」，但根據記載，他們常常只是君王公卿們的附屬品與消遣工具，談不上什麼社會地位。有些地位卑微的優人被後世文人記載下

來，也往往是因為他們透過自己的表演發揮了向君王進諫的效果。

　　移民與戲曲發展的關係是相當複雜的。與文學、書畫等藝術形式不同，戲曲是一門表演藝術，職業化的藝人（即「倡優」）實為戲曲藝術的靈魂與客觀載體，只有劇本而沒有演員，根本就不能稱為戲曲藝術。中國傳統戲曲的發展，相當程度上反映在這些職業化藝人的藝術活動之中，因此，中國戲曲的命運也就與這些藝人的命運密不可分地相連在一起。歷史時期的大移民常常發生在社會大動亂之後，廣大戲曲藝人與天下黎民百姓一樣，也無法逃脫苦難的煎熬，背井離鄉，流落四方。南宋張端義所著《貴耳集》記載了這樣一個「黃檗苦人」的趣事：

　　壽皇（宋高宗趙構）賜宰執宴，御前雜劇妝秀才三人。首問第一秀才曰：「仙鄉何處？」曰：「上黨人。」次問第二秀才：「仙鄉何處？」曰：「澤州人。」又問第三秀才：「仙鄉何處？」曰：「湖州人。」又問上黨秀才：「汝鄉出甚生藥？」曰：「某鄉出人參。」次問澤州秀才：「汝鄉出甚生藥？」曰：「某鄉出甘草。」次問湖州：「出甚生藥？」曰：「出黃檗。」「如何湖州出黃檗？」「最是黃檗苦人！」[202]

　　原來，「黃檗」與「皇伯」諧音，當時皇伯秀王駐守湖州，欺壓百姓，當地怨聲載道，故而這位湖州藝人在應答中巧妙進諫。趙構頓悟，很快將秀王召回杭州。這件故事的真假姑且不論，我們感興趣的是，南宋宮廷中的雜劇藝人與趙構等君臣一樣，多數也是來自四面八方的移民。「靖康南渡」後，大批北方雜劇藝人也來到了南方。能夠在宮廷中獻藝自然是非常幸運的，普通藝人只好在南方觀眾挑剔的目光中繼續著充

---

[202] 任二北編著：《優語集》，上海文藝出版社，1981 年，第 123 頁引文。

滿辛酸的演藝生活。故時人嚴燦在〈觀北來倡優詩〉中吟道：「見說中原極可哀，更無飛鳥下蒿萊。吾儂尚笑倡優拙，欲喚新翻歌舞來。」[203]

不過，大批藝人南遷，對南方地區的戲曲發展還是大有益處的。宋元時代是中國戲曲發展史上極為重要的階段，如元雜劇被近代著名學者王國維稱為「一代之絕作」，而雜劇的真正發展正是從宋朝開始的。除雜劇外，南戲的異軍突起，也是宋元戲曲史上備受關注的大事。南戲，源自溫州雜劇，南宋時期盛行於臨安（今浙江杭州）一帶，不可避免地受到北方雜劇藝人的影響，並獲得了長足的發展。研究者指出：「溫州雜劇進入臨安以後，廣泛而又頻繁地接觸了以城市為主要陣地的宋雜劇和說唱文藝，在書會才人與戲曲戲人的共同努力下，有了大幅度的發展，逐步走向定型、成熟，成為中國古典戲曲強而有力的一翼，直接影響甚至決定了明清兩代的傳奇和地方戲。」[204] 這種分析合情入理，富有新意。簡言之，移民對南戲發展發揮的作用不外乎兩個方面：一方面是南戲藝人與宋雜劇藝人之間交流、學習；另一方面則是在當時杭州城內的觀眾群中，北方移民占據了可觀的比例，南戲要獲得這些北方觀眾的青睞，也必須有所改變以滿足他們的欣賞需求。時至元代，北雜劇對南戲的影響更加明顯。「由於南方繁榮的社會經濟生活的吸引，大量北人繼續南遷，許多北方雜劇的作家和演員也隨之紛紛向臨安集中。有些雜劇作家如馬致遠、蕭德祥等還在杭州參與了南戲劇本的編寫；能演南戲的雜劇演員也不少，如龍樓量、丹墀秀即『專工南戲』（《青樓集》），這對南戲吸收北雜劇的藝術成就，以豐富、提高自身的舞臺藝術，無疑也產生了重要的影響。」[205]

[203] 吳松弟：《中國移民史》第四卷第十四章第二節「文學與藝術」，第 495-502 頁。
[204] 林風：〈南戲的產生與發展〉，《中國古代戲曲論集》，中國展望出版社，1986 年，第 14 頁。
[205] 張庚、郭漢城主編：《中國戲曲通史》（上），中國戲曲出版社，1980 年，第 121-122 頁。

　　清朝又是中國傳統戲曲發展的一個巔峰時期，首都北京成為各種地方戲爭奇鬥豔、一展身手的大舞臺，國粹京劇的出現更是當時戲曲發展成就卓越的代表。移民對清代戲曲的發展的重要貢獻同樣表現在兩個方面：一是許多名噪一時的巨星都是移民出身。二是熱愛戲曲的觀眾中也有不少是背井離鄉之人。

　　在專制帝王擁有最高權力與地位的中國傳統社會裡，皇族公卿的好惡，往往成為決定某種藝術形式命運的關鍵所在。在清代戲曲發展史上，我們必須強調皇族成員不可低估的重要貢獻，這其中首推乾隆皇帝。這位長壽的皇帝在位時間長達 60 年（西元 1736 年 – 1795 年），也就在這段時間裡，各種地方戲曲紛紛湧向北京，掀開了戲曲發展的嶄新篇章。乾隆十六年（西元 1751 年）萬壽節，為祝賀乾隆皇帝的母親六十大壽，清宮內外準備了極其隆重而豐盛的慶祝活動，演戲是慶祝活動的主要內容之一。清趙翼在《簷曝雜記》卷一《慶典》中記述了自己目睹的節日盛況：

　　中外臣僚紛集京師，舉行大慶，自西華門至西直門外之高梁橋，十餘里中，各有分地，張設燈綵，結撰樓閣。天街本廣闊，兩旁遂不見市廛。錦繡山河，金銀宮闕，剪綵為花，鋪錦為屋，九華之燈，七寶之座，丹碧相映，不可名狀。每數十步間一戲臺。南腔北調，備四方之樂；侲童妙伎，歌扇舞衫。後部未歌，前部已迎。左顧方驚，右盼復眩。遊者如入蓬萊仙島，在瓊樓玉宇中聽霓裳曲，觀羽衣舞也……後皇太后八十萬壽（乾隆三十六年，西元 1771 年）、皇上八十萬壽（乾隆五十五年，西元 1790 年）聞京師巨典繁盛，均不減辛未（即乾隆十六年），而余已出京，不及見矣。[206]

---

[206]〔清〕趙翼撰：《簷曝雜記》，中華書局，1982 年，第 9-10 頁。

　　如此盛大熱鬧的場面，恐怕比之於今日世界各地的「嘉年華」，沒有絲毫的遜色。很顯然，皇族公卿的嗜好以及慶典活動，是推動北京戲曲舞臺空前繁榮的難得契機，為各地名伶提供了進京一展才華的機會，而全國各地戲班雲集北京，又為傳統戲曲大發展帶來了勃勃生機。戲劇研究者指出：「乾隆中葉以後，雲南、四川、湖北、安徽著名伶工薈萃京師，名班竟達三十五個之多，京師演戲之盛，為全國之最。在世界各國恐怕也是獨一無二的。」[207] 在這些名伶中，不少人將北京作為第二故鄉、終老之所，最後永遠安息在這塊土地上，可以說，這些畢生獻身於北京戲曲舞臺的演藝團體，直接構成了一類從事特殊職業的移民群體。

　　就唱腔特點而言，京劇的唱腔蘊含極為豐富，如崑曲、高腔、羅羅腔、銀紐絲等。「凡是乾隆年間在北京唱過的（唱腔），京劇裡都有。」[208] 因此，研究京劇唱腔的由來，必須考察乾隆年間入京的各地戲班。當然，這也是我們考察當時這種演藝移民來源的重要途徑。京劇又被稱為「皮黃」，即西皮、二黃的簡稱，而西皮、二黃其實又為漢調、徽調的代稱。因此，就劇種的淵源而言，京劇實糅合漢調、徽調而成，而其中以徽調成分最多，因此，一般認為，京劇的前身就是徽調（即二黃調）。京劇開始形成的象徵便是乾隆五十五年（西元 1790 年）四大徽班（三慶、四喜、春臺、和春）進入北京。

　　二黃調的故鄉為安徽省懷寧縣，四大徽班的成員自然以安徽本省人居多。《梨園佳話》載云：「蘇班微後，徽班乃錚錚於時，班中上流，大抵徽人占十之七，鄂人間有，不及徽人之多也。」四大徽班之首 —— 三慶班，原名三慶徽，其創始人高朗亭就是安徽人。清人李斗《揚州畫舫

---

[207]　李體揚：〈清代宮廷戲劇〉，《京劇史研究》，學林出版社，1985 年，第 66 頁。
[208]　馬彥祥：〈京劇的淵源與流變〉，《京劇史研究》，學林出版社，1985 年，第 2 頁。

錄》稱:「高朗亭入京師,以安慶花部合京、秦二腔,名其班曰三慶。」
又如咸豐、同治年間長期執掌三慶班的程長庚是安徽潛山縣人,他在當
時的戲曲界地位無比尊崇,被尊為「伶聖」、「劇神」,是公認的「皮黃
鼻祖」,為京劇的發展做出了重大的貢獻,《天咫偶聞》載云:

咸豐間,三慶班老生中忽出一偉大藝人,即安徽程長庚是也。程本
精崑曲,最工二黃,聲調絕高,登山一奏,響徹雲霄。資性穎慧,精通
劇曲,研究種種,多所改良,以助戲劇進步。又能主宰伶界,名望無
比,人稱大老闆。至今劇界尊之,不啻「劇神」。

《京劇二百年之歷史》指出:程長庚唱腔用韻實以安徽土音為主。「蓋
行腔使氣,用純粹之安徽音,如長江大河,一瀉長里,凌厲無前,質直
而少曲彎,不若近世伶人,濫用『花腔』,以圖取巧者可比。」[209] 程長
庚之後繼掌三慶班的班主楊月樓與程長庚同鄉,也是安徽潛山人,其子
楊小樓,人稱「活子龍」,也是一位聲名赫赫的京劇小生。另外,被尊為
京派小生鼻祖的曹眉仙也是安徽人。

京劇的主體實為合徽、漢二調而成,而漢調的故鄉在湖北,故早期
著名京劇藝人中除安徽人外,不少是湖北人。如四喜班的著名老生王九齡
即為湖北羅田人,三慶班中聲名與程長庚相頡頏的名伶余三勝為湖北羅田
人。著名京劇藝術大師梅蘭芳在《舞臺生活四十年》中指出:「咸、同年
間,四大徽班裡,最著名的老生如程長庚、余三勝兩位老先生,就是徽、
漢二派的開山祖師。程擅長崑戲,唱念方面,他的字眼接近崑曲,採用中
州音韻為多;余工漢調,他的字眼就偏重於湖北土音。」不過,最著名的

---

[209]（日本）波多野乾一著,鹿原學人譯:《京劇二百年之歷史》,啟智書局,1926 年,第 11 頁。

湖北籍京劇藝人還要數譚鑫培。譚鑫培之父譚叫天，為湖北黃陂人，於咸豐年間來到北京，入四喜班。譚鑫培在演藝生涯鼎盛之時，聲名風靡劇壇，被冠以「伶界大王」的美譽。《京劇二百年之歷史》載云：

（清朝末年）譚之大名，獨轟動北京戲界，一聲而有九鼎之重。王公大臣巨紳非譚不喜，膏粱紈褲、販夫走卒、閨秀歌伎，摹譚調而爭先恐後。「有書皆作垿，不調不學譚。」山東王垿之書，與譚調同為清末兩大流行品。「國家興亡誰管得，滿城爭說叫天兒。」[210]

除徽調、漢調外，崑曲、秦腔都曾在清代北京的戲園中走紅一時。以常理言之，北京應該是「京腔」、「京韻」的一統天下，而清代徽調、漢調等外省戲曲卻如此風靡北京，這本身就是一個饒有趣味的文化現象。眾多名伶的精湛技藝，固然是一個重要方面，但某種戲曲的興盛，必然要獲得廣大觀眾的認可與支持，沒有眾多戲迷的熱情捧場，戲曲便喪失了賴以生存的客觀基礎。戲曲研究者發現，作為京劇的前身，徽調與漢調的結合，其實早在進入北京之前已經發生了。因為徽調與漢調的發源地都集中在今湖北與安徽兩省交界地區。《梨園佳話》對其演變與傳入北京的問題做出了這樣的解釋：

所謂徽調者，皮黃是也，皮者黃陂，黃者黃岡，皆鄂地名，此調創興於此，故曰漢調……漢調流行於皖、鄂之間，石門、桐城、休寧間人變通而仿為之，謂之徽調。清盛時，皖桐人官京師者濟濟有眾，鄉音流入，殆亦有年，必不始於咸、同之世。[211]

[210]（日本）波多野乾一著，鹿原學人譯：《京劇二百年之歷史》，第44頁。
[211] 何時希：〈讀京劇史料札記〉，《京劇史研究》，第99頁引文，本節引文非特殊注明者均轉引自該文。

　　這一解釋讓我們心中頓時有豁然開朗之愉悅，原來，出於密切的淵源關係，徽調與漢調傳入北京，其最初的忠實聽眾就是那些京城中期盼「鄉音」的同鄉人。居官也罷，經商也好，這些同鄉長期居留於北京，實際上也形成了一種特殊類型的移民群體，身處異鄉的落寞與孤寂，使他們渴望鄉音的慰藉。徽班的入京，激起了他們感情的狂瀾。在這些同鄉的鼓譟下，京城的士民們也開始傾聽這些來自外鄉的曲調，久而久之，習慣成自然，京劇名稱也由早期的「徽調」、「漢調」，而最後演化為「京調」、「京戲」了。可以說，移民不僅為北京引進了大批各地名伶，也為戲曲發展輸入了熱情的觀眾，兩方面的結合，才最終造就了清代北京戲曲舞臺的空前繁榮與「國粹」 ── 京劇的誕生。[212]

---

[212] 移民對戲曲發展提供推動力的另一實例，便是山陝商賈與「秦腔」及「山西梆子」興衰之間的內在關係，詳見安介生著：《山西票商》「祁太溜子 蒲州戲子」，福建人民出版社，1994年，第 119-131 頁。

第五章

西天高僧送經來
—— 移民與西域文明的傳播

　　「西域」，在中外文化交流史上是一個極其重要且十分複雜的地域概念。狹義的「西域」，是指今天中國境內的新疆地區。而廣義上的「西域」相對於漢族中原地區而言，指玉門關、陽關以西的所有地區，不僅包含中亞、西亞各國，甚至將歐洲大陸許多國家也囊括在內，幾乎是遼闊無垠。而古籍中所言「西域」往往是這兩種含義的混合體。歷史時期漢族中原王朝與西域的關係常常表現為民族與民族之間的關係，國家與國家之間的關係。西域是中原王朝通往西方國家最重要的橋梁與紐帶，也成為中外文化交流的主要舞臺。西域文明向中原的傳播管道多種多樣，而西域進入中原地區的移民貢獻最為顯著。

第一節

西域「鑿空」胡風吹
—— 西域移民與中原的「胡化」之風

一、洛陽家家學胡樂
—— 西域移民與「胡樂」及「百戲」的傳入

> 魏晉以來，凡草木之名冠「胡」字者，其實皆西域物也。
>
> —— 王國維《西胡考》

　　在西漢以前，中原人對玉門關以西地區幾乎一無所知。當時，漢族中原王朝的最大威脅便是長城以北的匈奴部族聯盟。「南有大漢，北有強胡」，不過匈奴西面還有一個強國 —— 月氏。關於這個月氏國的範圍，《括地志》稱：「涼、甘、肅、延、沙等州地，本月氏國。」[213] 今天寧夏、甘肅、青海一帶當時都屬月氏國的疆域。西漢初年，鑒於國力虛弱，漢朝君臣對匈奴曲意奉承，屈辱和親，但依然無法遏制匈奴人的囂張氣焰，邊境地區烽火連綿，戰事不斷。漢武帝即位後，國力增強，積極準備反擊匈奴。在此之前，匈奴曾與大月氏國發生激戰，月氏人戰敗後，與匈奴人結下怨仇。漢朝乘機想與月氏聯合起來，共同對付匈奴。張騫應募出使月

---

[213]《史記》卷一一〇《匈奴列傳》正義引，第 2,888 頁。

氏。月氏國在匈奴牧地西北，因此，張騫出使之途充滿了艱辛，如在穿過匈奴控制區時，曾被匈奴人扣留多年。然而在歷經險阻到達月氏故地後，張騫等人卻意外地發現月氏國已西遷大夏，並沒有向匈奴報仇的願望。張騫的使命落空了，但這是有記載以來中原王朝使者破天荒第一次進入西域地區。張騫的出使讓中原人大開眼界。張騫向漢武帝詳細彙報了他的發現。這份報告為我們描述的範圍不僅包括西域（以今天的新疆為核心）諸國，還遠涉中亞、西亞等古國。這些國家有大宛、烏孫、康居、奄蔡、大月氏、大夏（今阿富汗北）、安息（今伊朗）、條支（今伊拉克）、身毒（今印度）等。史書將張騫之行稱為「鑿空」西域。

張騫出使的成功，開啟了西域與中原地區互動的大門，從而掀起了一個中外交流的熱潮。富有野心的史士踴躍出使，漢武帝酷愛大宛馬，頻繁遣使往求。「使者相望於道，諸使外國一輩大者數百，少者百餘人。」與此同時，西域諸國也遣使訪漢，觀察漢朝虛實。外國客人的到來，讓漢武帝大為高興，他讓這些外國客人隨其四方遊賞，炫耀府庫中的奇珍異寶。這些西方客人果然大為驚嘆。安息國王以大鳥卵及黎軒「善眩人」獻給漢朝。據說這些「善眩人」也就是一些技藝高超的魔術師，他們能「口中吹火，自縛自解。」漢朝君臣為與其一比高低，各種雜技力求奇變。「及加其眩者之工，而觳抵奇戲歲增變，甚盛益興，自此始。」[214] 西域魔術師的到來，大大促進了中原王朝對魔術、雜技等娛樂項目的興趣及魔術、雜技水準的提高。如果說這些善眩人作為安息國王的禮物獻給漢朝，那麼這些魔術師將在中原長期生活下來，屬於最早的西域移民，魔術也隨著他們的定居在中國生根發芽。唐代學者顏師古在注釋《漢書·張騫傳》時提到：「『眩』與『幻』同，即今之吞刀、吐火、殖瓜、屠人、截馬之術皆是也，本從西域來。」

---

[214]《史記》卷一二三《大宛列傳》，第 3,173 頁。

　　在與西域諸國的交流之中，見於記載的大都是使者的進謁，我們很難發現一般胡人在中原的活動。《漢書·地理志》張掖郡下有「驪靬縣」，引起了後世學者的極大興趣。驪靬，是大秦國的異名。因此，學者們推測該縣為安置大秦降民所建（實際應為匈奴降人所置）。[215] 唐顏師古注曰：「驪音力遲反，靬音虔，今其土俗人呼驪靬，疾言之曰力虔。」相傳漢時以其降人置縣於此，因以為縣名。上郡下有龜茲縣，顏師古注曰：「龜茲國（今新疆庫車縣東）人來降者，處之於此，故以名云。」兩漢時，置屬國都尉，管轄入降之「蠻夷」，而這個龜茲縣正是屬國都尉治所。安定郡又有月氏道，似也與月氏人內遷有關。

　　僅從這些地名考定，內遷的西域人應主要集中於西北邊郡，對中原似乎影響微弱。然而，實際情況並非如此簡單。從兩漢開始，相當多的西域人深入中原從事商業活動，有的甚至長期定居下來，他們對中原風俗的影響難以忽視。另外，經過艱苦的戰爭，西漢軍隊最終征服大宛等國，置西域都護，西域各國無力相抗，紛紛遣質子入朝。東漢時期，西域與中原王朝的連結更加緊密，漢王朝在西域諸國人民中擁有極高的威望，如班超任西域都護期間，「於是西域五十餘國悉皆納質內屬焉。」這些西域人質一般擁有特殊的地位，且在京師裡長期居住，他們對西域風俗的傳播更發揮了非常積極的作用。漢族上層人士受其影響最為顯著，東漢末年京師洛陽甚至颳起了強勁的「胡」風。

　　靈帝好胡服、胡帳、胡床、胡坐、胡飯、胡空侯（即箜篌）、胡笛、胡舞，京都貴戚皆競為之。[216]

---

[215] 參見葛劍雄：〈天涯何處羅馬城〉一文，《往事與近事》，三聯書店（北京），1996 年，第 60-74 頁。
[216]《後漢書·五行志》，《後漢書》，中華書局校勘本，第 3,271 頁。

北朝時期，西域與中原地區人員往來更趨頻繁，其中不乏在中原地區永久定居者。北魏後期的都城洛陽，是影響力極大的國際化大都市，城中來自西域的移民數量相當可觀。如《洛陽伽藍記》載云：

　　自蔥嶺已西，至於大秦，百國千城，莫不款附。商胡販客，日奔塞下，所謂盡天地之區已。樂中國土風，因而宅者，不可勝數，是以附化之民，萬有餘家。[217]

由於移民的推動，西域文化對中原風俗產生了更為顯著的影響，在音樂歌舞娛樂方面尤為突出，其餘波及於隋唐時期。著名學者方豪指出：「吾人所不可不知者，唐之胡樂多因於隋，隋之胡樂又多傳自北齊，北齊胡樂之發達則由北魏洛陽胡化所致。」[218]古代音樂的傳播主要依賴善於歌舞的女藝人，即所謂「伎」，男性歌舞藝人，又稱為「男伎」。西域音樂歌舞傳入中原地區，同樣主要依賴於來自西域的歌舞藝人。應該指出的是，北齊時期胡樂之發達，並不完全由於北魏洛陽的「胡化」，而直接源自北齊諸位皇帝對胡樂的異常嗜好以及對樂工的優寵。如北齊後主高緯「盛為無愁之曲，帝自彈胡琵琶而唱之，侍和之者以百數，人間謂之無愁天子」。對喜愛的樂工，高緯等人更是不惜官爵。《北齊書·恩幸傳》曾批評道：「刑殘閹宦、蒼頭盧兒、西域丑胡、龜茲雜伎，封王者接武，開府者比肩……其帝家諸奴及胡人樂工，叨竊貴幸，今亦出焉。」顯赫一時的權臣和士開就是西域商胡的後裔，以善於握槊與彈胡琵琶，而得到世祖高湛等人的喜愛，從此平步青雲。另外，以史丑多為首的許多「胡小兒」，也以能舞工歌而官至儀同開府或封王，飛揚跋

---

[217]《洛陽伽藍記》卷三《城南龍華寺》，第 161 頁。
[218]《中西交通史》第二冊，臺灣中華文化事業社，1969 年，第 247 頁。

扈，不可一世。正是在這種情形下，北朝時的「雜樂」成為西域音樂的天下。

雜樂有西涼鞞舞、清樂、龜茲等。然吹笛、彈琵琶、五絃及歌舞之伎，自文襄以來，皆所愛好。至河清以後，傳習尤甚。後主唯賞胡戎樂，耽愛無已……故曹妙達、安未弱、安馬駒之徒，至有封王開府者，遂服簪纓而為伶人之事。[219]

胡樂的盛行，在隋朝初年已顯得積習深重，占據了宮廷樂壇的主導地位。「制氏全出於胡人，迎神猶帶於邊曲」。開皇二年（西元 582 年），顏之推上言：「禮崩樂壞，其來自久。今太常雅樂，並用胡聲，請馮（同憑）梁國舊事，考尋古典。」然而他的建議並未被採納。開皇初年頒布政令，正式推出《七部樂》，作為朝廷典禮所用之音樂曲目。這《七部樂》幾乎是清一色的「胡戎之樂」，即《國伎》（又稱為《西涼伎》）、《清商伎》、《高麗伎》、《天竺伎》、《安國伎》、《龜茲伎》、《文康伎》（又稱為《禮畢樂》）。大業年間，煬帝又增加《疏勒》《康國》二種，合為《九部樂》。《九部樂》中直接來自西域的就有六部。

《西涼樂》，是前秦時期攻占涼州後，將當地流傳的龜茲樂加以改編，稱為《秦漢伎》。後魏攻占涼州後，此樂傳入中原，又稱為《西涼樂》。《西涼樂》與華夏傳統樂曲的差別相當顯著，一方面演奏所用樂器如曲項琵琶、豎頭箜篌都是來自西域，「非華夏舊器」；另一方面，演奏歌曲也都來源於胡戎地區，聲調與中原古樂迥異。

《龜茲樂》進入中原，始自前秦大將呂光攻破龜茲國之後。呂氏政權

---

[219]《隋書》卷一四《音樂志中》，第 331 頁。

破亡後，樂工四散，至北魏時期才重新為朝廷所重視。隋朝初年，《龜茲樂》大盛，成為在中原地區影響最大的西域音樂，一些技藝高超的樂工，如曹妙達、王長通、李士衡、郭金樂、安進貴等，更在原有曲目及演奏技法上求新求變，大受王公大臣之喜愛。「舉時爭相慕尚」。到隋煬帝即位後，更是醉心於龜茲豔曲，其樂工造詣之精妙，甚至得到西域本地人的讚嘆。

另外，《天竺樂》是在張氏涼州政權時期，外國使者進貢的「男伎」所演奏的曲目。《康國樂》是在周武帝迎娶突厥公主時，由其陪嫁的西戎伎人傳入。其外，《疏勒》、《安國》兩部樂是由北魏軍隊攻入北燕及西域地區後所俘獲的伎人傳入。

隋朝時期，西域移民及文化對中原王朝的影響最集中地表現在「百戲」雲集的狂歡活動之中了。所謂「百戲」始於北齊，是以西域魔術雜技為主體的各種表演節目的總稱。大業二年（西元 606 年），突厥可汗染干入京謁見，虛榮心極強的隋煬帝為誇示「天朝大國」的繁盛景象，特地將散居在全國各地的伎人召集在東都洛陽，在芳華苑進行表演。其中「神鰲負山」、「幻人吐火」等節目千變萬化，曠古未聞，染干可汗目瞪口呆，大為驚訝。隋煬帝對「百戲」的宣傳功能更是異常滿意，於是留下這些伎人在「太常」（國家制定禮樂的最高機構）裡擔任教員，大力推廣這些表演節目。以後，每至農曆正月，萬國使者來京朝謁，到十五日這天，洛陽城內使搭起綿亙八里的大戲場進行大型歌舞演出，通宵達旦，參加歌舞表演的婦女們竟達 30,000 人。大業六年（西元 610 年），突厥啟民可汗及西域各國國王前來洛陽朝賀，隋煬帝更是亢奮之極，「乃於天津橋盛陳百戲，自海內凡有奇伎，無不總萃。崇侈器玩，盛飾衣服，皆用珠翠金銀，錦罽絺繡，其營費鉅億萬。」隋煬帝當然只在意其宣揚效

果，而不在乎到底有多大的花費。據載，當時盛況空前，「金石匏革之聲，聞數十里外。彈弦擫管以上，一萬八千人。大列炬火，光燭天地，百戲之盛，振古無比。自是每年以為常焉」[220]。

如果封建帝王將自己的娛樂遊賞建立在對億萬百姓的無情剝奪上，那麼暫時的異樣繁盛只能成為亡國之兆。群盜蜂起，天下大亂的風暴最終將「百戲」爭奇的盛況席捲一空。隋朝西域娛樂文化在中原地區的盛極一時，也轉瞬成為過眼煙雲。

二、胡賈珍珠美，胡姬豔若花
── 西域移民與中原地區的西域風情

> 妍豔照江頭，春風好客留。當壚知妾慣，送酒為郎羞。
>
> ── 〔唐〕楊巨源〈胡姬詞〉

自從西域與中原的交通路線開闢之後，中外交流趨於頻繁，在這往來中外的人群中，西域商賈也特別引人注目，商業貿易成為有效促進兩地交流的重要媒介。西域各國很早就以善於經商聞名。《史記·大宛列傳》載：「自大宛以西至安息，國雖頗異言，然大同俗，相知言。其人皆深眼，多鬚髥，善市賈，爭分銖。」張騫「鑿空」西域之後，前往中原的胡商源源不絕，至唐宋時期，中外貿易往來盛極一時。如康國人「男子年二十，即遠之旁國，來適中夏」。[221] 如果這些胡商單純進行經營活動，在中原停留較短時間，那麼，他們無法具備移民的身分。而事實上，大

---

[220]《隋書》卷一五《音樂志下》，第 381 頁。
[221]《舊唐書》卷一九八《康國傳》，第 5,310 頁。

批西域商人在經營成功之後，往往在中原地區定居下來。眾多的西域胡商活躍中原各大都會之中，成為中古史上的一道奇異的景象。

必須指出的是，在西域與中原地區之間的貿易發展史上，封建帝王的物質需求往往發揮了必不可少的帶動作用。中原王朝的封建帝王與皇親貴族嚮往西域，並非為了促進國內外的商業發展，而是為滿足自己對域外奇珍異寶的貪求。如漢武帝之所以頻繁地派使者前往西域，後來甚至不惜動用軍隊出征，除為了張揚天朝國力外，最直接的目的是為了得到大宛寶馬。

除天馬外，西域地區物產中產生莫大吸引力的還有珍珠。據中國古籍載，西域諸國本身就出產多種名貴的珍珠，如明月珠、夜光珠、真白珠、琉璃珠等。《異物匯苑》稱：西域所產琉璃珠極為奇特，投之深淵，依然珠光四射，遠望如雲空月影。西域使者也往往以珍珠作為朝貢中原王朝的禮物。三國時，魏文帝曹丕曾關切地詢問大臣蘇則：「前些日子，大軍攻占了酒泉等地，西域使者進京，獻上直徑盈寸的大珍珠，能否派人再去多購買一些呢？」蘇則的回答十分巧妙，讓曹丕一時語塞。他說：「如果在陛下的治理下，國泰民安，恩德遠及沙漠，西域人自然會源源不斷地奉送珍珠。特意派人去求購，又有什麼價值呢？」不過，許多貪戀珍寶的帝王還是千方百計地尋求西域珍珠，如北齊武成帝高湛為胡皇后製作了一條價值連城的珍珠裙褲，所用珍珠難以數計。後主高緯為勝過高湛，也執意為穆皇后製作同樣裙褲。因苦於一時缺少足夠的珍珠，竟派胡商持彩錦前往北周進行貿易。沒想到碰了軟釘子，然而後來，穆皇后的珍珠裙褲照樣製作出來，這無疑是大批胡商苦心操辦的結果。又如隋煬帝自以為富強無比，為得到西域的奇珍異寶，積極鼓勵中原與西域的貿易往來。為招致胡商，隋朝官府不惜「啖之以利，勸令入朝。自是

西域諸蕃，往來相繼，所經州郡，疲於送迎，靡費以萬萬計。」[222] 這顯然是一種帶有特殊優惠性質的「虧本」貿易，目的在於用厚利吸引胡商前來。過境之時，地方官員親自迎送，其實是將胡商作為具有特權的外國使者對待。在這樣的優惠政策下，嗜利的西域商人定會蜂擁而來。

來中原的西域商人最推重的寶物也莫過於珍珠。胡人以富者為雄，又酷嗜珠寶，以為財富之象徵。為爭奇鬥富而多方收購珠寶，不惜代價。中國古籍還記載著不少西域商人與珍珠的故事，在這些故事中，胡商成為珍珠的權威鑑賞家。而且，他們對珍珠價值的崇拜，以及恪守商業道德的作風都大大出乎一般中原人士的想像。胡商與珍珠的傳奇故事，也為中國古代商業文化增添了一抹奪目的異域色彩。《原化記》記載的一則故事是這樣的：

事情發生在唐代「安史之亂」平定後。一位姓魏的富家公子喜歡結交一些不三不四的酒肉朋友，結果除傾家蕩產外，還為家鄉父老所不齒。戰亂期間，他攜帶家眷，逃到嶺南一帶避難。局勢平定後，他取道江西虔州（今贛州市）返回故里。一日，偶然於途中掘得一塊半青半赤的奇怪石塊，魏生覺得好玩，便放入書箱之中。回到家鄉後，故園一片狼藉，殘破不堪。魏生囊中羞澀，無力打理，只好借屋暫住，寄人籬下。街市上的許多胡商，都是魏生的老朋友，見他破落到如此地步，十分同情，紛紛接濟他錢物度日。按照胡賈的風俗，每年要召集當地所有胡商舉行一次賽寶大會。屆時每一位胡商都傾其所有，展示自己收購的寶物。寶物多者戴帽坐於上座，以此類推。魏生也被邀請參加寶會，開開眼界。他忽然想到那塊怪石頭，便從書箱取出，揣在懷中前去參加了。為避免出醜，魏生悄然坐於末席，不敢多吱聲。酒足飯飽之後，賽

[222] 《隋書》卷一九《食貨志》，第 687 頁。

寶活動開始。一位坐於上座的大胡商取出四顆直徑達一寸的碩大明珠，引起眾人驚嘆，心悅誠服。其餘胡商也依次取出自己所攜珍珠，數量不等，但都可稱為寶物。最後輪到末座的魏生了，眾胡商不禁大笑起來，打趣地探問他道：「您也有寶物嗎？」魏生被他們一激，竟不客氣地說：「有的，獻醜了。」說著，便從懷裡掏出那塊怪石給眾人觀看。拿出之後，魏生自己也覺得滑稽，忍不住笑了起來。沒想到當時在場的 30 多位胡商看到這塊怪石後，都驚呆了，一致起立，扶魏生坐於上座，全體向魏生恭施大禮。魏生還以為在戲弄他，如坐針氈，尷尬不已。一些年老的胡商看到怪石，竟激動得泣不成聲。眾胡商一起懇求魏生，無論如何將此石賣給他們，絕不殺價。魏生摸不著頭緒，只好亂開高價，一張口就索價一百萬。眾胡商聽了，義憤填膺：「你怎麼敢這麼小看這件寶貝！」最後，一直加價到一千萬，眾胡商才罷休。魏生百思不得其解，只好私下詢問其中的奧祕。一位胡商告訴他：「這是我們國中的寶貝，已經丟失三十多年了。我們國王早就懸賞尋覓此寶，找到者可封拜國相。我們這下回去都能獲得重賞，哪裡在乎這數百萬呢。」魏生又追問此寶的法力，胡商回答說：「此寶實為『寶母』。」等到每月下旬，國王親到海岸邊設壇祭拜，將此寶放於壇上。一夜過後，許多明珠寶物會自動聚集在壇上。所以稱之為「寶母」啊。」[223] 如果沒有眾多西域人來到中原，如此西域之寶也不會遺落在長江南北的土地上，魏生也就不會有如此奇遇。

西域移民在中原大都市中的活躍，更可從胡姬酒家窺得一斑。說到古代飲食文化，不得不提及西域的貢獻。如葡萄美酒正是從西域傳入中原。《史記 · 大宛列傳》稱：「宛左右以蒲陶為酒，富人藏酒至萬餘石，

---

[223] 參見《太平廣記》卷四〇三《原化記》「魏生」條，人民文學出版社，1959 年，第 3,252-3,253 頁。

久者數十歲不敗。」「鑿空」西域後，中原地區開始試種葡萄，但不知釀
酒法，葡萄酒依賴胡商的進奉，顯得十分珍貴。唐太宗時，唐軍攻破高
昌國，終於獲得釀酒之祕法，葡萄酒開始逐漸風靡於中原大都市之中。
唐詩有名句云「葡萄美酒夜光杯，欲飲琵琶馬上催。醉臥沙場君莫笑，
古來征戰幾人回」，形容詩人飲酒的愉悅。胡賈在城市中開設酒家者甚
多，除醇香甘冽的葡萄美酒外，他們招徠顧客的另一大法寶便是貌美且
富異國情調的胡姬。胡姬的風韻在詩人的歌詠中表露無遺。如「詩仙」
李白的一首〈少年行〉云：

五陵年少金市東，銀鞍白馬度春風。
落花踏盡遊何處？笑入胡姬酒肆中。

酒家不僅是普通市民斟美酒品佳餚，滿足口腹之慾的所在，更是士
大夫休憩、遣懷、會友之最佳去處，因此，古往今來，酒家是都市文化
生活中不可或缺的重要景觀。而為了吸引各階層人士，為了讓食客得到
感官上最大限度的滿足，酒家內部的氛圍至關重要。在品嘗美酒珍饈的
同時，又有美艷多情的胡姬起舞助興，「酒不醉人人自醉」，那無疑是令
人陶醉的人間仙境。你聽：

胡姬貌如花，當壚笑春風。
笑春風，舞羅衣，君今不醉將安歸？

—— 〔唐〕李白〈樽酒行〉

　　「胡賈」也好，「胡姬」也罷，當掀開籠罩其上的夢幻色彩，展現在我們面前的不過是無數西域移民在中原地區的生活寫照。正是這些勇敢地離開家園，四海求生的西域移民，才會出現神祕精彩的珍珠傳奇、溢滿酒香的胡人酒店、美麗誘人的胡姬歌舞。當我們關注閃耀在中外文化交流史上的這些斑斕瞬間時，更要多體會一下這些勇敢的異域移民不平凡的奮鬥歷程。

　　還值得一提的是，西域樂舞的深遠影響還顯著地展現於「詞」——這一劃時代文學體裁的產生之上。唐朝是「詩」體作品創作的巔峰時期，但對仗工整，朗朗上口的好詩，卻不一定能譜寫成曲調悠揚、優美動聽的美妙歌曲。而就其淵源而言，詞就是為了配唱樂曲而產生的，即所謂「倚聲填詞」。西域樂舞風靡中原，主導了隋唐時代的樂壇，才華橫溢的文士往往依照當時膾炙人口的西域樂曲創作歌詞，這些樂曲便演化為後來的「詞牌名」。這種事例不勝枚舉。如〈蘇幕遮〉原為西域舞曲。慧琳《一切經音義》卷四十稱：「『蘇幕遮』，西戎胡語也，正云『颯麿遮』。此戲本出西龜茲國，至今猶有此曲。」又如〈菩薩蠻〉產生於唐代教坊。唐人蘇鶚《杜陽雜編》載云：「大中初，女蠻國入貢，危髻金冠，瓔珞被體，號『菩薩蠻隊』。當時倡優遂製《菩薩蠻曲》，文士亦往往聲其詞。」[224] 顯而易見，這支女蠻國的朝貢隊伍完全是一支別具異域風采的「時裝表演隊」，為他們而創作的樂曲也必然凝聚著濃烈的異域風情。

---

[224] 龍榆生著：《唐宋詞格律》，上海古籍出版社，1978 年，第 159 頁引文。

第二節

天竺高僧成帝師
—— 西域移民與佛教文化之傳播

　　佛教、基督教與伊斯蘭教是世界影響最大的三大宗教，而在中國歷史上，儒、道、佛又是主宰人們意識形態的三大思想體系。三者之中，唯有佛教思想是外來的、最有系統的宗教思想體系。這一發源於古代印度的宗教最早主要是靠西域移民傳入中國的。

一、篳路藍縷，矻矻不休
　　—— 西域高僧在早期佛籍翻譯史上的開創之功

譯經為佛法之本，本立則道生。

—— 〔南宋〕沙門贊寧《宋高僧傳》附論

　　佛教思想的傳播，不外乎兩種途徑：一是僧侶間的口頭傳授，一是透過佛教典籍的傳播。比較而言，後者透過文字的定型，更為準確直接，具有無可爭辯的權威性。而佛教經典均為梵文（即古印度文）寫成，對中原人士而言，不啻為「天書」，翻譯工作勢在必行。因此這一重

任一開始就落在具有雙語才能（既通梵語又通漢文）的西域移民身上。西域移民不僅開創了中國佛籍翻譯事業，而且自始至終都扮演了不可或缺的重要角色。

關於佛教進入中國的時間，學術界尚沒有一致的意見。出現這種眾說紛紜的狀況是不可避免的，古籍中所言「中國」往往僅指漢族中央王朝的中心地區，而作為今天中國重要組成部分的新疆地區被劃為「西域」。無論從理論上講，還是就實際而言，佛教傳入西域地區的時間必然早於中原地區。西域作為佛教東傳的唯一通道，在張騫「鑿空」西域後，佛教東傳才有現實的可能性，故《魏書·釋老志》等書就將張騫西域之行的成功，作為中原人得知佛教的開始。不可否認，自此之後，在西域進入中原的朝貢者裡難免會有篤信佛教的沙門（即和尚）。但真正讓佛教及其經典引起中原朝野人士的關注，則必須是在一批德行非凡並具有雙語才能的高僧出現之後。在現有佛教典籍中，一個關於佛教內傳的故事流傳甚廣，一直為僧俗人士津津樂道，這就是「明帝夜夢金人」。

明帝劉莊是東漢王朝繼劉秀之後的第二個皇帝，年號永平。一天深夜，明帝做了一個奇怪的夢，夢見一個通體金光四射的巨人從天空一直向他飛來，劉莊一下子被驚醒了。他對這個怪夢久久不能釋懷，於是，第二天上早朝時，明帝就急切地向滿朝大臣講述這個怪夢，並讓大家替他解夢。正當絕大多數朝臣苦思冥想之時，老成持重的太史傅毅走出來回答道：「臣聽說西域有一位了不起的神人，俗界稱為『佛』，陛下所夢，一定是這位神佛的化身。神佛凌空而來，說明神佛有東來之意。」一席話說得明帝滿心歡喜。既然有此預兆，何不主動前往西域迎接神佛呢？於是，明帝派遣郎中蔡愔、博士弟子秦景等人前往印度，尋找神佛的下落。他們到達印度後，果然遇到了一位印度高僧攝摩騰。攝摩騰為

中天竺（天竺為印度古稱，時有北天竺、中天竺、南天竺之分）人，精通佛典，四處遊歷，志在弘揚佛法。蔡愔一行人見得攝摩騰後，覺得他是理想的佛教徒人選，便盛邀他一同回中原。攝摩騰爽快地答應了，與蔡愔等人不辭勞苦，遠涉千里，來到洛陽。他受到了明帝的熱烈歡迎，並特意在城西門外另建寺廟，作為攝摩騰傳揚佛法之地。攝摩騰可謂前來中原地區傳教的第一位印度僧人，他所居寺廟就是後來著名的洛陽白馬寺。

攝摩騰到達後不久，另一個天竺高僧竺法蘭也來到洛陽。他學識淵博，精於佛典。他與攝摩騰是志同道合的好朋友，因此追隨而來。竺法蘭很早就掌握了漢語，因此，他來到中原後即開始從事佛經翻譯工作，所譯經文後多散佚，相傳今天所見最早的漢文佛經 ——《四十二章經》就是竺法蘭所譯。另外，竺法護還為中原人帶來了第一幅釋迦畫像。

佛教進入中國之始，步履艱難，攝摩騰與竺法蘭的追隨者寥寥無幾。兩位高僧的滿腹經綸竟無宣揚的對象。形成這種尷尬的局面，有多方面的原因，如漢語與梵語之間的龐大差異、中國傳統思想對佛教思想的牴觸等。然而，這一切都無法遏制佛教東漸的腳步，時至東漢末年，一批西域譯經大師的出現，使佛經翻譯事業出現了一個前所未有的發展高潮。

第一位來自西域的佛經翻譯大師是安清。安清，字世高，原為安息國（在今伊朗）太子，後出家修行。他博通西域各國典籍，並擅長方術與醫學。他於東漢桓帝建和二年（西元 148 年）來到京師洛陽，很快學會了漢語，開始從事翻譯佛經工作。在長達二十餘年時間裡，安世高共譯出佛經三十部四十卷，是當之無愧的佛經翻譯事業的奠基人。「凡其所出，數百萬言，或以口解，或以文傳。」安世高不僅翻譯的佛經數量驚

人，而且翻譯品質也臻於上乘，慧皎《高僧傳》對其譯作高度評價：「義
理明晰，文字允正，辯而不華，質而不野，凡在讀者皆亹亹而不倦焉。」
其成就遠遠超出先前的一些譯作，堪稱當時「群譯之首」。佛經翻譯至此
出現了嶄新的突破。

> 天竺國自稱書為「天書」，語為「天語」，音訓詭寒，與漢殊異。先
> 後傳譯，多致謬濫，唯高（即安世高）所出，為群譯之首。[225]

後來，安世高在東漢末年的喪亂中流落江南，不幸遇害身亡。在東
漢靈帝末年來到洛陽的另一位安息人，名叫安玄。他是《法鏡經》的翻
譯者，這部經書的翻譯頗受好評。

東漢末年另一位譯經大師名叫支婁迦讖，通常稱為支讖。他原為
月氏國（又稱月支，在今新疆伊黎河流域）人，於東漢靈帝末年來到洛
陽。他從事翻譯工作的時間也長達十餘年，共譯出佛經十四部二十卷。
佛教經典有大乘、小乘之別，安世高所譯，多為小乘教之基本教義，而
支讖所譯，已多為大乘教經典。近代著名學者梁啟超先生指出：「清公所
譯，多屬小乘，出《四阿含》中者居多，所言偏重習禪方法，罕涉理論；
讖公所譯，半屬大乘，《華嚴》、《般若》、《寶積》、《涅槃》，皆有抽譯，
隱然開此後譯家兩大派焉。」[226]

可以說，東漢桓靈年間到三國時期，眾多西域移民的參與，掀起了
佛經翻譯事業的一個高潮。安世高、支讖不過是當時眾多西域譯經師的
代表。如在洛陽從事譯經的著名高僧還有天竺人竺佛朔、大月氏人支

---

[225] 〔唐〕釋慧皎撰：《高僧傳》卷一《譯經上》「安清」條。以下各種高僧傳均出於《歷代高僧傳》，上海書店，1989 年影印本。
[226] 梁啟超：〈佛典之翻譯〉，《佛學研究十八篇》，中華書局，1989 年，第 192 頁。

瞫、康居（在今烏茲別克馬爾罕城）人康孟詳等人。三國時魏國有譯經僧曇訶迦羅為中印度人，康僧鎧為康居人，曇帝為安息人，帛延為龜茲（今新疆庫車東）人。吳國高僧支謙為支讖的再傳弟子。據《出三藏記集》的記載，支謙為大月氏後裔，其祖父法度在漢靈帝時率國人數百歸附東漢，從此在中原地區定居下來，實為典型的移民家族。支謙自幼聰穎異常，識見廣博，被人稱為「智囊」。他的師父支亮為支讖的嫡傳弟子，也是一位名聞遐邇的高僧。支讖、支亮、支謙同為大月氏移民，在當時士族階層享有極高聲望，有「天下博知，無出三支」的說法。支謙深得吳國君臣的敬仰，他負責譯出佛經三十六部四十八卷。吳國與支謙齊名的西域高僧還有康僧會。康僧會的祖先為康居人，後遷居天竺。其父因經商又舉家定居於交趾（在今越南）。後進入吳國，以精通佛籍而聲名大噪。

時到西晉，經過眾多高僧的努力，佛籍翻譯雖已獲得了顯著的成績，然而，並不能滿足人們的需求。「是時晉武帝之世，寺廟圖像雖崇京邑，而方等深經（大乘佛經）蘊在西域。」[227] 前代高僧所譯佛典數量還相當有限，妨礙了中原人士對佛經的認識。故來自西域的僧侶們繼續推展佛經翻譯工作。西晉時著名譯經僧有天竺人竺法護、竺叔蘭、于闐（今新疆和田）人無叉羅、西域人強梁婁至、安息國人安法欽、支法度、若羅嚴等。其中首推竺法護，其先人為大月氏國人，後遷居敦煌（今甘肅敦煌市）。他又名竺曇摩羅察，為了獲得更好的經書，弘揚大道，他毅然隨同其師前往西域，遍遊諸國。當時西域諸國有各類語言 36 種，竺法護勤奮鑽研，對每一種語言文字都進行了深刻的鑽研。後來，他攜帶大

---

[227]《出三藏記集》卷一三，轉引自任繼愈主編：《中國佛教史》第二卷，中國社科出版社，1985年，第 23 頁。

批經書返回國內，並在長安開始譯經工作，為佛教的傳播做出了重要貢獻。《高僧傳》稱讚竺法護：「孜孜所務，唯以弘通為業，終身寫譯，勞不告倦。經法所以廣流中華者，護之力也。」

他譯經數量也令人驚嘆，共譯出一百五十四部三百零九卷，獨步一時，成就超過了安世高與支謙。此外竺法護還在長安城外建寺弘法，入教門徒達數千人之多。因竺法護之家族世居敦煌，故其門徒尊稱其為「敦煌菩薩」。

二、精深博大，弘揚佛法
—— 西域高僧對佛教傳播的重大貢獻

神僧名釋，靈軌芳蹤遍於天下；微言道韻，高論良謨盈於簡牘。

—— 〔明〕釋如惺《大明高僧傳敘》

從十六國開始，中國進入了南北朝分裂時期，戰亂不休，天下黎民百姓慘遭塗炭。無盡的苦痛，無盡的災禍，迫使人們尋求精神上的解脫，這為佛教的興盛創造了豐厚的土壤。在南北朝佛教發展中，許多西域高僧因緣際會，成為名震一時的風雲人物。他們的貢獻就不僅在於佛經翻譯，更表現在為佛教的興盛推波助瀾。當時名滿天下的高僧有佛圖澄、鳩摩羅什等。

據載佛圖澄為西域人，自幼出家，他是一位頗具傳奇色彩的高僧。據說他善誦神咒，能呼風喚雨，役使鬼物等。佛圖澄自永嘉四年（西元310年）來到洛陽，本想建寺傳法，但正值天下大亂，洛陽被劉氏漢國軍隊攻陷，佛圖澄只好靜觀時變。為避免無辜平民傷亡，佛圖澄主動投

奔石勒，依靠奇特的法術讓石勒非常信服。他還多次救助瀕於危境的平
民，因而得到了各族百姓的尊崇，信奉佛法者日眾。後他被後趙國王石
虎奉為「大和尚」，軍國大事，無不參與，實際上成為極具權威的軍事政
治顧問。他身邊常有數百名弟子跟隨。前後受業門徒多達萬人。

在這些弟子中，有竺佛調、須菩提等數十人來自天竺、康居等西域
諸國。在佛圖澄的影響下，後趙國內佛教盛極一時，所建佛寺就達 893
所，成為當時北方佛教中心。

不過，相比之下，鳩摩羅什在佛教史上的地位更為尊崇。鳩摩羅什
是中國佛籍翻譯史上與唐玄奘齊名的翻譯大師，而他本人的生活經歷相
當坎坷，周旋於那個混亂時代，代表了眾多來華西域人的遭遇。鳩摩羅
什為天竺人的後裔，家世顯赫。其父辭去官位出家，遷往龜茲國，被尊
為國師。鳩摩羅什就出生於龜茲，七歲時即落髮出家，輾轉於西域各
國，師從多位高僧，學業精進，未及弱冠之年，已聲名鵲起，被奉為佛
學宗師。中原人士也知道西域有一位名叫鳩摩羅什的高僧。前秦高僧
釋道安對他仰慕已久，極力勸說苻堅攻取西域，將鳩摩羅什迎入關中
傳教。

當時，前秦國君苻堅占據關中，國力強盛。建元十八年（西元 382
年）他派遣大將呂光率軍進攻西域，破龜茲等國。而當呂光攜鳩摩羅什
旋師之際，已是淝水之戰後，前秦國已陷入分崩離析之中。呂光於是在
涼州自立。呂光本人對佛教並無興趣，只知鳩摩羅什是位得道高人，故
將其留在身邊。所以，鳩摩羅什在涼州期間不過是閒居度日而已。而後
秦皇帝姚興等人卻對佛教頂禮膜拜，久聞鳩摩羅什之名。姚興派遣軍隊
於弘始三年（西元 401 年）攻降涼州，終於將鳩摩羅什迎入長安。姚興
尊奉鳩摩羅什為國師，在西明閣與逍遙園專關譯場，請鳩摩羅什主持佛

經翻譯，命長安沙門 800 人協助。姚興本人也與 500 多僧人共同研習鳩氏所譯經文，最後寫定。這是歷史上第一個國立翻譯機關。這場大規模的譯經活動獲得了可喜的成就。譯場所譯佛經共有 35 部、294 卷。鳩摩羅什對漢文與梵文均有精深的造詣，對以往所譯佛經頗多不滿，「或義有未達，或詞不通暢」，他的一段著名論述為：

> 天竺國俗，甚重文制，其宮商體韻，以入弦為善。凡覲國王，必有贊德；見佛之儀，以歌嘆為貴。經中偈頌，皆其式也。但改梵為秦（即漢文），失其藻蔚，雖得大意，殊隔文體，有似嚼飯與人，非徒失味，乃令嘔噦也。[228]

因此，鳩摩羅什在翻譯過程中，注重詞義與文采並重，既忠實於原義，又努力展現經典的藝術魅力。其譯經水準備受後人推崇，做出了劃時代的貢獻。中國佛教學派與宗派所據重要經典基本上在這一時期翻譯成漢文。

鳩摩羅什在譯經事業上獲得如此輝煌的成就，並不能完全歸功於他本人的能力。他來到長安後，受到高度禮遇，不少西域高僧包括他的故友聞聲也不遠千里來到長安，他們的到來也使鳩摩羅什如虎添翼。鳩摩羅什主持翻譯的經典凝聚著這些西域高僧的心血。可謂：「四方義士，萬里必集；盛業久大，於今咸仰。」他們中最有名的是三位來自罽賓國（今阿富汗東北）的高僧：

弗若多羅（意譯為功德華）於後秦弘始中來到長安，被待為上賓，鳩摩羅什對他十分尊敬。兩人與僧侶數百共同譯經，多羅高誦梵文，羅

---

[228]《高僧傳》卷二《鳩摩羅什傳》，第 332 頁。

什譯為漢文。但多羅不久即染病棄世，鳩摩羅什感到萬分惋惜。

卑摩羅叉（意譯為無垢眼）曾為鳩摩羅什的老師。他聽說鳩摩羅什在長安的消息後，也從西域歷經艱險來到關中。鳩摩羅什十分高興，同樣以師禮事之。羅叉在四方遊歷，並學會了漢語，各地僧侶紛紛求教，聲望頗高。

另一位西域高僧佛陀耶舍是鳩摩羅什的故友，也是來自罽賓。原為沙勒國（即疏勒）國師，備受倚重。他聽說鳩摩羅什進入中國後，也來到姑臧（即涼州）。鳩摩羅什聽到他到涼州的消息，極力勸說姚興前往迎接，指出此事關係到譯經之品質：

夫弘宣法教，宜令文義圓通。貧道雖誦其文，未善其理，唯佛陀耶舍深達幽致。今在姑臧，願下詔徵之。一言三譯，然後著筆，使微言不墜，取信千載也。[229]

佛陀耶舍感鳩摩羅什厚意，從詔而來。姚興親自候迎，特地在逍遙園另闢館舍。當時鳩摩羅什在譯《十住經》，沉吟多日，不敢寫定。耶舍到來後，兩人共同商討，反覆斟酌。寫定後，得到長安僧徒的激賞，傳為譯史上的佳話。

譯經之外，鳩摩羅什對佛教的傳播也是功不可沒。他在長安從事譯經工作 10 餘年，各地僧侶仰慕他的學識，紛紛前來學習，前後多達 3000人，其中不少弟子成就卓著，人稱「四傑」、「八俊」、「十哲」等。同時，在姚興等人的尊奉下，後秦國朝野對鳩摩羅什師徒非常敬仰，士民紛紛信教，佛教幾乎成為後秦之國教。

---

[229]《高僧傳》卷二《佛陀耶舍傳》，第 334 頁。

（姚）興既托意於佛道，公卿已下莫不欽附，沙門自遠而至者五千餘人。起浮圖於永貴里，立波若臺於中宮，沙門坐禪者恆有千數。州郡化之，事佛者十室而九矣。[230]

在北魏佛教發展中，我們同樣可以看到西域高僧的身影。當時北涼國君主沮渠蒙遜占據涼州，喜好佛法。涼州地毗西域，處中西交通之樞紐，成為北方佛教中心區。「涼州自張軌後，世信佛教。敦煌地接西域，道俗交得其舊式，村塢相屬，多有塔寺」。罽賓沙門曇無讖與沙門智嵩等人，也在其國內從事佛經翻譯。曇無讖兼善方數、占卜，成為沮渠蒙遜軍政事務上的得力參謀。道武帝拓跋燾遣使請曇無讖入平城，沮渠蒙遜恐其為北魏所用，故派人將其殺害。太延初年，北魏消滅北涼，強徙涼州民 30,000 家於平城，其中包括大量僧侶。「沙門佛事皆俱東，象教彌增矣。」[231]

沙門師賢，為罽賓國（在今克什米爾）王族後人，自小出家為僧。東遊至涼州，後被徙至平城。高宗時，被尊為宗教領袖 —— 道人統。當時許多西域僧來到北魏代京。如太安初年，師子國胡沙門邪奢遺多、浮陀難提等五人，向北魏皇帝奉獻三個佛像。沙勒胡沙門也送來佛缽與畫像。師賢卒後，西域沙門曇曜繼為沙門統。高宗以師事之。曇曜建議在武州山開鑿石窟，鐫建神像，這也就是今天大同雲岡石窟的由來。曇曜還與天竺沙門常那邪舍等人，譯出新經 14 部。北魏佛事發達從此拉開了序幕，直至遷都洛陽後的極盛。這一點我們在名著《洛陽伽藍記》可以看到生動的描述。洛陽城內來自西域各國的僧侶達數千人之多，洛陽也

---

[230]《晉書》卷一一七《姚興載記上》，第 2,985 頁。
[231]《魏書》卷一一四《釋老志》，中華書局校勘本，第 3,032 頁。

因此成為當時最著名的佛教都市。洛陽城內西域僧人中最出名的還要數菩提達摩。據載他是波斯胡人（或稱南天竺人），遍歷各國，最後來到洛陽，對洛陽佛寺建築推崇備至，於是在洛陽定居下來修行，直到去世。他被尊為中國本土生長的最重要佛教流派 —— 禪宗的初祖。北魏末年還有一位譯經大師來到洛陽，他就是北天竺人菩提流支（又名道希）。菩提流支於永平初年來到洛陽，魏宣武帝元恪特下敕命，禮遇優厚，入住永寧寺，率 700 僧徒推展譯經工作。菩提流支在洛陽等地生活了 20 多年，先後譯出佛經 39 部、127 卷。他以精湛的佛學造詣與神奇的法術，被時人譽為西域「大聖人」。當時在洛陽從事譯經工作的西域僧人還有中天竺人勒那摩提譯出《十地寶積論》等經書 24 卷；北天竺人佛陀扇多譯出《金剛上味》等經 10 部等。[232]

南朝佛教的興盛，與北朝可謂旗鼓相當，交相輝映，這同樣與一批西域高僧有直接的關係。早在「永嘉南渡」之時，一些西域僧人已開始南遷。南朝首都建康（今江蘇南京）由於眾多西域僧人的雲集，成為影響力極大的南方佛教中心。如西域沙門吉友（音譯帛尸梨蜜多羅）於永嘉年間來到中原，隨著南逃的人流南下，入住建康建初寺。在南方，吉友很快與一些名流士大夫建立了良好的私人關係。與其他高僧一樣，吉友有背誦經文的本領，聲音清朗，誦數千言，一氣呵成，贏得當時士大夫的交口讚嘆。死後，他被葬於南京郊外。南朝最著名的高僧之一為求那跋摩（又名功德鎧）。他為西域罽賓人，自幼好佛法，精通經文，可默誦經文數百萬言，時人稱之為「三藏法師」。聲名日盛，遠近聞風，紛紛邀請他講法。金陵名僧慧觀、慧聰等人也對他的德行極為崇敬，故請宋文帝劉義隆遣使前往西域迎請。跋摩於是隨商船輾轉來到廣州。他先在

---

[232]〔唐〕釋道宣撰：《續高僧傳》卷一《譯經篇》。

始興（今廣東韶關）築禪室修行，引起很大轟動，因崇敬其德行而入教者絡繹不絕。跋摩於元嘉八年（西元 431 年）來到建康，住於祇洹寺，劉義隆親自接見，恩禮甚隆。當他於寺內講經時，旁聽之人填滿街衢，爭相一睹其風采。當其圓寂之後，依西域風俗火化，前來弔唁者達上千人。求那跋摩之後，來到南朝的西域高僧還有曇摩密多（又名法秀），也是罽賓國人。他早年在西域諸國遊歷弘法，後於元嘉年間經四川來到建康。南朝僧俗士民對他慕名已久，因此，曇摩密多受到各階層人士的熱情歡迎，大有「傾國傾城」的人格魅力。「密多道聲素著，化洽連邦，至京甫爾，自宋文哀皇后及皇太子、公主莫不設齋桂宮，請齋椒掖，參候之使旬日相望……常以禪道教授，或千里諮受四輩，遠近皆號『大禪師』焉。」[233] 曇摩密多還在建康郊外的鐘山上創造上寺，也成為一座廣大僧眾嚮往的著名寺院。

在求那跋摩與曇摩密多之後，在劉宋王朝內影響力極大的西域高僧還有求那跋陀羅（又名功德賢）。他也是中天竺人，屬婆羅門種族，自幼嗜學，天文曆算、醫學方術無不精通。憑藉出色的領悟能力，求那跋陀羅出家後，對大乘經典進行了深刻的鑽研，造詣極深。他於元嘉十二年（西元 435 年）渡海來到廣州，宋文帝特遣使者迎接。求那跋陀羅神清氣朗，風儀不凡，許多學士與高官紛紛拜其為師。在眾僧的懇求與幫助下，求那跋陀羅在建鄴祇洹寺中推展了較大規模的譯經活動。協助譯經的徒眾達 700 多人，先後譯出《楞伽經》、《雜阿含經》、《法鼓經》等多部佛典，共達百餘卷。在翻譯過程中，求那跋陀羅與各位漢族高僧反覆揣摩推敲，務求傳譯經書本旨。此外，當時進入南朝的具有一定影響的西域僧人還有天竺人僧伽跋摩、康居人阿那摩低、中天竺人求那毗地等。

---

[233]《高僧傳》卷三本傳，第 342-343 頁。

就信佛的熱誠而言，南朝皇帝中恐怕誰也無法與梁武帝蕭衍相提並論。在蕭衍奉教熱情的感召下，一些西域僧人不辭勞苦，進入梁國境內，高僧真諦就是其中之一。真諦（意譯拘那羅陀）為西天竺人，他費盡周折，於太清二年（西元 548 年）來到建康，只可惜梁朝境內不久便爆發了駭人聽聞的「侯景之亂」，真諦也捲入了逃難的人流，在南方各地顛沛流離，四處漂泊。然而，殘酷而不幸的遭遇並沒有摧毀真諦弘揚佛法的決心。在長達 23 年的時間裡，這位博學的高僧先後主持翻譯經論紀傳 64 部，合計 278 卷，其數量及翻譯品質在南朝諸位高僧中首屈一指。[234]

時至盛唐，中國佛教進入了發展的全盛時期。佛經翻譯已不純粹依賴西域僧侶，唐朝國內也出現了像玄奘這樣的佛學巨匠。他不僅遠涉西域各國，取回大批佛典原文，還在首都長安終生從事翻譯工作，為中國佛學發展做出了不朽的貢獻。但我們也要看到，開放而強盛的大唐王朝對當時周邊國家的人們具有強勁的吸引力，再加上崇尚佛教的社會氛圍，當時進入中原地區的西域僧侶也十分眾多，其中名僧神侶不乏其人。如唐初就有中天竺人波頗抵達首都長安（今西安市），太宗李世民命 19 位名僧協助波頗從事譯經，共譯出《寶星經》、《般若燈》、《大莊嚴論》等 3 部 35 卷。後又有南印度僧金剛智、北天竺人不空、中印度人善無畏等人來到長安或洛陽從事譯事及傳教活動。[235]

從東漢至盛唐，從安世高到真諦，一連串閃亮的名字鐫刻在中國佛教發展史上。回顧中國古代佛教的發展歷史，我們會不禁由衷地感嘆：佛教作為一種外來宗教，能夠在華夏九州生根發芽，蓬勃壯大，固然得

---

[234]《續高僧傳》卷一本傳，第 429-431 頁。
[235]〔宋〕釋贊寧撰：《宋高僧傳》卷一、卷二、卷三《譯經篇》。

益於不少難得的機緣，但更出於無數有志之士虔誠的奉獻。大批西域高
僧作為一種特殊移民，作為高素養的宗教使者，歷盡艱辛地來到中原，
傳道弘法，將畢生的精力都貢獻於宗教事業。一個佛教中心區的形成，
以及一個群眾性崇佛熱潮的產生，都與這些高僧的活動有著直接的關
聯。與其說是深奧的佛教教義，倒不如說這些高僧神奇的人格魅力征服
了千千萬萬企盼脫離苦海的人們。他們不愧是佛教發展史上的英雄。

第六章

皇城根下「西洋客」
—— 西方移民與西學東漸

　　中國古人重視地理，盤古開天地，大禹劃定「九州」，中國古代文明的開創始終伴隨著地理觀念的更新。然而在傳統中國人的觀念裡，漢族中原王朝不僅始終是最先進文明的擁有者，而且也永遠處於「天下之中」的位置，「中國」之外，不過是「蠻夷」居住的「化外之地」。這種觀念長期盤踞在中國士大夫的思想中，形成可悲的自高自大的優越心理，直到最後被西方文明擊潰。

　　西方移民是西方文明的自覺或不自覺的傳播者。以鴉片戰爭為界，西方移民的進入及文化活動可分為前、後兩個時期。前一時期的移民以西方傳教士為代表，在傳教過程中傳播了西方科學技術知識；後一時期以租界移民為代表，將西方城市與商業文明的經驗引入中國。

第一節

中西曆法孰優劣
── 洋教士與西方科技知識的傳入

　　中國擁有悠久而燦爛的古代文明，令無數華夏兒女倍感自豪，但飽受外國列強欺辱蹂躪的近代歷史卻又讓無數中國人感到憤慨與苦悶，中華文明的優勢是如何喪失的？東方與西方的差距又是如何產生的？這一系列複雜而敏感的問題也讓研究者們傷透了腦筋。其實，更加令人沮喪的是，中國曾經有機會縮短與西方的科學技術上的差距，因為早在16世紀，已有很多西方傳教士來到中國，他們吸引中國人關注的主要方式，就是傳播西方近代科學技術知識。但這些傳教士的努力，並沒有在古老的中國引發文化復興運動。

一、從「利夫子」到「湯瑪法」
── 耶穌會士入華及文化傳播歷程

　　呵，岩石，岩石，你何時才能開裂？

──（義大利）范禮安

　　明萬曆十一年（西元 1583 年）9 月的一天，廣東肇慶知府衙門前來
了兩個和尚打扮的「番僧」，引起了當地平民的驚奇與圍觀。性情平和的
知府王泮在廳堂之內接待了他們。他們向知府極其謙恭地行叩首禮，自
我介紹說：「我們是來自天竺（即古印度）的僧人，事奉天帝，仰慕中國
政治昌明，願在貴地得一塊清靜土，建造屋舍，敬事天帝，以盡餘生。」
他們的請求得到了王泮的支持。不久，一座完全不同中國房屋建造特徵
的新建築在肇慶城內完成，被命名為「仙花寺」。令人疑惑不解的是，
這兩位自稱「僧人」的番客卻拒絕進入當地佛教寺院，他們帶來的一些
物品更引起了當時士民的極大興趣，如自鳴鐘、日晷、西洋鏡、油畫聖
母像等。其實，這兩位「番僧」根本不是膜拜釋迦的佛家弟子，也不是
來自天竺，而是來自義大利羅馬的天主教耶穌會士。那位碧眼虯髯、聲
若洪鐘的西洋人便是基督教在中國傳播的奠基者 —— 利瑪竇（Matteo
Ricci），另外一位是他的同伴羅明堅（Michele Ruggieri）。而那座「仙花
寺」則是在中國內陸地區修建的第一座歐式教堂。[236]

　　在基督教發展史上，耶穌會作為極端仇視「宗教改革運動」的頑固
派，擁有著十分不光彩的名聲。但耶穌會在世界文化發展史上的貢獻卻
是無法輕易抹殺的。在中西文化交流史上，來華的耶穌會士在傳播近代
西方文明方面更發揮出拓荒者與奠基人的重要作用，而前面提到的利瑪
竇便是其中傑出的代表。

　　利瑪竇（西元 1552 年 – 1610 年）出生於一個義大利貴族家庭，年
輕時進入耶穌會士創辦的「羅馬學院」，有幸得到著名數學大師克拉維斯
（Christopher Klau/Clavius）神父的教導。在那裡，他成為耶穌會的忠實

---

[236] 江文漢著：《明清間在華的天主教耶穌會士》，知識出版社，1987 年，第 124 頁引羅光著《利
瑪竇傳》。

追隨者。早在利瑪竇來中國之前,耶穌會已開始了向中國傳教的努力,但舉步維艱。明朝官府實行閉關政策,除非奉使朝貢外,普通外國人進入中國內陸受到嚴格禁止,「番夷不許入境,法有明文」。如果連教士生命安全都無法保障,當然談不上傳教布道了。因此,當時耶穌會遠東教務視察員范禮安(Alessandro Valignano)面對中國發出了感嘆:「呵,岩石,岩石,你何時才能開裂?」范禮安被尊稱為耶穌會「中國傳教團的奠基人」,面對一個閉關鎖國、自高自大的古老帝國,正是范禮安,確立了向中國傳教新的指導思想,即從學習中國文化與遵從中國風土人情入手,來接近與影響中國士民。利瑪竇與羅明堅正是秉承這個新的傳教方針來開拓中國教區的。

作為傑出的拓荒者,利瑪竇對中國文化深邃的造詣,已達到令中國人士驚詫的程度。由於受到在日本傳教經驗的影響(僧人在日本受到高度尊重),利瑪竇等人初入內陸之時,都剃頭剃鬚,身穿袈裟,後來,他們了解到在中國最有威信的是德高望重的飽學儒者,因此,利瑪竇等人開始著儒者服,攻讀儒家典籍。他不僅能用漢語與各地士大夫自由地交流,而且還能用漢文著書立說。另外,他對漢文經典的嫻熟程度使土生土長的華夏士人都瞠目結舌。據載,「先生(即利氏)於《六經》,一過目能縱橫顛倒背誦。」[237] 利瑪竇的努力得到了很好的回報,心悅誠服的中國士人甚至以與利瑪竇訂交為榮,敬稱他為「利夫子」,他的住所也成為當地名流雲集的聚談之所。

利瑪竇無與倫比的人格魅力更來自他對西方近代科學發展的深刻造詣,而他帶來的近代科學知識更在中國知識界引起了不小的震動。

---

[237] 方豪著:《中國天主教史人物傳》,上冊「利瑪竇」條,中華書局,1988 年,第 75 頁。

利瑪竇神父是用對中國人來說新奇的歐洲科學知識震驚了整個中國哲學界的，以充分的和邏輯的推理證明了它的新穎的真理。[238]

利瑪竇宣揚的近代科學知識主要集中於天文學、地理學、數學及機械製造等幾個方面。首先，在地理方面，我們不能不承認如下的事實：

直到利瑪竇神父來到中國之前，中國人從未見過關於地球整個表面的地理說明，不管是做成地球儀的形式還是畫在一張地圖的面上；他們也從未見過按子午線、緯線和度數來劃分的地球表面，也一點都不知道赤道、熱帶、兩極，或者說地球分為五個地帶。[239]

當中國士人看到利瑪竇自己繪製的《山海輿地圖》時，表現出莫大的驚訝。自古以來，中國人心目中的「天下」都是以「中國」為核心的，「中國」之外都不過是「蠻夷」居住的「化外之地」，對這些地區，中原人士是不屑一顧的。中國人是從利瑪竇這裡知道了世界分為「五大洲」，中國不過僅僅擁有地球上的「蕞爾之地」。這一發現無異於石破天驚，完全摧毀了祖祖輩輩流傳下的「天下」觀念。「天地、君、親、師」是傳統時代的中國人頂禮膜拜的神聖序列，而「天地」觀念正是中國封建倫理道德思想體系的基石之一，這一觀念的摧毀極可能導致傳統倫理體系的一場革命。可悲的是，當時的中國人對此沒有絲毫的心理準備與適應能力，頑固守舊者斥之為荒誕不經，就是信奉「眼見為實」的學者們對此也是抱著半信半疑的態度，不敢追問下去。利瑪竇對數學有著精深的研究，特別推崇大數學家歐幾里得（Euclid）所著《幾何原本》（*Stoicheia*），然而要把這本深奧的數學名著翻譯成漢文，就連利瑪竇本

---

[238]《利瑪竇中國札記》（*De Christiana expeditione apud Sinas*），中華書局，1983 年，第 347 頁。
[239]《利瑪竇中國札記》，第 348 頁。

人也缺乏信心。這還要感謝利氏的忠實追隨者 —— 明代大學者徐光啟。徐光啟的學術經歷深受利瑪竇的影響，早在考中進士前已受洗，皈依天主教。他傾慕利瑪竇的博學，隨其學習天文曆算、火器製造等。他不畏困苦，毅然承擔起翻譯《幾何原本》的工作。由利瑪竇口傳，徐光啟執筆的《幾何原本》是最早翻譯成漢文的西方數學名著，問世伊始即受到中國學術界的推重。「發古人所未發，功在萬世。」

比起高深的教義與深奧的數學知識，利瑪竇所製造的自鳴鐘等機械，更受中國朝野的青睞。如萬曆皇帝就非常喜愛利瑪竇所獻的報時自鳴鐘。他還專為一座大的自鳴鐘修造了木塔，加以保護。

明萬曆三十八年（西元 1610 年）5 月，利瑪竇在北京病逝，終年 59 歲。他的遺體被安葬在北京城西阜成門外的一塊「欽賜」葬地裡。從到達澳門直至病故，利瑪竇在中國共生活了 28 年，算得上是一位典型的西方移民。

在利瑪竇之後，耶穌會士在文化傳播上的突破主要反映在天文曆法之上。號稱以儒學立國的中國封建王朝，並沒有形成確立官方宗教信仰，然而對「上天」的敬畏卻是深深植根於每個中國士庶的心中。「天人感應」論成為封建帝王宣揚「君權神授」的基礎。天象的變化往往被認為國運盛衰的徵兆，因此，曆法的修訂成為維持王朝運轉的一件大事。當時，天文之學被視為人與上天的對話，神祕莫測，受到上至君主下至平民的最高推崇。利瑪竇經過長期觀察思索，也深切理解這一點，因此他很早就請求耶穌會派遣精於天文學的神父前來，他說：

我謹迫切向您祈求：我在許久前曾向閣下提出從歐洲派一名精曉曆數的天文學家神父或修士到中國，但時至今日，杳無音訊……派這樣的

天文學家到中國，我們就可以擔當起修改曆法的任務，我們的聲譽也會因此大大提高，那樣我們完全進入中國將是很容易，我們在那裡的權利就可以得到確認，也就可以享有更大的自由。[240]

　　利瑪竇提出如此建議的另一個背景便是明朝後期通行曆法已經過時，主管官員推算常常出現失誤，引起了明朝君臣的不滿。所以，儘管守舊官員百般阻撓，徐光啟等人還是積極支持耶穌會士參與曆法的修訂。崇禎年間，徐光啟受到重用。在他的建議下，明廷開始聘用耶穌會士鄧玉函（Johann Schreck，德國天文學家）、龍華民（Nicholas Longobardi，義大利人）等人參與修訂曆法。從此，直到清朝康雍時期的一百多年裡，耶穌會士實際上一直主持著曆法修訂工作。其中最有名的耶穌會士是湯若望（Johann Adam Schall von Bell）與南懷仁（Ferdinand Verbiest）。

　　湯若望也是明清之際來華耶穌會士中的傳奇人物，他出身於德國貴族家庭，學識廣博，在天文學、數學、機械工程學等方面都有深湛的造詣。在徐光啟的舉薦下，湯若望進入曆局工作，他以出色的成績很快贏得了人們的尊重，被稱為「新來的利瑪竇」。明朝滅亡後，清軍進占北京，湯若望同樣以精於天文曆法而受到重用。在改朝換代之後，清朝執政者急切需要制定一部新的曆法來取代前朝的舊曆法，湯若望以其對天文現象的準確預測，贏得了清朝執政者的信任，特命其為欽天監的最高長官 —— 監正，全權主持曆法修訂工作。

　　順治皇帝即位後，湯若望在朝中地位已相當穩固，順治帝尊稱他為「湯瑪法（瑪法即滿語『師父』）」，對他十分信賴，每事必問。湯若望

---

[240] 林金水、鄒萍著：《泰西儒士利瑪竇》，國際文化出版公司，2000 年，第 186-187 頁引文。

的官階也迅速上升，並被賜予「通玄教師」的名號，其地位之尊崇，影響力之大，已遠遠超過明代後期的利瑪竇。經過耶穌會士們 14 年的艱苦努力，在明朝末年已纂修完成一部新曆書，被命名為《崇禎曆》。然而，還沒有來得及向全國頒行，明王朝已在農民戰爭的衝擊下土崩瓦解。清朝建立後，在反覆驗證無誤後，這部《崇禎曆》被改名為《時憲曆》，准許在全國頒行。

比利時人南懷仁是頗受康熙皇帝推重的耶穌會士，繼湯若望之後，他開始主持欽天監的工作，為清朝天文事業的發展做出了重要貢獻，如他負責建造觀象臺，製造各種觀測儀器等。另外，為幫助康熙平定「三藩之亂」，南懷仁還奉命率領工匠鑄造了數百尊大砲，大大增強了清軍的戰鬥力，為迅速平叛立下了汗馬功勞，讓康熙帝喜出望外，對他極為倚重。南懷仁於西元 1688 年去世後，康熙特命賜諡號「勤敏」，南懷仁也就成為來華耶穌會士中唯一獲此殊榮的幸運者。

康熙在位期間，耶穌會士在文化事業上做出的又一重大貢獻便是《皇輿全圖》的測繪。利瑪竇繪製了第一份用中文刻印的世界地圖 ——《山海輿地圖》。然而，當時還沒有一張用西方繪圖技術繪製的中國本土的地圖。在康熙帝的支持下，耶穌會士安多（Antoine Thomas）、白晉（Joachim Bouvet）、雷孝思（Jean Baptiste Regis）等人從西元 1708 年開始勘測、繪製中國全境的地圖。在條件極為簡陋的情況下，這些傳教士不畏艱險，風餐露宿，利用繩索與指南針進行測繪，走遍了長城內外，大江南北，「十年磨一劍」，終於在西元 1717 年大功告成。

《皇輿全圖》在中國地圖發展史上占據著極為重要的位置，受到人們的高度讚賞。著名科技史家李約瑟（Joseph Needham）博士曾讚譽說：這一鉅作「不僅是亞洲當時所有的地圖中最好的一幅，而且比當時的所

有歐洲地圖都更好、更準確。」耶穌會士為此付出的心血值得後人永遠記取。

乾隆時期最有影響力的耶穌會士要數大畫家郎世寧（Giuseppe Castiglione）了。耶穌會士首先將近代西洋油畫帶到了中國，前來傳教的神父中也有不少擅長繪畫者。就油畫藝術本身而言，並沒有多少政治思想色彩，且具有寫實及直觀性，中國朝野人士對其忌諱較少，清初的幾位皇帝對此更是興致頗濃。郎世寧便是乾隆皇帝最喜愛的畫家。郎世寧出生於義大利米蘭，但他一生大部分時間是在北京皇宮中度過的。

二、交融與衝突
—— 耶穌會士的移民生活狀況及文化素養分析

其國人東來者，大都聰明特達之士，意專行教，不求祿利。其所著書多華人所未道，故一時好異者咸尚之。

—— 《明史·意大里亞傳》

明清時期，以利瑪竇等人為代表的耶穌會士在文化傳播上獲得的極大成功，不能不被後人視為令人驚嘆的「奇蹟」。這在中西方交流史上也是值得特別關注的一頁。這主要反映在兩個方面，一是在生活上用毅力克服了種種艱難困苦的考驗，二是在文化交流上用智慧開啟了在古老帝國傳播西方近代文明的大門。作為西方移民的開拓者，利瑪竇等耶穌會士首先在肉體與心理上承受了不同尋常的磨難。他們的寬容與忍耐足以贏得後人的尊敬。耶穌會士大都出生於殷實富裕的家庭，受過良好的教育，有著較為優越舒適的生活環境。但離開故國，來到遙遠的東方，他

們卻往往淪為受歧視的「夷人」，境況之變化別如天壤。然而，他們面臨的困難還遠不僅止於此。如利瑪竇在到達北京前已離開故國二十多年了，他在呈給萬曆皇帝的奏章中說：

……（辭）離本國，航海而來，時歷三年，路經八萬餘里，始達廣東。緣音譯未通，有如瘖啞，僦居學習語言文字。淹留肇慶、韶州二府十五年，頗知中國古先聖人之學，於凡經籍，亦略誦記，粗得其旨。乃復越嶺，由江西至南京，又淹（留）五年……[241]

從歐洲到亞洲，陸路交通為西亞諸強國所阻隔，傳教士必須遠涉重洋，漫長的航程便是一次無法迴避、危機四伏的「地獄之旅」。當時東西方海上交通尚處於草創時期，航船噸位小，吃水淺，安全性能差，也沒有全球性的氣象觀測及定向導航系統，航船駛離港口，實際上就處於聽天由命的狀態。航路的開闢也處於摸索階段，驚濤駭浪，淺石暗礁，航船稍有不慎，便有沉沒的危險。再加上沿途所經，既有盛行「食人」的原始部落居留地，又有瘋狂的海盜攔截，可謂千辛萬苦，九死一生。據統計，從利瑪竇開始進入中國，到西元 1773 年耶穌會解散，在前後 190 年中，前來中國的西方傳教士共有 472 人。但必須看到，前來東方的傳教士大半在旅途中喪生，能夠最終來到中國生活及傳教的神父只是很多奔赴東方傳教士的一小部分。如湯若望起初與其他 22 名傳教士乘船來中國，可最後到達目的地的只有 5 人。然而，矢志於傳教的耶穌會神父們沒有就此畏葸不前。「自利瑪竇入中國後，其徒來益眾。」

熬過旅途的「夢魘」，傳教士在中國內陸又面臨著迥然不同的生活空

---

[241] 徐宗澤著：《中國天主教傳教史概論》，上海土山灣印書館，1938 年，第 177-178 頁引文。

間。關於傳教士在中國內陸的生活，利瑪竇在一封信中講到：

> 我們背井離鄉，如今住在這裡，穿中國衣服，吃中國飯菜，住中國房子，說中國語言，無非就是為了這件事（讓中國人皈依天主教）……我們現今在中國所處的時代，既沒有到收穫的時候，也還不是播種的時候，如今只是開荒的時候……中國人和外國人少有往來，對於外國人常懷疑心，時常害怕，尤其是中國皇帝……[242]

顯然，如果說水土不服等生活不適還比較容易克服的話，面對敵視的目光，傳教士更會感到舉步維艱。如利瑪竇等人開始在肇慶發展時，儘管謹小慎微，並得到知府王泮的熱情支持，但當時民眾仍存在很大的敵意，稱傳教士為「番鬼」，視他們為災星，有意將他們趕走。利瑪竇等人遷居韶州後，又有當地無賴故意尋釁鬧事。利瑪竇由此意識到在中國傳教，必須得到官府及最高執政者的保護，否則寸步難行，因此，他痛下工夫，研習中國文化，以溫馴的舉止與出色的學識贏得了官僚士大夫的尊敬和信賴，才有效地改善了傳教士們的處境。

應該看到，耶穌會士之所以能夠在古老而封閉的王朝裡傳教獲得進展，首先與來到中國的傳教士本身的素養有著直接的關係。中國儒家文化的一個核心內容，便是「修身齊家治國平天下」，個人的道德修養作為人生事業發展的基礎，受到最充分的重視，道德修養的高低也就構成中國士大夫品評人物一個最基本最重要的尺度。而偏偏這一點又是耶穌會士們的一個相當突出的長處。利瑪竇曾根據自己的實踐經驗向耶穌會提出要求：「派往中國的傳教士，不但要好，還應該具有才能，因為我們所要與之接

---

[242] 羅光著：《利瑪竇傳》，臺灣學生書局，1979 年，第 95-96 頁。

觸的人，都是智慧高強而學問淵博的人。」事實證明，前來傳教的耶穌會士大都符合利瑪竇的要求，很多傳教士都是學問淵博的科學家與學者，在許多領域具有深厚的造詣。更為可貴的，與利瑪竇相仿，他們都能尊重中國的道德觀念與風俗禮節，而且品行端正，終身不娶，不貪財貨，不求官祿，完全符全中國的道德標準，因而他們受到了中國士大夫的愛戴與尊重。徐光啟對耶穌會士推崇備至，他在〈辨學章疏〉中講道：

（耶穌會士）實皆聖賢之徒，其道甚正，其學甚博，其心甚真，其見甚定。在彼國中，亦皆千人之英，萬人之傑。

就連《明史·意大里亞傳》撰著者也稱許道：

其國（義大利）人東來者，大都聰明特達之士，意專行教，不求祿利。其所著書多華人所未道，故一時好異者咸尚之。

當然，不能否認，耶穌會士不畏艱險的冒險精神與近乎刻板的生活作風，在根本上取決於耶穌會的教旨，而不是簡單的個人特質與道德修養。耶穌會在入會之時，就必須宣誓：守貧、不娶，絕對服從上級，將自己的一切奉獻給上帝及教宗。因此，為傳教而經歷苦難，乃至犧牲生命，對耶穌會士而言，正是效忠上帝與教宗的最好表現以及靈魂升入天國的階梯。前往中國的耶穌會士的心態也是如此，他們心甘情願地忍受磨難，並不是對中國有怎樣的好感，而是為服從傳播天主教的最終目的：「為基督而征服世界。」

然而，要想讓一個古老而封閉的東方大帝國君臣皈依上帝，聽命於羅馬教宗，就遠遠不是毅力和忍耐所能做到的事情，而需要超越時空界

限的寬容與智慧。作為「西方文明的偉大傳播者」，利瑪竇等成功人士確實走出了一條融合中西文化的道路。首先，利瑪竇等人表現出對中國傳統文化與風俗足夠的尊重，以及對封建皇權的絕對順從。如從利瑪竇開始，耶穌會士大都身穿儒服，能講流利的漢語，一副「西儒」裝束。清政府入主中原後，湯若望隨即薙髮，留起長辮，改變原有裝扮，穿上滿族人的服飾。可以說，利瑪竇、湯若望等人「西洋歸化人」的姿態，發揮了十分理想的效果，贏得了許多漢族人士的好感，使其在中國的傳教及文化傳播活動成為可能。其次，透過對中國傳統思想的深入研究，利瑪竇等人找到了在中國傳播天主教的切入點，即崇儒排佛，提倡「天（天主教）、儒合一」。利瑪竇等人看到了中國數千年深厚的文化累積沉澱，因此，採取了較為務實的「求同存異」的方針。他曾說：「八萬里而來，交友請益，但求人與我同，豈願我與人異耶？」他巧妙地將儒家思想中對「上蒼」或「上天」的畏懼與膜拜，與基督教崇敬上帝的教旨等同起來。在他所著宣揚基督教義的中文著作中，大量徵引中國經典著作中的文句，讓中國的知識分子意識到天主教與儒教之間並沒有根本的衝突。這種做法在中國知識界的影響力是相當強大的，許多學識淵博的中國學者因此成為「利氏之徒」。

當然，並不是所有來華的耶穌會士都贊同利瑪竇等人的傳教方式。這些傳教士以維護天主教的神聖與純潔性為由，拒絕尊重中國固有的傳統思想，想以真正的思想征服者與布道者的面目出現。這一派傳教士最反對中國士民中最重視的「敬祖」與「祀孔」的禮儀，斥之為與基督教相對立的偶像崇拜。不分青紅皂白地強迫中國人摒棄自己的思想文化傳統，全身心地皈依上帝，顯然是不符合實際的痴心妄想。但隨著來中國的傳教士越來越多，他們對中國傳統文化與國情相當陌生，更傾向於在

傳教中抵制中國傳統思想，使抵制派思想逐漸占據了上風。這種蠻橫無理的面孔理所當然地招致中國君臣的強烈反感。正如康熙皇帝所痛斥的那樣：「愚不識字，擅敢妄論中國之道！」這便引發了中西文化交流史上有名的「禮儀之爭」。最終結果是康熙等人下令在全國禁止天主教士進行傳教活動。可以說，這些抵制派傳教士將利瑪竇等人開創的傳教事業推入了死胡同。

總而言之，君主專制制度與閉關鎖國的弊端及其惡劣影響在明清時期的中西方文流中得到了極為充分的暴露。文化教育的貧乏與卑微的社會地位剝奪了普通平民接受與容納西方文化的機會與權力，而高高在上的帝王與士大夫往往不惜任何代價來維持盲目自大的文化優越感，並將此作為吸收外來文化的前提條件。利瑪竇等西方傳教士的傳播文化之路是艱辛而不平凡的，他們的成功可以說是一個了不起的奇蹟，而這一奇蹟產生的背後卻是華夏民族一個時代的悲哀。

第二節

「十里洋場」費思量
—— 近代租界移民對中國舊文化的衝擊

　　回顧歷史，常常會引發我們複雜的情愫，特別是對某些屈辱性歷史事件的回憶，更會讓我們發出深深的感喟。利瑪竇死後，留下了一部頗有價值的《中國札記》(De Christiana expeditione apud Sinas)，西方人士將其定名為《耶穌會利瑪竇神甫的基督教遠征中國史》。其實，這些定名者並沒有清楚地知道，利瑪竇之所以受到中國士大夫的尊崇與愛戴，關鍵在於他時時以「歸化（即仰慕中國的政治與文化而來）者」身分出現，從而維護了中國士大夫的自尊心與優越感。

　　但這種屝弱的虛榮與自尊最終為外國列強的砲艦所衝垮，作為屈辱與殖民化的象徵，近代中國沿海城市內大片租界的出現，完全是外國列強武力征服乃至壓制的產物。第一次鴉片戰爭以中國簽訂屈辱的《南京條約》而告結束，清朝官府稱此條約為《萬年和約》，即幼稚地以為該條約可使中外之間維持長久的相安無事。其實，麻煩才剛剛開始，《南京條約》為外國列強進一步的侵略提供了依據。如《南京條約》第二款明確規定：「自今以後，大皇帝恩准英國人民帶同所屬家屬寄居大清沿海之廣州、福州、廈門、寧波、上海等五處港口，貿易通商無礙。」這也就是所謂「五口通商」，不久，廈門、上海、福州等地正式宣布為允許外國商民入居的通商口岸，而「租界」就是在通商口岸裡特別劃定的外國僑民居留地。

235

一、蠶食鯨吞話租界
—— 近代租界的形成與移民

在那個龐大國度（中國）中獲得立足點，是我們所最盼望的、凌駕一切的目標。

—— （西班牙）薩拉札主教

從移民史角度看，中國特別劃定的外國人居留地早在明朝後期已粗具規模，這就是澳門。關於葡萄牙人如何獲得澳門的租借權，流傳著不同的故事。學術界普遍認同的便是萬曆《廣東通志》的說法：明朝嘉靖三十二年（西元 1553 年），葡萄牙人的船隻駛進澳門，聲稱貨物被風浪打溼，請求暫借一地晾晒貨物。海道副使汪柏接受賄賂，自作主張答應了這一要求。從此，葡萄牙人在方圓 16 平方公里的澳門半島上定居下來。明朝晚期，前來貿易定居的西洋人相當多。時人龐尚鵬在〈撫處濠境澳夷疏〉中稱：

（葡萄牙人）近數年來，始入濠境澳築室，以便交易，不踰年多至數百區，今殆千區以上。日與華人相接濟，歲規厚利，所獲不貲。故舉國而來，扶老攜幼，更相接踵。今築室又不知其幾許，而夷眾殆萬人矣。詭行異服，彌滿山海，劍鋋滿目，火炮震天。[243]

然而澳門與後來的各口岸的租界有很大的不同，最關鍵一條是關於澳門的地位沒有任何法律依據，明清官府也都沒有正式承認過該地葡萄

---

[243] 張維華著：《明清之際中西關係簡史》，齊魯書社，1987 年，第 29 頁引文。

牙人的任何權益，只是視為一種特殊的貿易區。再加上地域狹小，影響極為有限，為避免橫生枝節，故聽之任之。表面上，中國官府還保留著對該地區的管轄權，每年向當地葡商收取船稅與地租，而實際上，葡萄牙人「至築室建城，雄踞海畔，若一國然，將吏不肖者，反視為外府矣。」[244] 應該說，早在明末，澳門已經具有「國中之國」的內在特徵了，該地也已演變為一個特殊的移民區。但其對整個中國的影響十分有限。

在鴉片戰爭之前，廣州是清朝唯一的對外通商口岸，「廣州十三行」一直是中國官府最主要的對外貿易機構。為了適應外國人來華從事貿易活動的需求，廣州城內也出現了供外國人居住的「十三行夷館區」。鴉片戰爭期間，廣州等地作為中國抵禦外國侵略的前線堡壘，廣東人民表現出強烈的禦外抗敵熱情，著名的三元里抗英事件已載入中華民族抗擊外族侵略的光輝史冊。也許是在這種民眾抵制情緒的影響下，來到廣州的外國人即使是在《南京條約》簽訂後，仍感舉步維艱，通商活動並不順利。英國駐廣州領事曾於西元 1843 年在十三行地區租到了第一塊中國土地，到西元 1854 年，又照會廣東官府將十三行地區劃為外國人居留區。但好景不長，到西元 1856 年，這一居留區就被憤怒的廣州人民所焚毀。後來，英法官員設法填埋城外沙洲，建立起沙面租界，但面積不大，僅有 330 畝。[245]

近代史上租界的正式出現要從《上海土地章程》簽訂時算起。開埠前，上海不過是蘇州府屬下的一個不太起眼的縣城，然而，租界的建設步伐卻在諸口岸中走得最快。上海的外國租界不僅面積最大，而且租界區內部建設也最為完備，其發展歷程集中地展現了近代中國租界發展的道路。西元 1843 年 11 月，上海正式宣布為華洋通商口岸，一些英國人

---

[244] 《明史》卷三二五《佛郎機傳》，中華書局點校本，第 8,432-8,433 頁。

[245] 參見王文全、袁東華：〈廣州沙面租界概述〉，《列強在中國的租界》，中國文史出版社，1992 年。

開始進入上海，租借華人私房居住。英國首任駐滬領事巴富爾（George Balfour）與一些英國商人對中國式的房屋頗感不便，有意租借土地自行建設住宅。這顯然是《南京條約》中所沒有的內容。經過反覆商量，至西元 1845 年，巴富爾與上海道臺宮慕久簽訂了《上海土地章程》，劃出上海縣城外洋涇浜（今延安東路）以北，李家場（今北京東路）以南地區，租與英商建房居留之用。後來，《土地章程》不斷被修改補充，租界的面積也逐步擴展。美國人與法國人也先後擠入搶占租界地的行列。到 19 世紀末，英美公共租界由最早的 830 畝，擴展到 33,503 畝，竟成長了 40 倍！如果再加上 2,149 畝法租界，可以說，當時上海縣城以東以北大片地區已成為洋人的天下，遠遠超過當時上海舊縣城的面積。咸豐九年（西元 1859 年），清朝大臣桂良等人便深表憂慮：

> 上海地方，城外東北兩面江岸，全係夷人房屋。在此通商者大小十餘國，居民不過十分之一。江（吳淞江）心有夷人大橋橫亙，凡到上海城內，必須經過此橋。各夷商船、兵船，滿江皆是……不知當日何以令其占據地面如此之多？又兼處處扼要，實不可解。[246]

更令人費解的是，清朝官吏缺乏起碼的外交能力與主權意識，正是在他們的推諉搪塞之下，西方各國領事透過立法的方式，已將租界區實際變成具有高度自治能力的「國中之國」。如在西元 1854 年修訂的《土地章程》中將租界內原有更夫改頭換面為武裝巡捕，並成立所謂「工部局」來管理租界內的一切事務。按照英文原義，工部局實為市政委員會，為租界的最高權力機構。工部局不僅有權徵收捐稅，還有對《土地章程》的解釋

---

[246]《籌辦夷務始末》（咸豐朝），中華書局，1979 年，第 1,266 頁。

權。從西元 1864 年開始，英美駐滬領事徵得上海道臺的同意後，創立洋涇浜北道「理事衙門」，即英國副領事與中國所派理事，共同審理租界內的違法案件，開始了對中國司法權的侵奪。後來，「理事衙門」升格為租界正式法庭 —— 會審公廨。會審公廨產生於喪權辱國的特殊年代，外國租界官員的蠻橫無理，清朝官員的懦弱無能，導致會審公廨實際上為洋人所操縱。這樣，租界也就成為獨立於清朝地方官府之外的「自由市」了。

上海租界發展的同時，其他開放口岸的租界區也相繼形成。如自西元 1860 年至 1900 年的 40 年間，天津先後開闢了英、法、美、德、日、俄、義、奧等九國租界，總面積達 23,350.5 畝，相當於天津舊城面積的 8 倍，可謂怵目驚心。各國在天津租界區的建立，更具有突出的強權色彩。如英、法、美三國租界都是在第二次鴉片戰爭後脅迫清朝官府劃定的，而日本、德國租界則建立於中日甲午戰爭之後。1900 年八國聯軍攻占北京、天津，俄國、義大利、奧匈帝國、比利時都藉機提出在天津建立租界的要求。租界的發展與外國對中國的侵略腳步保持著高度的一致，租界的膨脹也就是中國陷入半殖民化社會的一個重要象徵。[247]

二、「十里洋場」的文明與野蠻
—— 租界文化性質之剖析

滬城佳處，當以此境（租界）為勝。唯是煙樹蒼茫，不識故鄉何處，頓覺魂散魄越，目極神傷矣。

—— 〔清〕王韜《瀛壖雜誌》卷六

---

[247] 楊大辛：〈天津九國租界概述〉，《列強在中國的租界》，第 113-140 頁。

在我們深刻了解租界的侵略本質之後，卻不能忽視其在近代西方文明傳播中所發揮的重要作用。租界猶如一個複雜而實在的「西洋文化單位」，它是西方移民按照其母國模式建造出來的新式城市，它帶來的不僅有精神文化成果，如天主教及西方近代思潮，更有物質文化，特別是西方城市生活理念與建築設施，與日趨落伍的清王朝舊式城鎮形成了鮮明的對照。這在中國城市發展史上具有深遠的影響。這一點在租界出現最早、發育最成熟的上海表現得最為突出。

上海外國租界區從 19 世紀末開始，已成為上海城市中最繁華、最擁擠的區域，特別是外灘一帶，更以「萬國建築博覽會」的名號馳譽海內外。但是，當初劃定租界之時，這一帶還是「一片泥灘，三數茅屋」的荒涼田野，溪澗縱橫，卑溼泥濘。靠近黃浦江只有一條窄窄的纖道，漲潮時，便沒入水中。當時清朝各級官員看到將這樣一片地盤劃給洋人居住，便免去了外交事端，心中一定十分得意，無怪乎為租界立法的《上海土地章程》簽訂時異常順利。

然而，租界的迅速發展卻令所有的中外人士為之驚訝。一位英國植物學家在西元 1848 年來上海時這樣感嘆道：

使我驚異的是江岸的外觀，我曾聽說上海已經建造了許多英、美洋行，我上次離開中國時，的確有一、兩家洋行正在建築；但是現在，在破爛的中國小屋地區，在棉田及墳地上，已經建立起一座規模龐大的新的城市了。[248]

---

[248] 盧漢超：〈西方物質文明在近代上海〉，《上海史研究》（二編），學林出版社，1988 年，第 26 頁引文。

近代改良主義思想家王韜曾長期寓居上海，他對租界的建設成就極盡溢美之詞：

> 洋涇浜為西人通商總集，其間巨橋峻關，華樓彩輅，天魔睹豔，海馬揚塵，琪花弄妍，翠鳥啼暮，以及假手製造之具，悅耳藥曼之音，淫思巧構，靡物不奇……洋涇一隅，別開人境，耳聞目見，迥異尋常。顧欲描摹於頤吻，講畫於口指，殊覺費於形容。[249]

租界開闢伊始，外國負責官員很自然地依照西方市政建設理念，將市政的規劃與管理作為租界當局行政的頭等大事來執行，形成制度化、規範化的建設與管理模式。如在最初的《上海土地章程》裡就明確規定西人對市政建設應負的義務：「須共謀修造木石橋梁，清理街路，維持秩序，燃點路燈，設立消防機關，植樹護路，開疏溝渠，僱傭更夫。」同時，請出三位有名望的外國居民組成「道路碼頭委員會」，專門負責監督實施市政建設項目。這些市政基本建設對清朝士民來說，幾乎是聞所未聞。道路碼頭委員會後來為市政委員會所取代，它的主要職責也集中於市政工程，故人們通稱其為「工部局」。租界還有兩方面的舉措引起了中國紳民的極大關注，即照明與自來水。

根據縣志記載，清光緒以前，中國平民之家都用豆油或菜油為燈油，燈光如豆，十分昏暗。後來，傳入火油（即煤油），由火油引燃的「洋燈」光亮度遠勝豆油燈，「於是，上至縉紳之家，下至蓬戶甕牖，莫不樂用洋燈，而舊式之油燈盞淘汰盡矣。」[250] 其實，從豆油燈到煤油

---

[249]〔清〕王韜撰：《瀛壖雜誌》，上海古籍出版社，1989 年，第 110-115 頁。
[250] 光緒《南匯縣續志》卷一八，見唐振常主編：《上海史》，上海人民出版社，1989 年，第 253 頁引。

燈，並沒有本質的變化。而租界內公共照明很早使用煤氣燈，就會讓人嘖嘖稱奇了。西元 1860 年代，租界內開始建造煤氣廠，所產煤氣主要用於公共照明。當時人們稱煤氣燈為「自來火」或「地火」（由地下管道傳輸之故）。入夜之後，租界內各條馬路上煤氣燈同時燃起，亮如白晝，真有「火樹銀花不夜天」的氣象。到西元 1880 年代，租界內又建起了發電廠，開始了電燈照明。這應該是一次歷史性的跨越，而電燈初次出現在租界之時，缺乏起碼科學知識的人們甚至感到相當恐慌，荒唐地認為這是盜取天電，將遭雷擊。然而，科學必然戰勝愚昧，安全又明亮的電燈最終閃爍在租界的各個角落，信服的人們將其稱為「賽月亮」。

建造自來水廠及使用自來水，是租界建設的又一大特色。根據《上海縣續志》卷二記載：「上海市區域居民之飲料，向取汲於黃浦之潮流，水質渾濁，本不宜於衛生。」租界當局自西元 1880 年代開始建造自來水設施。「自通商以後，西人於租界中裝設自來水管，導浦江之水而澄清之，乃激貯於高塔，以管分注於各處，居民便之。」[251] 起初，千百年來天天挑水汲水的人們卻對這種管道送出的水流充滿了疑惑，以致自發地進行抵制。如胡翰祥《上海小志》載：「當時風氣未開，華人用（自來水）者甚鮮，甚至謂水有毒質，飲之有害，相戒不用。」這說明，即使是一種具有強勁生命力的新生事物，要得到人們的認可，也需要一個過程，到清朝末年，不僅租界內的居民全部用上了自來水，就是上海舊城區也裝上管道，為居民提供純淨的自來水了。

面對這一切，人們對租界的建設成就發出了由衷的讚嘆：

申江好，萬國竟來同，

---

[251] 〔清〕李維清撰：《上海鄉土志》，上海古籍出版社，1989 年，第 106 頁。

　　海舶幾多渾莫辯，地球無處不相通，人巧奪天工……

　　申江好，馬路說洋場，

　　萬門千戶皆孔道，四通八達盡康莊，示我詠周行。

　　申江好，地火最光明，

　　漏轉銅龍誇不夜，花開鐵樹照深更，比月更澄明。

　　申江好，電線疾雷霆，

　　萬里語言同面晤，重洋消息霎時聽，機栝竟無形（指電話）……

　　—— （《滬垣雜詠》卷三《申江好》）[252]

　　租界可謂西方文明在古老的東方大陸上的一個多方位的立體展示，其城市文明的發展程度，基本上與當時的歐洲及北美大陸同步。「今有人焉，遊蹤所至，忽抵上海，耳目之所接觸，不啻身入歐美都市也；樓閣之巍峨，道路之平坦，旅店俱樂部之偉麗，遊覽之所，則公園及大橋在焉，交通之具，則汽車、電車及公共汽車備焉；洋商林立，電炬燦爛，凡此皆在歐美所習見者。」[253] 要展現先進與落後、文明與愚昧之間的差距，空洞的說教往往無濟於事，事實勝於雄辯。當時，中國各界人士都不約而同地看到了古老的東方文明已經落伍了，上海舊縣城（在今南市區）與租界之間的鮮明對比，恐怕讓所有充滿文化優越感的中國人倍感難堪：

　　租界馬路四通，城內道途狹隘；租界異常清潔，車不揚塵，居之者幾以為樂土；城內雖有清道局，然城河之水，穢氣觸鼻，僻靜之區，坑廁接踵，較之租界，幾有天壤之異。[254]

---

[252]　盧漢超：〈西方物質文明在近代上海〉，《上海研究》（二編），第 27 頁引。

[253]　岑德彰撰：《上海租界略史》，上海 1931 年刊本，第 1 頁。

[254]　李維清撰：《上海鄉土志》，第 68 頁。

　　中國古代城市發展曾有過光輝燦爛的成績，但是，其輝煌並沒有能夠繼續。時至近代，與西方市政建設水準相比，其差距是怵目驚心的。

　　然而，在我們充分看到租界文化傳播的貢獻時，絕不應忘了建設租界的人並不是善意的文化使者。租界當局致力於市政建設，也並不是為了宣揚西方城市建設思想，究其本意，不過是為了讓居住於租界的外國人在遠離母國時，過上一樣的舒適生活。從移民安置的意義上講，租界開闢的根本目的，就是為了解決外國僑民的居住問題，而在相當長的時間裡，租界內的西方居民為數是相當有限的。據統計，道光三十年（西元 1850 年），在上海的外國人只有 220 人，到光緒二十六年（1900 年），增加到 7,396 人，到宣統二年（1910 年），更上升至 15,012 人。成長的幅度是相當大的，但在整個上海市人口中所占比例卻是微乎其微。如 1910 年上海總人口達 1,289,353 人，外國居民所占比例僅為 1.16%。隨著租界市政建設的逐步完善，這些外國人大都在上海定居下來，過著悠閒的生活：

　　每日必至跑馬場試馬，態度蕭閒，其有喜作清談者，則群往黃浦灘。時灘路極寬，長與租界相等，晨間擔夫麕集，迨夕陽西下，則洋商士女，聯翩徐步，其一種和樂之狀，凡隨使節東來者，莫不認上海為中國之樂土云。[255]

　　這些居民的職業構成具有非常明顯的特徵，整體上來講從事工商業活動者占較高的比例，他們大多數是所謂「洋行」的經理及代理人，其次是領事館人員及家屬。應該說，這些外國居民深受西方近代文明的薰

---

[255] 鄒依仁著：《舊上海人口變遷的研究》，上海人民出版社，1980 年，第 69 頁引文。

陶，具有較高的文明素養，但是，在當時那種國際環境下，這些人並沒有將西方世界所崇尚的「自由、平等、博愛」等觀念貫徹於租界的社會生活中。在其本國政府砲艦政策的縱容下，這些西方居民是以一種高人一等的「文明人」姿態駐足在中國的土地上。故租界文化帶有濃烈的殖民地色彩。正如學者們所指出的那樣：「在舊上海一百餘年的整個時期中，尤其是在租界之內，幾乎所有掌握行政實權而且收入優厚的高階職位，都是由英、美、法、日等國的外國人擔任的。」、「舊上海公共租界工部局和法租界公董局以及兩個租界巡捕房的高級官員，『理所當然』地由英、美、法、日等國的外國人擔任以外，其他一切重要機關，連舊中國政府所直屬管轄的海關、郵政、鐵路等，都絕無例外。」[256]

近代學者姚公鶴在《上海閒話》中指出：「租界中外人公共建築之所，每不准華人之闌入，喧賓奪主，無過於此。今之跑馬場及白渡橋下之公園，其最著矣。」為維護這些外國居留者的特權，租界在所修建的公共娛樂場所中，往往制定限制華人行動的規則。最典型的例證便是外灘公園。租界工部局在《公園規則》中明確規定「華人不准入內」，甚至「狗與華人不准入內」的標牌高高懸掛在公園門口。著名學者郭沫若先生曾在《創造週報》第 17 號上撰文抨擊：「上海幾處的公園都禁止狗與華人入內，其實狗倒可以進去，人是不行，人要變成狗的時候便可以進去了。」落後不僅要捱打，而且在自己的國土上都會被剝奪自由行走的權力，這種帶有汙辱性的歧視限制，持續時間長達數十年。這種恥辱深深鐫刻在無數中國人民的心中。[257]

近代著名學者梁啟超先生曾在《大陸遊記》中指出：「凡人由內地

---

[256] 鄒依仁著：《舊上海人口變遷的研究》，第 77 頁。
[257] 任武雄、許玉林〈外灘公園的歷史〉，《列強在中國的租界》，第 100-103 頁。

初至上海,則內地陋矣。由上海而至日本東京,則上海陋。由東京東渡
至紐約,則東京陋。蓋凡事物無不從比較而見優劣,文化改進之公理
也。」[258] 見賢思齊,知恥然後勇,落後與屈辱極大地刺激了有愛國心的
中國各界人士,他們紛紛為上海城的發展獻計獻策。租界先進的市政管
理模式與設施成為學習、仿效的主要對象。如西元 1895 年南市馬路工程
局與 1905 年上海城廂內外總工程局的成立,都是在一批愛國士紳積極努
力的結果,目的就是縮短「華界」與租界之間的差距。同時,煤氣公司
與電燈公司也在「華界」建立起來,掀開了中國城市發展史上嶄新的一
頁。當然,最突出也是最艱難的進步反映在 1914 年上海舊城牆的拆除,
將「洋場」與「華界」形成一片,大大推進了上海城市發展的步伐,從
此,上海作為少數率先引進歐美近代城市文明的東方大都市,閃耀出更
加奪目的光輝。

---

[258] 姚公鶴撰:《上海閒話》,上海古籍出版社,1989 年,第 24 頁引,姚公鶴引述其意而有所
發揮。

第七章

多少海客到瀛洲
——邊疆及海外移民與中國文化的外傳

海客談瀛洲，煙濤微茫信難求。

越人語天姥，雲霞明滅或可睹……

在中國古人的地理觀念中，「中國」之外就是煙波浩渺般沒有窮盡的「四海」。「海」者，晦也，混沌無涯也。像唐代偉大的浪漫主義詩人李白面對渺無際涯的大海，也只好發出「煙濤微茫信難求」的感嘆。但在古代中國，好奇而具有想像力的人們對「四海」投入了極大的關注，創造出無數奇妙的傳說，如「海上有仙島，仙島住仙人」便是無數傳說中相當動人的一個。為了尋找這一美麗傳說的歸宿，勇敢的人們離開港灣，駛向大海，從此再也沒有回來，成為中國向海外移民的先驅。

封建王朝的執政者採取閉關鎖國的政策，並不等於說普通的中國百姓都缺乏向外開拓的意識，都沒有採取向外開拓的行動，到明清時期甚至出現了規模驚人的海外移民潮。不少新的域外概念的出現，其實都與中外交通及向海外移民的發展相連結，如「東洋」、「西洋」、「南洋」等。中國傳統文化也是透過這些海外移民的活動，在東南亞及世界各地傳播開來。

第一節

於迷離處見真情
── 古代中國向日本、朝鮮移民的文化影響

　　自古以來，朝鮮與日本作為中國的近鄰，與中國歷代封建王朝保持著密切而頻繁的往來，中國傳統文化對這兩個國家的文化發展產生了深遠的影響。朝鮮與日本都曾長期將漢字作為官方文字，即為明證。但也許因為文化與民族形貌上的相似，在中國向朝、日兩國的移民歷史上卻產生了許多撲朔迷離的問題，學者們為此進行了長時間的爭論，但似乎無法找到令所有人都信服的結論，如「徐福東渡日本」的故事、「箕子朝鮮」問題、渤海國歸屬問題等。其實，移民史上產生的問題，其答案也只有透過深入剖析移民史實來尋找。如果我們能拋開孤立而僵化的視角，就不難發現這些故事不過是複雜的移民史實在文化發展的長卷中留下的斑斕印記。

一、東瀛何處是仙家
── 徐福東渡傳說的流播與回饋

　　先生採藥未曾回，故國河山幾度埃：
　　今日一香聊遠寄，老僧亦為避秦來。

──〔元〕無學禪師〈致祭詩〉

　　中日兩國作為一衣帶水的鄰邦，兩國之間的文化交流源遠流長，這其中就少不了移民的貢獻。根據中日學者的長期研究，可以肯定中國向日本列島的移民早在先秦時期就開始了。如日本學者神田秀夫認為日本列島上最早的中國移民很可能是江浙一帶的吳越先民。春秋戰國時期，各國交爭，戰亂不斷，大量吳越百姓乘船東渡，其中有一部分到達日本九州。[259] 而上古時期中日之間最著名的移民運動要數「徐福（古文獻中又作「市」）東渡」了。就文獻記載而言，「徐福東渡」的故事眾說不一，撲朔迷離，讓後世學者百思難得其解。

　　雄才大略的秦始皇在完成統一偉業之後，志得意滿，以為江山永固，可以傳之萬代，心中最大的遺憾莫過於人生苦短，不能永享富貴。為彌補這一缺憾，秦始皇絞盡腦汁。首先是窮奢極侈地大修陵墓，將無數人間珍寶埋於地下，號稱世界「第八大奇蹟」的兵馬俑不過是秦始皇陵的附屬品。其次是到處求仙問藥，謀略過人的秦始皇在這一問題上顯現出無可救藥的愚昧荒唐，結果，徐福乘機率領一批人踏上了東渡的航船。

　　對「徐福東渡」問題最有發言權的應屬「史家鼻祖」司馬遷，然而《史記》對這一問題並沒有提供系統而全面的論述。如《秦始皇本紀》及《封禪書》記載，徐福東渡的情形大致為：秦始皇二十八年（西元前 219 年），齊人徐福（市）等人向秦始皇上書，書中說東海之中有三座神山，分別叫蓬萊、方丈、瀛洲，神山之上都有仙人居住。神山之上生長著長生草，食之可以長生。秦始皇聽後，大喜過望，立即遣徐福率童男童女數千人，「入海求仙人」。為滿足徐福東渡求仙的計畫，秦王朝耗費巨資，可是數年之後，一無所獲，引得秦始皇極為不悅。徐福等人藉口海

---

[259] 見王勇著：《中日關係史考》，中央編譯出版社，1995 年，第 77 頁引文。

中有巨魚阻隔，難抵仙山。於是秦始皇又派人入海捕巨魚。隨後，秦始皇本人多次東巡到海邊，希望能求得海中之奇藥，但終於不遂所願，最後死在返回途中。

顯然，在這裡，司馬遷關注的焦點在於秦始皇本人，沒有仔細探究徐福等數千人的下落。只是在《淮南衡山列傳》記載了西漢人伍被對徐福故事的闡發：秦始皇派遣徐福入海求仙藥，徐福在無可奈何的情況下，欺騙秦始皇說，他已見到海中大神，也到了蓬萊山。但是海上大神嫌進獻禮品太薄，不肯賞給仙藥。秦始皇信以為真，「遣振男女三千人，資之五穀種種百工而行。徐福得平原廣澤，止王不來。於是百姓悲痛相思，欲為亂者十家而六」。在徐福東渡問題上，班固所著《漢書》基本上依從司馬遷的記述。

伍被所言的最大價值在於道出了徐福等人的去處，然而也沒有指明所謂「平原廣澤」的具體方位，因此，從西漢以後，一些古籍裡又衍生出許多「徐福東渡」的新內容。署名為東方朔所做的《海內十洲記》記徐福到達祖洲。祖洲「近在東海中，地方五百里，去西岸七萬里，上有不死之草……服之令人長生……（秦始皇）乃使使者徐福發童男女五百人，攝樓船等，入海尋祖洲，遂不還。福，道士也，字君房」。而《三國志》與《後漢書》則記載長老傳言，徐福的最後落腳點是澶洲。

不難看出，這些「徐福東渡」的傳說，並沒有與日本國相連起來。即使到唐代，中日兩國交流十分密切，但也沒有確定徐福與日本的關係。大詩人李白、白居易等人的詩作便是很好的證明。如白居易〈海漫漫〉詩云：

海漫漫，直下無底旁無邊。

雲濤煙浪最深處，人傳中有三神山。

山上多生不死藥，服之羽化為天仙。

秦皇漢武信此語，方士年年採藥去。

蓬萊今古但聞名，煙水茫茫無覓處。

海漫漫，風浩浩，眼穿不見蓬萊島，

不見蓬萊不敢歸，童男丱女舟中老。

徐福文成多狂誕，上元太一虛祈禱。

……

　　然而，從五代、北宋開始，「徐福東渡」開始與日本國相連起來。這種解釋最早出於僧人義楚的《釋氏六帖》（又稱為《義楚六帖》），該書卷二十一載：

　　日本國亦名倭國。東海中，秦時，徐福將五百童男、五百童女，止此國也。今人物一如長安……又東北千餘里有山，名富士，亦名蓬萊。其山峻，三面是海，一朵上聳，頂有火煙……徐福止此，謂蓬萊，至今子孫皆曰秦氏。

　　義楚本人沒有到過日本，《六帖》所記源自於一位日本高僧 —— 寬輔。他是真言宗僧人，西元 927 年來華，是義楚的密友。[260] 也可以說，真正將徐福的去向定為日本國的這個觀點，最早是源自於日本方面的認同，而不是出於中國古代文人的附會。弄清楚這一點是極為重要的，正

[260] 見王勇著：《中日關係史考》，第 79 頁。

因為這種認知源自於海外，因而顯得相當可貴，遠較內地人士的憑空猜測富有說服力。

後來，北宋大文學家歐陽修所作〈日本刀歌〉將這種推斷渲染得豐富傳神：

傳聞其國居大島，土壤肥沃風俗好。其先徐福詐秦民，採藥淹留丱童老。百工五種與之居，至今玩器皆精巧。前朝貢獻屢往來，士人往往工詞藻。徐福行時書未焚，逸書百篇今尚存。令嚴不准傳中國，舉世無人識古文⋯⋯

從此，義楚與歐陽修的說法開始為中日兩國人士普遍認可，「徐福東渡」的故事也被作為一段有意義的事件載入了中日文化交流史。特別是在日本方面，不僅獲得了官方的認可，徐福祠、徐福墓相繼出現，民間出現了香火頗盛的徐福信仰。

我們認為：徐福東渡故事的演變，不僅是一種由移民運動引發的歷史文化現象，而且是一種有典型意義的文化傳播影響在移民史上的回饋。在這一問題的探討中，「徐福東渡」事實本身存在與否，已不是我們關注的焦點。為何在唐以後才出現徐福傳說與日本國的對接，才是問題的關鍵。就造船水準與航海能力而言，先秦時期中國先民已具備前往日本列島的能力，已無可置疑。因此，無論是否有確切的文獻記載，中日之間移民活動的發生是完全有可能的。根據《史記》與《漢書》的記載，徐福等數千人不知去向，但不論是祖洲，還是澶洲，可以肯定離開了東海之濱。也就是說秦漢之時，一次有一定規模地向海外移民發生了。這批移民攜帶有糧食種子及百工，在一塊新的陸地重新開始生活，

也是順理成章的。中國本土人士自然對徐福等人的歸宿頗感興趣，秦漢以後，中原政權早已與倭國建立了往來，但限於視野與活動範圍，徐福問題始終沒有答案，留下的空白持續了上千年。直到唐朝之時，富於浪漫情懷的詩人們也只好發出困惑的悲嘆。

事情的轉機在於千年之後這一傳說在日本國內產生了神奇的反應，並找出了關於徐福東渡令人驚嘆的證據，如「今人物一如長安」，即日本國的士人習俗與中國名都長安異常相似。而且，日本名山富士山，一名蓬萊。該山之形狀正似傳說中的仙山。更重要的是，日本國內還找到了這批移民的後裔，「至今子孫皆曰秦氏」。歐陽修的〈日本刀歌〉也同樣從文化影響上為徐福東渡尋找依據。如「至今玩器皆精巧」、「士人往往工詞藻」，都反映了漢文化在日本國內的濃烈影響。另外，還傳說秦始皇「焚書坑儒」後亡佚的百篇《尚書》在日本國內尚存。在這一系列有力的證據面前，中日兩國士人都開始鄭重其事地看待徐福傳說了。

不難看出，徐福傳說在日本發生神奇的反應，主要得益於漢文化在日本列島的豐厚累積沉澱。當日本士人面對漢文化對本國的強大影響時，不禁會對這一問題產生追根溯源的願望。在中國文化向海外傳播過程中，移民的作用是不可低估的，一些真實存在的移民後裔會迫使日本人對移民歷史進行深刻的反思與推論，於是，中國上古歷史上著名的海外移民活動 ── 徐福東渡就自然成為人們追溯的源頭，徐福也就變成產生強大文化影響的移民英雄。因此，我們在考察這一神奇反應時，就不應該將目光局限於徐福其人其事的真實性上，而應關心留意從秦漢到盛唐千餘年中國文化向海外的傳播。可以肯定，在這一漫長的傳播過程中，有相當多無名的中國移民做出了積極貢獻。

二、風吹稻花兩岸香
—— 移民在朝鮮半島政治文化發展史上的貢獻

夕陽西下水流東，興廢夢魂中。笑弱吐強吞，縱成橫破，鳥沒長空⋯⋯

—— （高麗）李齊賢〈木蘭慢〉（長安懷古）

與日本列島相比，朝鮮半島毗鄰中國東北地區，兩國之間的人口遷移更少交通上的阻隔。更重要的是，朝鮮半島北部曾多次歸屬漢族中原王朝統治，這種客觀狀況更使兩地間的人口遷移及文化交流活動更趨頻繁而複雜，甚至產生了一些難以判定的民族與國家問題。這其中最著名的兩大難題便是「箕子朝鮮」與「渤海國歸屬」。

今天的中朝邊界是經過長期歷史發展演變而來的，然而，在漫長的歷史時期，這條以鴨綠江為主幹的邊界並沒有成為隔絕兩地人民相互往來的「鴻溝」。朝鮮半島上民族與國家的形成，既有自身的獨特性，但也與中國中原王朝的發展存在著密切的關係，不可截然分開。在這一過程中，兩國人民的遷移活動發揮了舉足輕重的作用。這應該是我們考察兩國關係史的一個基本出發點。僵化而孤立地偏執一面之詞，只能與歷史的真實越來越遠。根據中國古籍中的大量史料，中國學者對「箕子朝鮮」的歷史地位做出了較充分的證明，而朝鮮與韓國的一些學者則持懷疑及否定態度 [261]。其實，從移民史及文化傳播的角度來看這一問題，我們對這一問題可以得出更深切全面的理解。

---

[261] 劉永智：〈再論箕子朝鮮不容輕易否定〉，《中朝邊界研究文集》，吉林省社會科學院，1998年，第 133-149 頁。

　　就史料記載而言,「箕子朝鮮」問題有較堅實的論證依據,至少在遷入地的明確指證上,遠勝於「徐福東渡」故事。最晚至西漢司馬遷著《史記》之時,已明確認定「箕子」 —— 這位著名商朝遺民在西周初年遷入朝鮮一帶。至東漢班固撰《漢書》,也正式將箕子作為華夏文化在朝鮮半島傳播的領袖人物。如《漢書·地理志》稱:

　　玄菟、樂浪(兩郡),(漢)武帝時置,皆朝鮮、濊貉、句驪蠻夷。殷道衰,箕子去之朝鮮,教其民以禮義,田蠶織作……是以其民終不相盜,無門戶之閉,婦人貞信不淫闢。其田民飲食以籩豆,都邑頗放效吏及內郡賈人,往往以杯器食。郡初取吏於遼東,吏見民無閉臧,及賈人往者,夜則為盜,俗稍益薄。今於犯禁浸多,至六十餘條。可貴哉,仁賢之化也!

　　班固提出這樣的觀點絕對不是憑空杜撰,值得充分注意。首先,西漢王朝至漢武帝時,已將朝鮮半島北部劃入自己的疆域之內,中原王朝的士人對該地區的文化風俗特徵有著相當全面而真切的了解。其民眾雖為朝鮮、濊貉、句驪蠻夷之人,但敬奉禮義,道不拾遺,夜不閉戶,風俗淳美,遠優於中原內郡,引起了學者由衷的讚嘆。在探尋教化興起源流時,班固很自然地想到了箕子 —— 這位遷居朝鮮的殷代賢士,將朝鮮半島的教化成就歸功於他。當然,單純歸功於箕子一人,顯然失之偏頗,不過將朝鮮半島的禮儀文化的發展歸功於高素養的漢族移民,則應是千真萬確的。我們認為,這正是「箕子朝鮮」問題的關鍵。

　　從遠古時期開始,中原內地已與朝鮮半島發生了密切的交流,其中包括頻繁的人口遷移。箕子所封的「朝鮮」應是朝鮮半島上歷史悠久的

古國，在中國古史記載中為所謂「東夷」之屬。而學術界已有定論，即殷商王朝就是「東夷之人」所建立，商人與東夷諸邦國關係密切，自在情理之中。周武王興兵滅商，必有大量商朝遺民向東方逃亡，包括進入朝鮮半島。武王封箕子於朝鮮，其實質應是西周王朝對殷商遺族懲罰性的遷移，或是對這批逃離中原的遺民實際上的承認。與朝鮮半島本地居民相比，以箕子為首的商朝移民文化素養較高，事實上造成中原文化的東傳。春秋戰國時期，燕國一度相當強大，占領了真番、朝鮮等小國，並在當地設置官吏，建立軍事要塞。《史記‧貨殖列傳》稱燕國「東綰穢貉、朝鮮、真番之利」，依舊將鴨綠江以南的朝鮮、真番等地，劃入燕地文化圈之內。既然朝鮮諸國成為燕國的附庸，就無法排除燕國官吏、軍士及普通民眾進入該地的可能性。

秦國攻滅燕國之後，朝鮮半島進入了新的發展時期，即「衛滿朝鮮」。而這一發展更應歸功於移民的貢獻。「衛滿朝鮮」國的開創者衛滿，原為燕國人，關於他建立新一代朝鮮國的經過，《史記‧朝鮮列傳》有生動而真實的描述：

（衛）滿亡命，聚黨千餘人，魋結蠻服而東走出塞，渡浿水，居秦故空地上下鄣，稍役屬真番、朝鮮蠻夷及故燕、齊亡命者王之，都王險（今朝鮮平壤市）。

顯然，衛滿建國所依賴的核心力量就是其「（舊）黨千餘人」，國中百姓除原有居民外，還有不少原本燕國與齊國逃亡之人，可見，移民在衛滿朝鮮建立過程中發揮了不可忽視的作用。在漢朝初年，中原王朝國力虛弱，無暇顧及邊遠地區，衛滿乘機吞併周邊小國，朝鮮國由此勢力

鼎盛一時。「以故，（衛）滿得兵威財物侵降其旁小邑，真番、臨屯皆來服屬，方數千里。」[262]

漢武帝時期，中原王朝與朝鮮王朝兵戎相見，這場戰爭的由來同樣與移民有關，即「所誘漢亡人滋多」。戰爭的結果是朝鮮歸降，漢朝在其國內設置了真番、臨屯、樂浪、玄菟四郡。鴨綠江南北又統一於一個政權之下。班固《地理志》所記正是此時的情形。大量的漢族移民的加入必然使朝鮮半島的文化風俗染上濃重的中原風味。但這種傳播與影響絕不是一朝一夕所完成的，也不是任何一個人可以獨任其功。

與今天某些朝鮮學者的觀點不同，我們可以發現古代朝鮮士民早已肯定了「箕子朝鮮」的歷史貢獻。這同樣是源於對文化發展的認同，並不是僅僅因為古朝鮮人沒有自己的文獻記載。如《高麗史》載禮部奏稱：「我國教化禮儀，自箕子始，而不載祀典，乞求其墳塋，立祠以祭。」這一請求得到了高麗國王的恩准。據金石資料記載，箕子墓、箕子宮等文化遺址就在今天平壤市附近。[263] 中國古籍也證實了高麗國內「其俗多淫祠，事靈星可汗、箕子等神。」[264] 箕子崇拜現象的出現不是偶然的，證明古代朝鮮人在追述自己文明發展史時，同時將注意力集中於箕子身上。這與徐福故事在日本發生反應有驚人的相似之處。至此，「箕子」就不僅僅是一位重要的歷史人物，而一躍成為在文化傳播上做出貢獻的大英雄，其背後則是無數高素養的漢族移民。沒有這些漢族移民的默默奉獻，「箕子朝鮮」問題也就成為漫無憑據的「空穴來風」。

與「箕子朝鮮」相比，渤海國歸屬問題更加複雜。最晚至十八世紀後期，一些朝鮮學者已公開將渤海國作為朝鮮歷史的重要組成部分，將

---

[262]《史記》卷一一五《朝鮮列傳》，第 2,985 頁。

[263] 劉永智著：《再論箕子朝鮮不容輕易否定》，第 138 頁引文。

[264]〔宋〕王溥撰：《五代會要》卷三十《高麗》，上海古籍出版社，1978 年，第 469-470 頁。

一時並存的渤海與新羅合稱為「南北國」，並視之為朝鮮歷史上一個南北分治的時代。現代朝鮮學者幾乎將此視為不刊之論，甚至寫進了諸如《朝鮮通史》等官方教科書。[265] 很明顯，朝鮮及韓國學者在這一問題的討論中過多地摻入了民族情感，如云：「渤海是朝鮮人在政治和文化上統治滿洲的最後一個國家，渤海在朝鮮人民歷史中的地位被認為就在於此。」[266] 但學術研究的價值在於忠實於事實真相，學術問題的評判標準更在於公允與公正。只要我們較全面地考察一下渤海國興衰史，便會發現所謂「南北國時代論」實在讓人難以信服。

首先，渤海國是由靺鞨人創立的，其國內主要民族也是靺鞨人。靺鞨人是長期生活於中國東北地區的古老民族，粟末靺鞨是位置最靠近朝鮮半島的一支，而渤海國的創立者大祚榮就是粟末靺鞨人。關於渤海國的創立，《新唐書·渤海傳》載：

渤海，本粟末靺鞨附高麗者，姓大氏。高麗滅，率眾保挹婁之東牟山（在今吉林敦化市東北），地直營州東二千里，南比新羅，以泥河（今龍興江）為境，東窮海，西契丹，築城郭以居，高麗逋殘稍歸之。

南北朝至隋唐時期，朝鮮半島上高麗王朝興盛，其疆域甚至一直擴展至中國東北，居住於營州（治今遼寧朝陽市）一帶的靺鞨人也被高麗人所征服，依附於高麗，故又被稱為「高麗別種」。隋、唐二朝都與高麗之間爆發了曠日持久的戰爭。在雙方付出慘重代價之後，到西元 668 年，高麗王國滅亡，大批高麗臣民被強制內遷，也集中於營州一帶。這些原本高麗國的臣民正是日後渤海國建立的基礎力量。唐聖曆元年（西

[265] 王健群：〈「南北國時代論」糾謬〉，《中朝邊界研究文集》，第 376-387 頁。
[266] （韓國）李基白著：《韓國史新論》，國際文化出版社，1994 年，第 97 頁。

元 698 年），乘東北局勢動盪，契丹等少數民族紛紛對抗唐朝統治之時，大祚榮於今天的吉林省敦化縣敖東城自立為震國王。後來，唐朝政府冊封大祚榮為渤海郡王，以其所統為忽汗州，授其為忽汗州都督。這使渤海國的性質趨於複雜化，它既是一個相對獨立的少數民族政權，又是唐王朝屬下的羈縻府。大祚榮為首的渤海國統治者採取務實的外交政策，與唐朝建立起良好的關係，表面看起來，其附庸性質是相當明顯的，而實際上，唐朝對其內部事務並不干涉，渤海的獨立特徵也是不容置疑的，號稱「海東盛國」。關於渤海國內民族的構成，日本學者菅原道真《類聚國史》稱：「其國延袤二千里，無州縣館驛，處處有村里，皆靺鞨部落。其百姓者，靺鞨多，土人少。」[267] 可見，就民族歸屬而論，渤海國無疑是以古代靺鞨人為主體的國家。

　　與其國內民族構成相一致，渤海國文化習俗的淵源及特徵也相當明確。上層雅文化如典章制度等主要仿效漢族中原王朝模式，「大抵憲象中國制度」，漢化程度相當高。下層俗文化大致與高麗、契丹相同。如《舊唐書‧渤海傳》稱：「風俗與高麗、契丹同。」據此可知，出於人口遷移造成的多民族混居的特點，當時中國東北與朝鮮島北部地區的風俗具有極大的相似性。單從風俗特徵自然無法確定其國家的歸屬。

　　其次，就疆域位置而言，渤海國的主體仍然在今天鴨綠江以北的中國境內。這在其政區組成中反映得最為明顯。其「地有五京、十五府、六十二州」，如：

以肅慎故地為上京，曰龍泉府（治今黑龍江寧安市西南東京城）。

其南為中京，曰顯德府（治今吉林敦化市）。

濊貊故地為東京，曰龍原府（治今吉林琿春市西南八連城）。

---

[267] 金毓黻編：《渤海國志長編》（上編），第 115 頁引文，《社會科學戰線》雜誌社刊本。

沃沮故地為南京，日南海府（治今朝鮮咸興道）。

高麗故地為西京，日鴨淥府（治今吉林白山市鴨綠江南岸長城里）。

夫餘故地為夫餘府（治今吉林四平市）。

挹婁故地為定理府（治今俄羅斯蘇昌）……

渤海國的疆域「地方五千里」，涉及今天中國、朝鮮及俄羅斯三國領土，但其主體仍在中國東北。如五京之中就大致有四京在中國境內，十五府中也只有一個半府（南海府與鴨淥府的一半面積）在今朝鮮境內。[268] 這一大片疆域雖曾一度為高麗王朝所據，但從隋唐至明清，歸屬於中國歷代封建王朝的時間更為漫長。況且在當時，渤海國所轄地域在名義上仍屬唐朝的羈縻府州。我們不能因為大祚榮等靺鞨人曾為高麗王朝的臣民，渤海國中又有不少高麗遺民，就不分青紅皂白地認定渤海國純為古代朝鮮人建立的。

最後，遼天顯元年（西元 927 年），渤海國為契丹人所攻滅，之後，大批渤海國遺民又歸屬遼、金等王朝統治之下。可以說，人口遷移貫穿渤海國興衰史。渤海國滅亡後，臣民四散奔逃，契丹人、女真人先後將渤海國臣民進行大規模的內遷。民族大融合的運動在東北地區再度掀起。如契丹人對渤海國臣民實行的較大規模的內遷就有兩次，分別遷往上京臨潢府及遼東一帶。此後，多數渤海國居民離開了原來的居住地。[269] 另據洪皓《松漠紀聞》等書的記載：耶律阿保機攻滅渤海國後，已「徙其名帳千餘戶於燕（今河北省北部），給以田疇，捐其賦入，往來貿易關市皆不徵，有戰則用為前驅。」證明渤海軍事貴族已成為遼國重要的武裝力量。遼朝末年，渤海遺族有匡復舊國之舉，女真人進行軍

---

[268] 渤海國疆域範圍參見譚其驤主編：《中國歷史地圖集》第五冊，地圖出版社，1982 年，第78-79 頁。

[269] 王鍾翰主編：《中國民族史》，中國社會科學出版社，1994 年，第 418-419 頁。

事鎮壓後，慮其人多難制，就以戍守的名義，將渤海人逐步南遷至山東一帶。女真人原本就與渤海人同出於古靺鞨族，完顏阿骨打的先祖函普曾長期生活在高麗，故有「女直（真）、渤海本同一家」[270] 的說法，具有民族融合的優勢，再加上長期共同居住，渤海人與女真人逐步不分彼此，大批渤海遺族為金朝政治文化的發展做出了積極的貢獻。

可以肯定，東北地區民族構成的複雜與遷徙的頻繁，直接造成了渤海國國內民族與文化特徵的複雜性。以今天中朝兩國邊界為限，渤海國屬古代歷史上典型的跨境國家。無論從內部的民族構成，還是其歷史的演變，我們都無法將其與中國古代史割裂開來，雖然渤海國的興衰也與朝鮮古代史密切相關，但它更應是中國邊疆民族發展史不可或缺的組成部分。

---

[270]《金史》卷一《世紀》，第 2 頁。

第二節

「三寶靈廟」遍南洋
—— 東南亞地區中國移民遭遇與「鄭和崇拜」現象

　　「南洋」是傳統文獻中出現較晚的地理詞彙，包括今天中國南海毗鄰的東南亞諸國。隨著海上交通與中外貿易的拓展，從宋元開始，已有不少中國人士謀求向南洋地區發展。明清時期，向南洋地區移民運動出現了前所未有的高潮。而南洋移民史是一部苦難史，無數華人在向海外開拓時付出了沉重的代價。當我們回顧這段歷史時，不難發現，明清時期南洋移民潮其實與「鄭和下西洋」存在著不容忽視的內在關聯，而東南亞華僑對鄭和的崇拜與其苦難的經歷又有著極其密切的關係。

■ 一、香火遙祭偉人功
　　—— 大航海家鄭和與東南亞各國「鄭和崇拜」現象

　　七度下鄰邦，有名勝跡傳異域；三寶駕渡航，萬國衣冠邦故都。

　　　　　　　　　　　　　　　　　—— （泰國）三寶公廟對聯

　　鄭和恐怕是中國歷史上最受尊崇的太監之一，他的傳奇經歷與非凡

功績，在中國航海史及中外交流史上寫下了永不磨滅的光輝篇章。

鄭和為雲南昆陽（今雲南晉寧）人，本姓馬，出身於一個信奉伊斯蘭教的回族家庭。幼年時淨身入宮，因小名三保，故人又稱其為「三保太監」或「三寶太監」。成年後的鄭和身材魁偉，儀表堂堂，機智有謀略，在宮中內侍中出類拔萃，更因在「靖難之役」中表現出色，為明成祖朱棣登上皇位立下了汗馬功勞，深得寵任。永樂初年，奉命出使西洋。在當時人的地理觀念中，環南海諸國以婆羅洲（今汶萊）為中心，分為兩大區域，以西部分為「西洋」，以東部分為「東洋」。鄭和所經之地，涉「西洋」者較多，故習稱「三寶太監下西洋」。

鄭和率領龐大船隊七下西洋，首先是中國航海史上偉大的奇蹟與里程碑。如永樂三年（西元 1405 年）第一次出使西洋，所用船隻達 62 艘，船長 44 丈，寬 18 丈，每船可容上千人，是當時世界上最大的遠洋航船。除隨隊文員外，武裝將士就達 27,800 餘人。鄭和船隊的航海裝置如羅盤針、航海圖等，也堪稱當時世界一流。航隊從蘇州劉家河轉經福建後遠航，途經國家與地區涉及今越南、泰國、馬來西亞、印尼、斯里蘭卡等國，最遠直達波斯灣、紅海沿岸以及非洲東海岸、赤道以南。這也是世界航海史上的空前創舉，比西方發現「新大陸」的哥倫布等人的航行早將近一個世紀，船隊規模與航海技術也不可同日而語。遠洋航行更需要非凡的膽識與應變才能。驚濤駭浪，暗礁險灘，都為遠航設下了重重險阻。在這項前無古人的創舉中，鄭和等人顯示出令人崇敬的驚人才幹與奮鬥精神，鄭和本人因此被譽為「偉大的航海家」。

鄭和七下西洋，不僅是中國造船技術與航海能力的展示，更是明朝國力與中華文化在南洋各國規模空前的巡迴宣傳，大大提高了中國在東南亞地區的聲譽與影響。據記載，明成祖派遣船隊遠涉西洋，雖有意追

覓傳言中逃亡海外的建文帝行蹤，但更有武力及文化征服海外諸國的雄
心，即「耀兵異域，示中國富強」。因此，鄭和船隊攜帶有大量金幣及瓷
器、絲綢、錦綺、紗羅、麝香、鐵器等中國特產。在航海途中，「以次遍
歷諸番國，宣天子詔，因給賜其君長，不服則以武懾之。」大大擴大了
中國在海外的知名度。當時隨行者之一的鞏珍回憶道：

> 所至番邦二十八處，人物妍媸不同，居止潔穢等別，氣候常如春
> 夏，秋霜冬雪皆無。土產風俗各不相類。其（鄭和船隊）所齎恩頒諭賜
> 之物，至則番王酋長相率拜迎，奉領而去。舉國之人奔趨欣躍，不勝感
> 戴。事竣，各具方物及異獸珍禽等件，遣使領齎，隨寶舟赴京朝貢，是
> 皆皇恩滂沛，德化溥敷，致遠人之歸服也。[271]

「下西洋」不僅是文化之旅，也是外交之旅、貿易之旅。西洋諸國因
交通等因素，與中國以往各王朝沒有建立較明確的外交關係。鄭和在航
行過程中顯示出出色的外交才能，他充分尊重沿線各國的文化風俗，絕
不以大國之勢凌駕於人，從不輕易動用裝備精良的隨行將士，因而，贏
得了沿線各國的尊敬和愛戴。不少國家君臣很快與明朝建立起融洽的外
交關係，一些君臣甚至隨同船隊一齊返航。形成了「諸番使臣充斥於庭」
的喜人景象，增進了中國與東南亞國家之間的了解與友誼。

「鄭和七下西洋」作為中國航海史上輝煌的瞬間，值得後人永遠地紀
念。然而，最讓我們感到驚奇的是，鄭和在東南亞各國受到的尊崇遠遠
超過中國國內人士對「三寶太監」的敬奉。直至今天，在東南亞各國，
關於鄭和的遺跡及紀念他的祠廟遍布各個島嶼，形成了令人驚嘆的「三

---

[271]《西洋番國志》序，齊魯書社編印《四庫全書存目叢書》，史部第 255 冊。

寶崇拜」現象，猶如中國人士之崇奉關公（關羽）。這讓前往東南亞諸國覽勝的遊客留下了深刻印象。如爪哇島上有三寶壟（或為壠）、三寶港、三寶洞及三寶井、三寶墩等遺跡。如三寶洞在三寶壟，「洞前築亭，陳列香案，亭上四周懸掛聯額，目不暇接……亭後即石洞，供三寶太監鄭和塑像，香煙繚繞。案下在井，水清而冽，名三保井。每逢朔望，華僑男女趨洞參拜者，絡繹不絕。」又黃素封《南天樂園》稱：「現在三寶壟的華僑，每年仍以舊曆六月三十日為三保大人初到爪哇的紀念日。他們組織了迎神出巡的慶祝會，每到這時，必要舉行一番熱鬧，鑼鼓喧天，爆竹雷鳴，人山人海，雲集景從，宛如國內抬城隍出巡一樣。」

泰國人民對鄭和的崇拜也絲毫不亞於中南半島。「曼谷的三寶宮，每年迎神賽會，醵資演劇，舉僑若狂，宛似和暹（羅，泰國古稱）人的和尚出遊爭勝……不過，這十七世紀的遺跡，現在是沒有了。現在三寶宮內供人參謁的，只有偉大無比的三寶公像 —— 人立其肩，不摩其耳。」對此，近代學者許雲樵指出：

華僑的信仰三寶公，的確較國內吃食店之敬關公，讀書人之敬孔子，尤為熱烈。他的位置，簡直可以和基督教的耶穌（Jesus），回教的穆罕默德（Muhammad）相當，幾成為一個宗教領導者了。所以在傳說中，他是法力無邊、萬物所命的。[272]

顯而易見，「鄭和崇拜」形成乃至興盛的最根本原因，在於東南亞地區大批華僑的存在，他們是「鄭和崇拜」現象產生與發展的現實基礎。在廣大華僑心目中，鄭和已由一位偉大航海家一躍而為一尊至高無上的

---

[272] 鄭一鈞著：《論鄭和下西洋》，海洋出版社，1985 年，第 482-487 頁引文。

保護神,「鄭和崇拜」也就成為東南亞華僑社群的一大文化特色。東南亞地區廣大華僑如此尊敬與崇拜鄭和,無疑與他們在海外漂泊謀生的切實經歷有關,因此,要想深切認識「鄭和崇拜」現象產生的根源,就必須深入剖析東南亞地區華僑奮鬥史。

二、血淚浸透「過番」路
—— 明清時期南洋地區屠戮華僑慘案述評

一部南洋華僑史,純是極慘苦的人們自力奮鬥耳!

—— 黃炎培

明清時期,福建、廣東等地沿海居民將渡海出洋謀生稱為「過番(同蕃)」,大批漂洋出海的華人被稱為「過番仔」。關於向海外移民的主要動因,眾多學者已做了深刻的分析。如沿海內部的政爭、戰亂、災荒、海禁和外部的東西洋勢力騷擾等引發的社會動盪等。[273] 當然其中最值得注意的,還是沿海地區尖銳的人地矛盾。如藍鼎元在《論南洋事宜書》指出:「閩廣人稠地狹,田園不足於耕,望海謀生者十居五六」、「游手無賴,亦為欲富所動,盡入番島。」[274]

鄭和七下西洋的意義是非常深遠的,其意義與影響並不局限於其航海活動所產生的直接效果,其在推動中國向海外移民活動的意義尤其不可低估。「下西洋」也大大擴展了中國人的視野,隨行人員如馬歡、費信、鞏珍等紛紛將這不平凡的經歷訴諸筆端,他們所留下的《瀛涯勝

---

[273] 楊國楨等著:《明清中國沿海社會與海外移民》,高等教育出版社,1997 年,第 27 頁。
[274]《鹿洲初集》卷三,《華工出國史料》第五輯,中華書局,1984 年,第 1 頁。

覽》、《星槎勝覽》、《西洋番國志》等著作，都成為今天我們研究中外交通史的珍貴文獻。在這些著作中，我們可以看到在當時東南亞各地，已有一些中國人長期居住，只是零散而缺少規模，他們應是南洋華僑的先驅。如在爪哇國（今印尼爪哇島），中國僑民已成為當地居民的重要組成部分，如杜板「此地約千餘家，中國廣東及漳州人多逃居於此，以二頭目為主。」新村「原為枯灘，因中國人逃來，遂名新村，至今村主廣東人也，約千餘家。」另外，就經濟及政治地位而言，鞏珍《西洋番國志》載：「其國人有三等。一等西番回回人，因作商賈流落於此，日用飲食清潔。一等唐人，皆中國廣東及福建漳、泉州下海者逃居於此，日用食物亦潔淨，皆投禮回回教門。一等土人……」又如馬歡《瀛涯勝覽》稱：舊港「國人多是漳、泉州人逃居此地」。

鄭和七下西洋，不僅打開了通往東南亞各國的航路，更提高了華人在當地人心目中的地位，非常有力地推動了中國沿海各地民眾與這些國家的貿易發展，也掀起了向南洋地區的移民熱潮。清代著名學者徐繼畬曾指出：

唯中國之南洋，萬島環列，星羅棋布……明初遣太監鄭和等航海招致之，來者益眾……而閩、廣之民，造舟涉海，趨之若鶩。或竟買田娶婦，留而不歸者。呂宋、噶羅馬諸島，閩廣流寓，殆不下數十萬人。[275]

明末張燮在所著《東西洋考》中也多處提到東南亞各地的華僑狀況。如呂宋（今菲律賓群島）是中國僑民的主要聚集地之一，「華人既多詣呂宋，往往久住不歸，名為壓冬。聚居澗內為生活，漸至數萬，間有

---

[275]《瀛寰志略》卷二《南洋各島》，光緒刊本。

削髮長子孫者。」又如柬埔寨「國人交易，皆婦人能之，所以唐人到彼，必先納婦，兼利其能買賣故也。」、「土人見唐人，頗加敬畏，呼之為佛，見則伏地頂禮。近亦有欺負唐人，由去人之多故也。」大泥「華人流寓甚多，趾相踵也。」然而，自 16 世紀開始，中國沿海向南洋群島的移民史卻演化成一部充滿血淚與艱辛的歷史，大批奔往海外謀生的中國移民不僅被西方殖民者視為危險的競爭仇敵，而且被當地土著看成財富的掠奪者，因而長期慘遭歧視與迫害。近代學者李長傅先生曾指出：

> 當鄭和威震南洋之日，正歐人世界發現開幕之時。三保大人造戰艦宣威海外，而葡萄牙王子恩里克（Infante D. Henrique）獎勵航海尋覓新地。唯我故步自封，繼起無人，而歐人則著著進展，不百年，西力東侵達於南洋，而華僑史上遂大起變化矣。[276]

　　就在鄭和下西洋之後的百餘年間，正值西方世界所謂「地理大發現」時代，葡萄牙、西班牙與荷蘭等國則早早走上了向海外殖民之路。如早在 16 世紀初葉，西班牙人已踏上菲律賓的土地。早期殖民者很快發現華人在當地社會經濟生活中的重要地位，於是他們就將華僑的存在作為自己控制殖民地的最大敵人。而這場殘酷競爭中，與西方殖民者相比，華僑雖然在數量上超過對手，卻處於明顯的劣勢。在這裡，我們有必要仔細分析一下海外移民在中國封建社會中所遇到的阻力與危險。這類阻力與危險並不是來自艱難的漂洋生活，而是來自中國封建社會本身。

　　首先，中國傳統思想觀念歷來強調思戀故土，安土重遷。關於這類內容的格言、警語相當多，如「胡馬依北風，越鳥巢南枝」、「寧念故

---

[276]《南洋華僑史》，上海書店《民國叢書》第三編第 22 冊，第 8 頁。

國一撮土,勿戀他鄉萬兩金」、「父母在,不遠遊,遊必有方」等。故土為宗族、父母、家族墳井的所在,離開故土就意味著放棄對這一切的責任。這種無比沉重的心理壓力在每一位海外移民心中都會產生難以割捨的負擔與愧疚,伴隨著他們漂泊生活歷程。正是在這種心理壓力上,海外華僑大都有「樹高千丈,葉落歸根」的願望,渴望在自己擺脫生活困境及事業成功後,重新回到故國的土地上。這本無可厚非,我們不能強求每一位海外移民都完全忘卻自己的祖國。問題在於,這種沉重的心理壓力,往往使絕大多數華僑不能將海外居留地作為自己的安身立命之處,總有寄人籬下之隔閡感,將爭取經濟利益作為唯一的追求,放棄了許多應該享有的權利,其中最重要便是在居留地的政治權利。

其次,自古以來,中國封建官府對於海外移民均採取鄙視、反對以及禁止的態度。封建帝王愚蠢地認為自己是「天朝上國」的至尊統治者,「中國」之外都是不值一提的「蠻國番邦」。「鄭和七下西洋」就是為了炫耀天朝大國的富強,以便讓海外番邦歸服天朝。因此,封建帝王們對那些逃往海外謀生的「天朝」子民「背棄祖宗」的行徑根本無法理解,甚至無比憤怒、仇視。明清兩朝都在法律條文中明確規定禁止平民私自出海,尤以清朝最為嚴厲。如《大清律例》第二百二十五條云:「一切官員及軍民人等,如有私自出海經商,或移住外洋海島者,應照交通反叛律處斬立決。」這是何等殘酷的嚴刑峻法!按照此類律令,每一位自行出海的僑民都是反叛國家的罪人,時刻都有坐牢掉腦袋的危險!這種「海禁」政策的出籠,不僅為渴望出海謀生的人們築起了可怕的壁壘,還為每一位海外謀生的華僑設下了一道永難回頭的深淵。更為惡劣的是,海外華僑失去了一切政權的保護,當他們的生命財產遭受外來侵害時,中國的封建官府甚至幸災樂禍地「作壁上觀」。

相比之下，西方殖民者不僅有其本國政府強而有力的支持，而且帶有征服領土的強烈要求。西方殖民者在踏上一塊新陸地後的首要步驟，就是宣布該塊土地屬於其母國所有。這些西方殖民者往往是擁有先進的武器。因此，儘管起步晚，人數不多，但西方殖民者在很短的時間裡就在印支群島上建立起擁有主權的殖民地，並將攻擊矛頭直指當地華僑。一方是氣勢洶洶地有備而來，一方是無可奈何的退縮招架；一方是具有武裝的集團力量，一方是手無寸鐵的一盤散沙。在西方殖民者與華僑的對抗中，當地土著居民往往又站在西方殖民者一方。在這種狀況下，悲劇不可避免地發生了。早在明朝末年，在印支群島上就發生了多起屠戮華僑的大慘案，被屠殺華僑的人數相當驚人。每一次大慘案無疑都是華僑史上的一次重大挫折。

第一次大慘案的起因是這樣的：明朝末年的幾位皇帝都以好斂財著稱，萬曆皇帝朱翊鈞就是其中之一。儘管礦稅監使橫行天下，搜刮民財，搞得天下民不聊生，但依然無法填平國庫虛竭的「大窟窿」。故而有奸猾之徒紛紛上言，獻生財之策。如萬曆三十年（西元 1602 年），有張嶷、閻應龍二人向明朝官府上書，宣稱呂宋島上有一座神奇的機易山，山上樹木長滿金豆，取之不盡。如派人前去採摘，一年可得黃金十萬兩、白銀三十萬兩。酷嗜黃金的萬曆皇帝聞聽這個消息，真是喜出望外，不顧其他大臣的勸阻，馬上督促福建地方官員遣使前往呂宋島勘驗真假。當時西班牙人已全面控制呂宋群島，聞聽明朝使者前來，大為震驚，以為明朝官府有意與其爭奪呂宋。於是全面戒備，直截了當地回絕了明朝使者的探詢，宣告：「此處礦山各自有主，豈得隨意開採。中國也有礦山，能容忍外國人前去開採嗎？」並嘲笑道：「你們說這裡樹上自生金豆，不知你們指的是什麼樹啊？」隨使前去的張嶷竟反駁說：「這裡

遍地都是黃金，何必問什麼樹上生金豆呢？」引得在場的所有人哄堂大笑。明朝使者理屈詞窮，只好灰溜溜地離開呂宋。

明朝君臣根本不會想到，這場愚昧可笑的外交事件會為呂宋島上的華僑帶來多麼可怕的災難。明朝末年，中國國內政治日趨腐敗，此起彼伏的農民暴動，引發了極其嚴重的社會動盪，大有「山雨欲來風滿樓」的危機態勢，讓不少人士對明朝前途完全喪失了信心，因而，沿海居民移居海外以避禍亂者大有人在，出現了向東南亞群島移民的高峰。據記載，當時寓居於呂宋群島上的華人達 3 萬人之多，而駐守在當地的西班牙殖民者僅有 800 人。數量對比相當懸殊。本來西班牙人對華人就大有戒心，但呂宋各地的物資供給，在相當程度上依賴華商的貿易活動，西班牙人一時也無法找到攻擊的藉口，這才彼此相安無事。然而就在這次明朝使者貿然來訪後，事態發生了重大變化。西班牙人確信明朝官府有圖占呂宋群島之意，一旦捲土重來，島上眾多華人必然成為明朝官軍的內應，那麼，西班牙人的末日就會到來，極有可能全軍覆沒，被徹底趕出東南亞地區。要想徹底擺脫這種潛在的危機，只有盡可能地削弱華僑的勢力。

正巧，西班牙人探知島上一位名叫英乾的華商，極有威望，曾經是大海盜林道乾的部下，在島上為自己建造了一所石砌房屋，成為島上華人聚會之地。於是西班牙人毫不猶豫地著手準備一場大屠殺，時為萬曆三十一年（西元 1603 年）。殖民地首領先是謊稱作戰事準備，高價收買鐵器，華人不知底細，以致受騙上當，大多數家庭鐵器皆空，刀、劍等防身兵器更是全部賣光。西班牙人在一切準備就緒後，就大開殺戒，聲言全島華人預謀叛亂，遇見華人就殺。可憐大批華僑驚慌失措，四散奔逃，怎奈手無寸鐵，毫無防備，紛紛慘死在刀劍之下。呂宋島上的土著

居民也加入了這場瘋狂的屠殺。屠殺過後，只有數千華人倖免於難，被慘殺的華人達 25,000 人之多（一說 3 萬餘人）！

這無疑是西方殖民者在亞洲犯下的一椿滔天罪行，無辜的華僑成為其維護殖民地利益的犧牲品。慘禍發生後，西班牙殖民首領也害怕明朝官府的追究，更擔心中方由此斷絕對呂宋群島的貿易活動。為此，他們一方面致函福建地方官，宣稱華僑謀叛，西班牙人不得已而進行鎮壓，另一方面派人到福建各地探聽消息，觀察沿海對此場事變的反應。讓殖民者感到慶幸的是，一些地方官員對此事件似乎毫不在意，無動於衷。福建前往呂宋群島的商船於第二年照樣開行，貿易活動一切照常，當時居民的物資供給沒有受到絲毫的影響。

但是，血的事實是無法被輕易抹去的，一些僥倖逃生的僑民向內地同胞哭訴了大屠殺的慘劇，頓時輿論大譁，沿海各地居民群情激憤，怒不可遏。一些有正義感的官員向萬曆皇帝奏報了這一慘劇的真相，25,000 條華人的生命無端慘遭殺害，這種慘無人道的暴行當然也讓這位萬乘之尊感到很大的不舒服，不過，這種不舒服很快就煙消霧散了。在這件外交事件的處理上，萬曆君臣的卑鄙嘴臉及孱弱本質可謂暴露無遺。對這椿慘案，萬曆皇帝先是表示無可奈何，根本無法依據王朝法律處置此事。在大臣們的多次請求下，萬曆皇帝才最終發表了他對此事的處理意見。首先，他對這椿慘案深表震驚，對受害的華商頗為惋惜，但對西班牙人卻不能採取任何報復行動，原因有三條：第一，干係臘（即西班牙別譯）一向為中國交好之國。第二，如派軍征討，未必能夠獲勝。第三，所殺華人，多屬內地無賴之徒，久已背棄鄉土，對中國也無任何益處。基於上述三點，屠殺華人一事也不要看得太重。萬曆皇帝敕命大臣向西班牙人傳信，宣稱中國皇帝寬容大度，對這次屠殺華人

的事件，絕不會興師問罪，只是將妄言生釁的張嶷處死，傳首海外。信中還誇獎西班牙人聰慧能幹，不要擔心明朝追究這椿慘案的凶手。而且公開宣告在呂宋境內的華人大多為不良之輩，西班牙人不必對他們太客氣。只要將那些想要返回中國的華人財產交還，貿易活動可照常進行云云。[277] 我們猜想，當西班牙殖民者收到這封官方信函時，恐怕會大驚失色，這些雙手沾滿華人鮮血的劊子手做夢也沒想到，原來一場屍橫遍野的慘案竟輕易地被這一紙空文了結了。在這位中國皇帝的眼裡，數萬條華人生命連豬狗都不如，他比西班牙人更討厭那些旅居海外的華人。慘案的責任竟莫名其妙地轉嫁到那位妄言的中國人身上，西班牙人不僅沒有絲毫責任，而且從中國皇帝那裡得到了任意虐待華僑的權力，真稱得上聞所未聞，匪夷所思！

另外一起震驚中外的大慘案發生在荷屬殖民地 —— 爪哇島上。十七世紀初，為了爭奪東南亞香料市場，荷蘭商人組建東印度公司，在荷蘭軍人的護衛下，強行攻占爪哇島，建立多處殖民據點。荷蘭殖民者在占領雅加達（今印尼首都雅加達）後，改名為巴達維亞。早於這些殖民者數百年，華人已開始移居爪哇島，並成為當地經濟生活中必不可少的重要支柱。荷蘭殖民者也充分意識到華人的重要作用，為刺激當地經濟的開發，在相當長的一段時間裡，荷蘭殖民者甚至用強迫及誘拐的手段，從中國東南沿海各地強遷華人來爪哇充當勞動力。然而，當巴達維亞城內華人的數量急遽增多後，荷蘭殖民者與華人之間的衝突也急遽升溫，其主要原因便是荷蘭殖民者巧立名目，殘酷盤剝與虐待華人，種種苛捐雜稅，讓華人不堪重負，怨聲載道。再加上荷蘭殖民者企圖用嚴酷的刑法迫使華人順從，結果導致雙方衝突逐漸升級，至西元 1740 年終於爆發「巴城慘案」。

---

[277] 張維華著：《明史歐洲四國傳注釋》，上海古籍出版社，1982 年，第 79-81 頁引文。

　　西元 1740 年，荷蘭殖民者決定強遷一部分巴達維亞城的華人前往錫蘭島（今斯里蘭卡）開荒，以削弱當地華人的勢力，於是，他們以檢查居住證為由，逮捕大批華人，祕密用船隻押往錫蘭。途中，荷蘭殖民者百般虐待華人，稍有反抗即投之於大海餵魚。全體華人在不堪凌辱的情況下，發起暴動，結果多數被殺，只有少數人跳海逃生，回到巴達維亞，向同胞哭訴悲慘的遭遇。這件事立即在華僑居住區引起譁變，久受欺壓的華人再也無法按捺激憤的情緒，決心向荷蘭人討還血債，約期發起暴動。這些無畏的華人竟然在荷蘭人全面戒備的狀況下，單憑簡陋的武器勇敢地向荷蘭人的炮臺發起猛撲，完全用自己的血肉來抵擋荷蘭人無情的炮火。這種「蠻勇」的行動只能換來血的代價，進攻的華人大多倒在了血泊之中。

　　華人的反抗引得荷蘭殖民者獸性大發，第二天，荷蘭軍隊開進巴達維亞城，荷蘭總督下令將華人無論老幼全部殺光。一場駭人聽聞的屠城慘劇開始了。

　　此令一下，數小時之內，而殘暴凶悍之荷兵，由舟登陸，荷槍實彈，見有華人，即肆殺戮，狼奔豕突，破門撞壁，沿宅搜尋。斯時，巴城之內，只見火光燭天，哭聲遍野，死屍狼藉，肝腦塗地，與荷兵之獸威孔奮，張牙舞爪，吞噬此無辜之華人而已……據荷人自己之計算，死者約在一萬以上，可見其實數尚不止此也。[278]

　　在這場屠城慘劇中，全副武裝的荷蘭士兵殘忍地屠戮手無寸鐵的無辜華人，犯下了又一樁震驚世界的無恥罪行，死難華人身體中流出的殷

---

[278] 溫飛雄撰：《南洋華僑通史》，第 98 頁引文。

殷鮮血，染紅了巴達維亞城內的每一寸土地，染紅了城外涓涓流淌的河水。後來，旅居華僑都稱城外河流為「紅河（或紅溪）」，這場慘案又被稱為「紅河慘案」。

殖民者的暴行不但沒有嚇倒勇敢的華僑，反而引發了他們對殖民者更大的仇恨與怒火。爪哇島上的各處華人紛紛揭竿而起，投入到抗擊殖民者的隊伍之中，「巴城慘案」引發了全島範圍反對殖民者的大起義。華人與當地土著居民聯合起來，對荷蘭殖民者給予沉重的打擊。這場大起義後來雖然被鎮壓下去，不過廣大華僑英勇無畏，反抗壓迫的爭鬥精神永遠值得後人的尊敬與緬懷。

這裡，我們又不得不關心注意一下中國封建統治者的態度。西元1740 年正是清乾隆五年，慘案消息傳入中國國內，在福建省官員的動議下，清廷各部大員曾專就慘案的對策展開討論。有些官員認為荷蘭人如此狷獗，虐殺華人，清朝方面總要有所反應，應停止與南洋群島的貿易，以示懲戒。另一些官員則認為如果荷蘭人有意改過自新，就不應該追究下去，這樣才能顯示中國皇帝的「寬懷大度」的氣量。後一種意見最終被乾隆皇帝採納，討論也就此結束了。但令人氣憤的是，在這場討論中，所有清廷官員都異口同聲地認為大批華僑被無辜殺害是「咎由自取」。連頗感義憤的策楞等人也承認：「被害漢人久居番地，屢邀寬宥之恩，而自棄王化，按之國法，皆干嚴譴。今被其戕殺多人，事屬可傷，實則孽由自作。」荷蘭政府在慘案發生後，也頗為擔心清朝官府的報復，第二年特派使者參謁乾隆皇帝，極為謙卑地為自己的罪行開脫，沒想到乾隆皇帝的反應十分平靜灑脫，滿不在乎地發話道：「莠民不惜背棄祖宗廬墓，出洋謀利，朝廷概不聞問。」[279]

---

[279] 李長傅撰：《南洋華僑史》，第 31 頁引文。

　　乾隆皇帝與明朝萬曆皇帝對待華僑慘案的態度如出一轍，何其相似，從中我們也可以發現海外華僑備受欺凌與虐待的真正原因。眾所周知，封建王朝實行閉關鎖國的對外政策，是導致中國發展停頓及與近代資本主義發展隔絕的主要因素，但這僅僅是事情的一個方面。更應該看到，廣大中國民眾並不是一味地畏懦保守，他們為了追求生存的權利，勇敢地衝破封鎖，涉足海外，從事貿易及生產活動，獲得了了不起的成就，南洋地區華僑數百年的奮鬥史充分證明了這一點。然而，他們的奮鬥卻遭到西方殖民者的殘酷遏制，聰慧的頭腦、勤勞的雙手以及堅忍頑強的精神都無法保住華僑的奮鬥成果，因為他們根本不可能清楚地了解到自己所處的殘酷的國際競爭環境。西方殖民者一方面利用廣大華人為其殖民地服務，另一方面無情地剝奪他們的政治權利與經濟利益。當他們發現華人有可能威脅到他們在殖民地的地位時，就毫不留情地進行殺戮。在這種狀況下，廣大華僑只能處於被利用、被剝奪、被殺戮的可悲地位，成為殖民主義發展道路上的鋪路石與犧牲品。西元 1583 年，生活在呂宋島上的一位西班牙傳教士在向國王的報告書中充分暴露了殖民主義者的真實心態，他寫到：

　　與中國生意人的商業往還一向被認為是極端重要的，不僅因為他們在向該城（馬尼拉）供應糧食與維持對外關係上有其價值，而且也是因為他們可以使我們對將來懷著希望。換言之，透過他們，我們甚至可以在那龐大的國度（中國）中獲得立足點，這是我們所最盼望的、凌駕一切的目標。[280]

---

[280]（英國）巴素（Victor Purcell）著，郭湘章譯《東南亞之華僑》，臺北國立編譯館，1966 年，第875 頁。

　　對廣大華人的海外開拓活動，中國封建官府不僅不予以支持，甚至透過立法千方百計地阻撓，甚至在多次大慘案發生後，採取置之不理的冷酷態度，充分反映出其腐朽反動的本質。明清時期南洋地區屠戮華僑慘案的背後，其實是西方殖民主義與東方封建專制主義的交鋒，是新興資本主義發展對腐朽的東方封建社會的衝擊。廣大華僑的悲劇也正是日趨沒落的東方專制主義走向滅亡的徵兆，龐大的中國才是殖民主義者侵略的最終目標。了解數百年間南洋華僑的悲慘遭遇，對深入了解中國屈辱的近代史無疑有著重要的啟示作用。苦難深重的廣大華僑多麼希望有一位救世主來幫助他們脫離苦海，於是乎，在中外航海史上及東南亞地區顯赫一時的鄭和就成為他們頂禮膜拜的偶像了。

第三節

「豬仔出洋」與「唐人街」
── 近代苦力貿易與海外華人社區狀況

在中國向海外移民史上，還有一類數量驚人的移民，非但不是勇氣與魄力的象徵，而是深深鑴刻著中華民族的痛楚與恥辱，這就是所謂「豬仔出洋」，又稱為「苦力貿易」。這種移民的產生基於海外各地對廉價勞動力的強烈需求，外國人販子與內地惡霸相勾結，透過欺騙、強迫等手段，將大批窮苦中國平民運輸出國，在異常艱苦的環境中耗盡體力，終老一生，永無回鄉的希望。這類特殊移民對高層次的文化的傳播發揮的作用是有限的，但他們在海外聚居生活，也形成了具有中國文化氛圍的社群，通常稱為「唐人街」。

一、「浮動地獄」之旅
── 「豬仔出洋」的苦難紀錄

沒有奴隸就沒有棉花。沒有棉花，現代工業就不可想像。奴隸制使殖民地具有價值。殖民地產生了世界貿易⋯⋯

── （德國）卡爾・馬克思（Karl Marx）

　　「豬仔」是東南沿海平民對近代史上「苦力」的俗稱。「苦力」一詞，源於印度坦米爾語，意為僱傭者，英文為 Coolie 或 Cooly，近代貿易史上專指從印度、中國等地僱傭的勞工。「苦力」在西方文獻紀錄中的正式名稱為「契約勞工」。在這一貌似文雅的名稱中，我們根本看不出其與「豬仔」之間的內在關聯。然而，當我們翻閱血漬斑斑的史冊時，就會清楚地發現，「苦力貿易」之所以被稱為「豬仔出洋」，因為它實質上是一種比黑奴貿易更黑暗更可怕的人口販賣。

　　西方殖民地上華人「豬仔」的出現，應上溯至十七世紀初荷屬殖民地盛行的「盜人制度」。明朝末年，荷蘭人在東南亞各島嶼建立起擁有主權的殖民地。但是，殖民者很快便發現，單憑島嶼上土著居民來維持其殖民地的經濟發展，幾乎是不可能的。於是，荷蘭人便把注意力集中到中國東南沿海的華人身上，這些殖民者竟不惜用海盜掠人的手段，武力劫奪中國沿海居民，將其販賣到東印度群島為奴隸，在種植園與農場中從事勞作。荷屬殖民地總督庫恩（Jan Pieterszoon Coen）曾於西元 1623 年的一封信函中指示道：

　　巴達維亞、摩鹿加、安班瀾、萬達需人甚多……世界中無如華人更適我用者……貿易既不能以友誼得，現在風候正好，可即遣戰船往中國口岸，盡量捕其男女幼童以歸……特須注意，多捕華人，婦人、幼童更好，歸以填充巴達維亞、安班瀾、萬達等地……[281]

　　當時，南洋群島上的土著城邦實行奴隸制度，這些被擄掠的華人喪失人身自由，很自然地淪入社會的最底層，在毫無報酬的情況下，被迫

---

[281] 溫飛雄撰：《南洋華僑通史》，商務印書館，1929 年，第 159 頁引文。

從事繁重的體力工作。由於史料的極度缺乏，我們難以了解這些早期豬仔的生活狀況。據學者分析，與十九世紀以後的狀況相比較，早期奴隸被收買之後，主要為貴族家庭及私人種植園服務，「居則採樵出汲治爨，行則執鞭弭司牧圉以相從。」當然，奴隸也是殖民者開拓荒地中的主要勞動者，在監工們的嚴格監督下，從事種植業生產。[282]

十九世紀是中華民族苦難屈辱的一百年，也是苦力貿易全面興起、發展的時段。腐朽的清朝政府在兩次鴉片戰爭慘敗後，簽訂了喪權辱國的條約，中國門戶大開，為苦力貿易在各開放口岸的興起創造了必要的條件。同時，世界上的黑奴貿易走過二、三百年的罪惡歷程後，已到了窮途末路，非洲大陸在喪失數億人口之後，勞動力資源已瀕於枯竭，非洲本土的開發也需要大量勞動力補充。另外，長距離的運輸費用與高死亡率已使黑奴貿易無利可圖，再加上正義人士的呼籲與反對、黑奴的反抗等因素，到十九世紀前期，英、法等國家開始陸續廢除奴隸制。但是，十九世紀又是世界資本主義經濟飛速發展的時期，美國加州及澳洲等地先後發現金礦，南美洲及東南亞各地大種植園的出現，都需要大量廉價的勞動力，印度與中國的契約勞工就成為代替黑奴的最好勞動力資源，苦力貿易興盛一時，其根源也在於此。[283] 西元 1872 年，一名美國記者透過親身調查後，深切意識到苦力貿易的驚人利潤，正是這驚人暴利迫使眾多資本家與投機商對苦力貿易趨之若鶩，不擇手段。他一針見血地指出：

勞動力的需求如此之大，種植園的資本家都願意花 500 元的代價，買下一名能使用八年的中國佬。這種販運的利潤很容易計算。我到苦力

---

[282] 《南洋華僑通史》，第 160 頁。

[283] 彭家禮：〈十九世紀西方侵略者對中國勞工的擄掠〉，《華工出國史料》第四輯，中華書局，1981 年，第 176 頁。

船上看過，送到市場上去的 900 名活人，對於苦力進口商來說，就等於 45 萬元的財富，而他們原本花費的成本，總共不到 5 萬元，運到古巴便可得到 40 萬元。即使在非洲奴隸貿易的極盛時期也從來沒有實現過這樣驚人的利潤。[284]

　　與販賣黑奴相比，苦力貿易多了一塊偽善的「遮羞布」，這就是一紙契約，這似乎表示勞工均出於自願，與喪失人身自由的黑奴不同。但這張薄薄的「遮羞布」根本無法遮蓋事實的真相，在一個對外懦弱無能，對內殘忍橫暴的專制政府統治下，普通百姓的基本權益都無法保障，更何況在飛揚跋扈的外國人直接插手的貿易活動中，要想從一張薄紙上獲得法治與人權的保障，不啻痴人說夢。稍做分析，我們可以發現，每一張契約的出籠，不知包含了多少欺詐與強暴、多少屈辱與辛酸。必須著重指出的是，中國沿海無法無天的流氓無賴、海盜惡棍在罪惡的苦力貿易中扮演著極其卑劣的角色，他們為虎作倀，助紂為虐，成為外國奸商得力的幫凶與爪牙。於是，每一張契約的背後，不是口蜜腹劍的欺騙利誘，就是無休無止的殘酷折磨。

　　以廣州為例，我們可以清楚地發現中外惡勢力的勾結。廣州巡撫者齡在上奏中曾指出：「夷人在粵東利誘內地匪徒，拐騙人口出洋，名為買豬仔，由來已久，自咸豐七年（西元 1857 年）夷人入城，此風更盛。」[285] 內地惡棍在拐騙人口方面可謂挖空心思，壞事做盡。坑人手段五花八門，他們要麼花言巧語，騙人上鉤，如不奏效，則不惜用下藥、打悶棍等卑劣手法強迫綁架。無辜平民一旦落入匪手，就凶多吉少。稍

---

[284] 彭家禮：〈十九世紀西方侵略者對中國勞工的擄掠〉，第 197 頁引文。
[285]《華工出國史料》第四輯，第 186 頁引文。

有違抗，便慘遭毒打虐待。拐來的豬仔正是在這些匪徒皮鞭的脅迫下，在賣身契上簽字畫押，成為「自願的」勞工，驅趕上前往各殖民地的船隻。一時間，廣州城內竟形成人人自危的恐怖局面，人們甚至在大白天也不敢單獨在大街上行走。有識之士指出：拐匪如此猖獗的根源在於外國奸商的縱容與撐腰。「拐匪如此膽敢犯法，拐騙人口，實緣有外國囤船作為後路，有恃而無恐。在外國囤船未停泊黃埔之前，從未聞有拐騙豬仔之事。」[286] 由此可見，「豬仔出洋」無疑是近代史上外國列強變相壓迫中國普通民眾的一種特有的畸形現象。連英國人自己也承認：「如果不是英、法以武力在中國奪得立足據點，苦力貿易本來就無從發生……作為英國人，對這種不斷為人類文明抹黑的苦力貿易，應當承擔應有的責任。」[287]

　　當時東南沿海最著名的豬仔轉運地要數葡萄牙殖民者占領的澳門。西元 1750 年代到 1770 年代，是「豬仔貿易」最為猖獗的時期，而正是在這一時期，澳門豬仔館是沿海最集中、最繁忙的中轉站，這一時期絕大部分運往南美洲古巴、祕魯等地的苦力都是從澳門啟程的。澳門豬仔館臭名昭彰的另一個重要原因就是其虐待「苦力」的極端殘酷性。抓來的青壯年大都是在慘刑的威脅折磨下，萬般無奈地在賣身契上簽字畫押。不少苦力實在無法忍受折磨，甚至在簽字前就尋短見自盡了。因此，學者悲憤地指出：「澳門的確是苦力擄掠的罪惡淵藪」。「惡名昭著的澳門豬仔館是收買、囚禁和轉賣苦力的集中營，是苦力慘遭迫害的活地獄。」[288]

　　其實，抓入豬仔館，在賣身契上簽字畫押，不過是苦力們「地獄之旅」的開始，擺在他們面前的還有一道道難以捱過的「鬼門關」，其中最

---

[286] 彭家禮：〈十九世紀西方侵略者對中國勞工的擄掠〉，第 186 頁引文。
[287] 《華工出國史料》第四輯，第 193 頁引文。
[288] 彭家禮：〈十九世紀西方侵略者對中國勞工的擄掠〉，《華工出國史料》第四輯，第 188 頁。

殘酷的煎熬莫過於漫長而痛苦的海上航行了。從澳門或香港出發，到美洲大陸，在當時航運條件下，乘船至少要走兩、三個月，噸位較高的運輸船甚至需要四、五個月。這段頗費時日的海上航行是苦力貿易過程中必不可少的核心部分，苦力貿易的野蠻本質也在這段航程中淋漓盡致地表現出來。首先，投機商為降低成本，盡可能地在每艘船上多載苦力，因而每一艘運輸船都嚴重超載，如一艘只能裝 450 人的船，卻硬塞上 700 名苦力。一艘只有 300 噸位的船隻卻謊稱有 900 噸，唯一目的在於逃避檢查與多載苦力。這種喪心病狂的超載無疑大大增加了苦力的航行痛苦與船隻翻覆的危險性。在這種運輸船上，真正展現了投機商把人當作「豬玀」的殘酷居心。在狹小的船艙裡，不論白天還是黑夜，苦力們只能肩並肩，背靠背地緊挨在一起，沒有一絲自由活動的空間。就是在這種牢籠般的壓迫窒息狀態下，苦力需要熬過數個月的時間。其次，同樣是為了降低成本，投機商盡可能地減少對苦力們的食物與水的供應，因為嚴重超載，船隻上有限的空間已根本無法裝載足夠的食物與飲水，船主們只有透過拚命削減對苦力的供給，才能勉強維持整個航程。一旦海上出現異常情況，淡水缺乏，苦力們往往數日無水入口，渴死者比比皆是。少得可憐的食物又大多在長途航行中腐敗變質。再次，非人的虐待必然引發苦力們的強烈怒火和反抗，投機商們便用殘酷的高壓手段來迫使苦力們就範。為此，每一艘苦力運輸船上都配有荷槍實彈的船員，稍有反抗，船主就棍棒交加，直至將苦力活活打死或槍殺。總之，上述種種因素都決定了苦力販運的最大特徵，即驚人的高死亡率。「其載運出洋也，數百人閉置一艙，昏悶而死者已三分之一，抵埠以後，飢餓鞭箠而死者又三分之一，僅延殘喘不及一成。」[289] 也就是說，能夠最後存活

---

[289] 陳次亮：〈酌增領事說〉，《華工出國史料》第五輯，中華書局，1984 年，第 5 頁。

下「豬仔」只有原來總數的 10%。不言而喻，漫漫的海上航程成了苦力們的層層煉獄，許多苦力最終成為種種壓迫、種種折磨的犧牲品，在踏上殖民地之前便早早走上了黃泉之路。因此，人們都感慨地稱販運苦力的海上航船為「浮動地獄」，苦力海上航程的殘酷性，甚至遠遠超過當年販運黑奴的「大西洋中段航道」。

好不容易熬過苦難的航程，豬仔的痛苦沒有絲毫減輕。豬仔們常常被大種植園主用數百元買來，在極度惡劣的工作與生活條件下從事繁重的勞動。種植園主一心想盡快撈回購買豬仔的數百元錢，於是無休止地役使豬仔。豬仔的悲慘遭遇得到了不少正義人士的同情，在世界輿論的壓力下，西元 1874 年，清朝總理衙門派陳蘭彬等人前往古巴等地苦力收容所及大種植園，傾聽了上千名苦力們的申訴，接受了他們呈交的陳情書。根據這些內容，陳蘭彬等人向總理衙門提交了一份震驚世界的調查報告，向人們揭示了苦力貿易駭人聽聞的內幕：

據苦力之口供及陳情書，全數十分之八為誘掠而來。在航程中，備受虐待，其被擊傷致死，自殺病亡者占百分之十。即抵夏灣拿（今古巴哈瓦那），被售為奴，只有最少數在家庭及商店中服役，大部分為蔗田之苦工。而以後者受虐最甚，工作繁重，食物不足，且動以鞭撻，或加囚禁。歷年以來，有大多數之苦力，鞭撻而死者有之，因傷致命者有之，懸梁而死、切頭自殺、服鴉片自盡者有之，投井入鑊而死者亦有之。我人所見之苦力，有殘其手足者，有破頭者，有缺齒者，有肘耳者，有寸膚破傷者，足證其言之非誣。幸而合約期滿，則雇主必強迫更訂新約，住期限在十年以上，受苦如前。此皆我等親見而親聞者。[290]

---

[290] 李長傅：〈中國殖民史〉，《華工出國史料》第四輯，第 118-119 頁引文。

　　這份報告書一經公開，引起中外人士極大的憤慨，人人紛紛譴責這種慘無人道的罪惡行徑。一向對苦力貿易採取姑息縱容態度的西班牙政府，再也無法承受來自各方面的壓力，被迫於西元 1877 年與清朝政府重新訂立通商條約，該條約明確規定華工在自願出國時，必須向清朝海關領取護照，到達西班牙殖民地後，應在當地中國領事館登記。在西屬殖民地的華工應享受最惠國條例待遇。葡萄牙政府也被迫於西元 1873 年關閉「興盛一時」的澳門豬仔館。與此同時，英、美等國也相應發表了禁止本國商人與船隻參與豬仔貿易的法令。

　　可以說，明目張膽的販運苦力活動至西元 1870 年代後期已告終止，然而隱性的苦力貿易並沒有就此絕跡，如在英國侵略者割據的香港，就有所謂「賒單工」的出現。「賒單」為英文 Credit Ticket System（信用票制度）的俗稱，即賒欠船票制。其內容是指苦力召集人先為無錢購買船票的苦力墊付船票及旅途費用，到國外後，這些苦力要用自己的勞力償還這些欠債。而且這些欠債可以轉讓。這可以說是早期債奴的翻版，不過更隱蔽而已，因而被稱為「自由移民」。但賒單工在償還債務之前，沒有基本的人身自由，在一些國家（如美國）不受法律保護，其待遇與原來的苦力相比，沒有本質的區別。苦力貿易的真正廢止，一直要等到中華民國建立以後。

二、倖存者的「保留地」
── 美國「唐人街」早期歷史回顧

　　我漸漸知道了華人在美國的早期經歷。那是我們的歷史，是浸透了難以用言語形容的偏見、迫害和殺戮的歷史。

──　楊振寧

據學者們的粗略統計，僅十九世紀後半期，被掠販出國的中國苦力就大約有 205 萬人。[291] 但迄今為止，似乎還沒有人能夠透澈而全面地闡明華工在近代殖民地及世界資本主義發展中發揮的重要作用。更令人憤慨的是，華工在世界各國無一例外地遭遇到最惡劣的待遇。我們不禁要問，這到底是為什麼呢？難道這是苦難深重的中國人無法避免的歷史命運嗎？晚清人陳次亮曾無比感慨地說：

> 西人開埠，必招華民，華民既多，其埠之興可立而待，否則荒涼寂寞，太古荊榛。如美國之新舊金山、墨西哥、巴西、祕魯、古巴各埠，袤延至西貢（今越南胡志明市）、緬甸、印度、錫蘭（今斯里蘭卡）及西人新闢之非洲、南洋萬島，開闢之始皆廣招華工。華工工作勤，食用省，薪俸廉，百產蕃昌，陡成富庶。然後其本國及他國之工人從而嫉妒之，殘害之，驅逐之，天下之不平孰有過於是者？[292]

在這裡，中國華工「勤勞」、「節儉」、「忍耐」等諸多美德，竟成為被殘害、被驅逐的理由，真是令人難以置信，但這的確是鐵的事實。南洋群島上屠戮華僑的慘案，我們已做了較詳細的剖析。近代華工出洋的另一大目的地，便是美洲，而在近代美洲各國迫害華工的慘痛歷史上，美國卻扮演了極不光彩的角色，美國政府曾發表了一系列強行限制與歧視華工的法案，這些帶有明顯種族歧視色彩的法案一經問世，曾掀起了一浪高過一浪的排華風潮。

美國本來就是一個移民國家，「新大陸」的土著居民是印第安人，美國歷史的開端，只能從 17 世紀初來自英國的移民踏上北美大陸建立

---

[291] 陳澤憲：〈19 世紀盛行的契約工制〉，《歷史研究》，1963 年第 1 期，第 138-139 頁。
[292] 《華工出洋史料》第五輯，第 6 頁。

殖民地時算起。不能否認,正直的美國人民曾為擺脫種族歧視進行過艱苦的抗爭,如長達 4 年之久的南北戰爭,就是由廢除黑奴制度而引發。但是就在黑奴制度廢除之後,種族歧視仍然充斥於北美大陸,長期陰魂不散。

　　根據美國移民委員會的正式紀錄,華人最早來到美國是在西元 1820年。從西元 1850 年代開始,曾出現華僑移民美國的高潮,每年都有成千上萬的華人通過舊金山海關。[293] 出現這種局面的原因是多方面的,如西元 1848 年美國加州沙加緬度河谷發現黃金,激起了世界各地人們發財致富的慾望,眾多華人也熱切地遠渡重洋,來到夢想中的「金山」,躋身於「淘金熱」的行列中。當然,最根本的原因就是美國在當時各項建設中,需要大批廉價的勞動力。如西元 1863 年第一條橫貫北美大陸的鐵路線開工,這項浩大的工程曾因缺乏充裕的勞動力而舉步維艱,是大批華工的參與,使工程建設獲得突破性的進展,直到西元 1869 年該鐵路全線貫通。為了修建這條鐵路,廣大華工付出了艱苦的努力與重大犧牲。華工們毫無怨言地承擔了工程中最危險、最繁重的工作,但收入卻十分微薄。

　　正是看到美國各項建設對華工的迫切需求,一些政客開始尋求透過法律的方法來鼓勵華工赴美,這便有所謂《蒲安臣條約》的簽訂。《蒲安臣條約》簽訂於西元 1868 年,該條約宣告:清朝與美國公民可以自願自由地互相往來,遊歷、貿易、遷居、入籍,均可自便,雙方政府不得設置壁壘與障礙。這無疑為華工自由移民美國提供了國際法的依據,但事實證明,《蒲安臣條約》並沒有為改善華工待遇製造機遇,相反卻成為華工自由移民美國時代結束的尾聲。因為不久之後,對華工的歧視驟然演

---

[293] 朱傑勤主編:《美國華僑史》,廣東高等教育出版社,1989 年,第 3 頁。

變為強烈的排華風潮。

西元 1870 年代是美國歷史上的一段黑暗時期，伴隨著經濟大蕭條及嚴重自然災害，美國社會各種衝突處於激化的邊緣，可悲的是，在這場波及全美國的大動盪裡，華工成為最不幸的犧牲品與代罪羔羊。大批白人失業工人將心中的怒火發洩到孱弱卑微的華工身上，於是華工吃苦耐勞等美德都成為不可饒恕的罪過。以「沙地黨」為首的工人政治團體在排華風潮中大肆興風作浪，其頭目丹尼斯·科爾尼（Denis Kearney）甚至公然歇斯底里地叫囂：「中國人必須滾！」

加州華人最為集中，排華法案在該州最早炮製出來，排華風潮也從這裡向全國擴散開來。在這種排華風潮的鼓譟下，西元 1882 年全國性排華法案發表，至此，美國政府開始全面推行排斥華工政策。該法案的直接目的在於徹底否定《蒲安臣條約》關於鼓勵華工來美的內容，以立法形式制止華工自由來美。該法案明確宣布：「從現在開始，停止從中國輸送勞工來美國；在這期間內，任何一個中國勞工來美國都是非法的……以後，各州法院或美國法院均不得接納中國人為公民身分；與本法案相牴觸的一切法律均作廢。」[294] 這一法案不僅全面禁止華工來美，也全面禁止華人申請加入美國國籍。原本這一法案的有效期只有十年，然而在排華勢力的影響下，這一法案一直到 1943 年富蘭克林·羅斯福（Franklin Roosevelt）總統簽署「廢除排華律法案」後才得以廢止，西元 1882 年至 1943 年，排華法案沿用了 61 年！

排華法案的出籠，無疑為反華風潮推波助瀾，種族主義暴徒更加肆無忌憚地迫害、殺戮華人，排華法案沿用的 61 年，也就是廣大旅美華工

---

[294] 周敏著：《唐人街 —— 深具社會經濟潛質的華人社區》，商務印書館，1995 年，第 47-48 頁引文。

苦難深重的半個多世紀。從舊金山到華盛頓，在美國有華人居住的大小城鎮，到處都上演著迫害華人的慘劇，暴徒們焚燒華人的房屋，砸毀華人的商店，隨意搶劫、侮辱、殺害華人，更多的華人被集體趕出原來居住的地方。一位外國學者在一本《中國移民》（*Chinese Immigration*）的書中沉痛地寫到：「從西元 1871 年起，在科爾尼主義騷亂時期，沒有一個華人的生命和財產是安全的。」「在科爾尼主義盛行的年代，在美國仍然還有活著的華人存在，這似乎是一個奇蹟。」[295] 早在 1905 年，當時的美國總統狄奧多·羅斯福（Theodore Roosevelt）在國會發言時也承認：「中國在極力推行排逐華工 —— 華人苦力 —— 政策的過程中，使中國人民遭受了極大的冤屈，最終也使美國蒙受了奇恥大辱。」[296] 的確，今天的人們很難相信這些血淋淋的殘酷事實發生在崇奉自由女神的國度，一個由殖民地演變而來的移民國家竟會如此變本加厲地歧視和迫害來自另一大國的移民，而且時至今日，種族歧視的陰霾並未完全從美國社會生活中退散，這到底是為什麼？深入思考這些問題，會對後人深入了解美國的歷史與文化實質大有幫助。

談到美國華人問題，自然要講到「唐人街」 —— 旅外華人生活的社區。唐人街（Chinatown），又通稱為「華埠」，成千上萬的華人來到美國定居下來，必然會形成相對集中的聚居區。早期來美淘金的中國礦工主要散居於礦區附近，其聚居區被稱為「中國營」（Chinese Camp）。出於廣大華工在美國社會中長期受歧視、受迫害的惡劣境況，以「唐人街」為代表的旅美華人社區的發展，也打上了深深的時代與文化烙印。學者們早已指出，「唐人街」的形成，取決於主客觀兩方面的因素。主觀

---

[295] 參見朱傑勤主編：《美國華僑史》，廣東高等教育出版社，1989 年，第 235 頁引文。
[296] 參見陳依範著：《美國華人史》，世界知識出版社，1987 年，第 241 頁引文。

因素主要與華人固有的習俗及文化心態有關。華工來美的初衷，主要著眼於經濟利益，大多數華工只想盡快盡多地賺錢，以便能風光地「衣錦還鄉」，娶妻生子，並沒有長期移民的打算，他們並沒有將自己融入美國主流社會的熱切願望，再加上這些貧苦的華人對自己生活的環境要求極低，於是，這些華人很自然地聚集在一起，「唐人街」就成為這些華人得以容膝的棲息地。從這一意義上講，與其他民族隔離的「唐人街」是眾多華人心甘情願的歸宿。[297] 客觀因素則與排華風潮直接相關。一位德國男爵在《1871 年漫遊世界記》中十分真切地描述了當時旅美華人的悲慘境遇：

　　在採金的地方經常發生最悲慘的流血事件，白人礦工趕走華人，把他們從合法獲得的土地上驅逐，如果他們企圖抵抗或捍衛自己的正常權利，就把他們殺掉。華人無緣無故地經常遭到毒打和搶劫，但這並不是最壞的待遇。這些暴行根本沒人理睬。從來沒有一個陪審團的裁決是對中國人有利的，從來也沒有一條刑罰是施加在罪犯身上的。更有甚者，誰肯出來作證，如果證據對中國人有利，就沒有一個白人願意出來檢舉另一個白人，而華人本身是不允許充當證人的。[298]

　　不難想像，在如此冷酷而恐怖的民族歧視環境中，廣大華工沒有權利也沒有膽量與其他民族居民（特別是白人）生活在同一個地區之中。為了躲避無理侵害，為了求得可憐的生存權，他們只能委曲求全、節節後退，求助於自己的同胞，獲得有限的同情與安慰，「唐人街」就成為他們唯一的「避難所」。一系列排華法案的發表，更讓華人的處境雪上加

---

[297]　周敏著：《唐人街 ── 深具社會經濟潛質的華人社區》，第 54-55 頁。
[298]　《美國華僑史》，第 50-51 頁引文。

霜，苦不堪言。著名華裔物理學家楊振寧先生曾悲憤地指出：「這些法律使得在美國的華人社群變成畸形的、與美國社會隔離的、受鄙視的、被剝削的獨身男子勞工隊伍。我 1945 年來到美國的時候，情形依然如此。」[299]

可以斷言，在這種極其特殊環境下形成的「唐人街」，不可能成為展示與宣揚中國本土文明的理想窗口。首先，這取決於廣大旅美華工自身的文化素養。絕大部分早期赴美華人都是為生活所迫的中下層人士，大多沒有接受過中國傳統文化的系統薰陶與訓練，他們當中的大部分是大字不識的白丁，對較高層次的傳統文化成就可以說一無所知，因此，早期赴美華人不可能成為中國傳統文化的代言人，外國人從他們身上也不可能了解到中華文明發展的水準及豐富內涵。這也與明清時期西方傳教士來華傳播西方文明的狀況形成鮮明的對比。

其次，這些華人的文化素養與移民心態也直接影響了他們在美國的發展。大批缺乏啟蒙教育的華人都是在成年後赴美工作，他們面對的首要難題莫過於完全陌生的外國語言文化。這無疑是阻隔他們融入美國社會的無法踰越的「鴻溝」。限於經濟狀況與已有教育程度，他們也不可能潛心學習異國語言文字，迅速提高文化素養。文化素養的先天不足，為華工在美國的生活與生存帶來了極大的危害。文化素養與知識水準低下，使得華工無法清醒地意識到自己應有的權利與義務；不通異國的語言與文化，使得華工無法正確了解當地經濟與社會環境、準確表達自己的意願與處境、尋求較高層次的職位與待遇，在受到侵害時無法透過法律等有效方式維護自己的權益，回擊反華分子的野蠻言行，爭取善良人們的同情與支持。正當華工慘遭迫害之時，全世界的人們似乎只聽到排

---

[299] 楊振寧：〈關於我入美國籍〉，《楊振寧演講集》，南開大學出版社，1989 年，第 80-82 頁。

華分子的叫囂與謾罵，而聽不到來自「唐人街」的絲毫反應，「三人成虎」，眾口鑠金，真相只能淹沒在種種不堪入耳的醜化之中了。在與具有較高文化素養的民族主義者的抗爭中，廣大華工最缺乏的恰恰是文化的「武器」，這樣，悲劇就不可避免地發生了。

再次，所謂「唐人街」，就其具體文化特徵而言，其實可稱為「粵人街」，因為美洲唐人街的居民主要是來自珠江三角洲地區的廣東人。由於缺乏政府及法律的依託，中國的海外移民賴以自我保護及生存的最重要的社會關係無非是親族及鄉土的紐帶，共同的方言及風俗習慣使他們緊密地連結起來，共同營造避風港及帶有本鄉民俗特徵的社群。因此，「唐人街」的本質與中國各地的同鄉會館可謂一脈相承。在傳揚中國民俗文化上，「唐人街」所反映的往往也只是廣東地域文化風貌。廣東地域文化固然是中華大文化的重要組成部分，然而，以廣東地域文化特色來反映整個中華文明，其局限性也是顯而易見的。

孫中山先生有一句名言：「華僑是革命之母。」這句話精練地概括了廣大華僑在中國近代史上的地位與貢獻。無論如何，廣大華僑是中國人當中真正走向世界的一群，他們的革命覺悟得益於他們在國外的感受與處境。在備受歧視與迫害的狀況下，他們深切體會到祖國的強大對海外遊子是多麼重要，而中華衰落的癥結在於腐朽沒落的封建制度，只有徹底推翻清王朝統治，才有中國的新生，才有海外遊子揚眉吐氣的一天，因此，許多華僑義無反顧地支持國內的民主革命抗爭，為民主革命的勝利做出了不朽的貢獻。

第八章

穿越迷空覓祖根
——移民史與當代中國尋根文化

　　西方史家有言：「一切真歷史都是當代史。」客觀的歷史事實早已凝固在渺遠的時空隧道之中，然而不同時代撰成的史書卻面貌迥異，不同的文化背景、不同的文字習慣、不同的思想觀念都清晰地鎸刻在名山著作之中，因此，歷史不會寫完，史學的生命力正在於此。我們回顧移民歷史，也不是為了對著無數故事長吁短嘆，我們每個人都可能是移民的後裔，移民史產生的文化遺韻已深深融入華夏子孫的血脈之中，了解這一切，會打開我們精神的天窗，去遨遊祖先走過的漫漫長路。

　　從 1980 年代後期開始，隨著開放與國際交流的擴大，海內外華人界乃至東亞各國掀起了前所未有的尋根文化熱。為了尋覓祖先的遺蹤，為了重溫家族的遷徙軌跡，成千上萬的海外赤子來到了祖國，無數文化勝跡讓他們心旌搖動，感慨萬千。華夏九州是東方文明的搖籃，是無數海外赤子魂牽夢縈的精神家園。

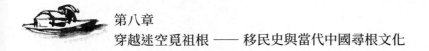
第一節

「客民」「客家」遍中華
—— 移民史與客家文化源流

梅江江上舊華堂，閥閱相傳江夏黃。百里華封留政跡，千年翰院擅
文章。綿綿世澤留子孫，赫赫家聲繼漢唐。如見普譜應起敬，今人遠仰
昔高陽。

—— 客家江夏黃氏源流歌

客家研究在當今學術界方興未艾，駸駸乎大有形成顯學之勢，其根
本原因在於客家人歷史變遷的獨特軌跡，以及客家後裔在海內外華人界
所占有的重要地位。「有太陽的地方，就有中國人；有中國人的地方，
就有客家人。」更重要的是，眾多的傑出人物更讓客家人的形象光彩異
常。人們可以毫不費力地列舉不少客家人中湧現出的領袖級人物，如文
天祥、洪秀全、孫中山、葉劍英等。在海外華僑中，客家人占總數的三
分之一，其中有不少是政界要人與工商界鉅子，他們的輝煌業績都讓人
們對客家歷史與客家文化產生濃厚的興趣。「客家先民，你從何方來？客
家人，你又往何處去？」要弄清楚客家人的由來，必須在移民史上尋找
線索。

一、千年遷徙話滄桑
—— 客家人形成的歷史回顧

　　講郡望，要分詳，郡頭原是祖先鄉。千年民族大遷徙，過了黃河過長江。都教兒孫莫忘本，把那郡頭寫高堂。一姓多郡為少見，一郡多姓較平常。

—— 福建連城客家姓氏郡望歌

　　今天中國境內的客家人，主要分布於廣東、福建、江西、四川、湖南、廣西等南方省分，然而，大量族譜記載與文化習俗特徵都確鑿無疑地證明，客家人的祖先都來自北部中國，是透過多次複雜的遷移，才最後定居於南方地區。因此，關於客家人的起源及形成問題也成為移民史上討論的焦點問題之一。目前在學術界影響最大的觀點便是以著名客家學專家羅香林所著的《客家研究導論》與《客家源流考》為代表的論斷。他根據大量客家祖譜的記載，論證客家先民南遷分為五個時期，並詳細指出各個時期的遷移進展情況：

　　第一時期為東晉至隋唐，客族先民遠者已達江西中南部，近者滯留於穎、淮、汝、漢諸水之間。

　　第二時期始自唐末黃巢起義，客家先民遠者已達惠、嘉、韶諸州，近者也至福建寧化、長汀、上杭、永定等地。

　　第三時期始於金、元人的南侵，處於閩、粵、贛交界地區的客家人開始向周圍地區遷徙。

　　第四時期為明末清初，客家人散居各地的趨勢更加突出，四川、廣東沿海及臺灣等地遷入大批客家人。

第五時期為清代後期，受廣東西路事件和太平天國起義影響，客家人又向廣東南部、海南島及海外遷移。[300]

稍具移民史常識的讀者不難發現，以上五個時期其實都是中國移民史上發生大移民潮的時段，也就是說，歷史上每一次大的南遷運動中都有客家人的祖先，這無疑是正確的，也是符合歷史真實的。從淵源上講，客家史應是移民史的一個特殊分支，客家人是產生於歷史時期移民運動中的一大民系。離開移民運動，客家人也就成為無源之水、無本之木。因此，探究客家史與客家文化，必須徹底釐清與之相關的移民史背景。

但這種分期論最大的缺陷莫過於過早地將客家先民與普通移民分離出來。顯然，不是所有南遷的北方移民都可能成為今天客家人的祖先，但在上古時期，客家先民與普通移民不會有明顯的差別。根據譜牒記載，客家先民可以遠溯至上古時期，然而，客家先民的出現並不等於客家民系已經形成，客家人作為一個具有獨特文化特徵的民系，其形成有著相對特殊的地域及時間。如果將客家源流史等同於中國古代移民史，反而會削弱客家史存在的意義。

所謂「客」，均相對於「主」而言，「客家」相對於「土著」而言。與「客家」這一稱謂極為近似的名稱便是移民史上屢見不鮮的「客民」。客家人不過是「客民」中文化及聚落保存最為完整、持久的一部分。除非遷入地為荒無人煙的處女地，否則，每一次大的遷移浪潮過後，大批移民都會成為遷入地的「客民」。而在遷入地原有人口較多的情況下，便會產生較複雜的土客衝突。因此，客家源流史的研究，應該建立在古代「客民史」的研究之上，可以說，沒有歷史上的「客民」，也就不會產生今天的客家。

---

[300] 參見《客家源流考》，中國華僑出版公司，1989 年版。

　　第三，文獻記載中出現「客民」並非全都與今天所謂的「客家」有關，與「客家」形成關係最密切的莫過於客家大本營 —— 閩、粵、贛三省交界地區人口的變遷。今天的客家人分布已相當廣泛，然而，全世界客家人居住最集中的地域還是閩、粵、贛三省交界地區。這裡有 90% 以上的純客縣，客家人數量占全國總數 60% 以上。而在海內外客家人的族譜中又有著「寧化石壁村」現象，也就是說，遍布海內外的客家人都說自己是從寧化石壁村外遷的。是否來自寧化石壁，幾乎成為直接判斷是否是客家人的重要標記。羅香林先生在《客家源流考》中指出：

　　在宋元初，在其遷入地又皆在今日廣東省內者，尚有巫氏、何氏、張氏、溫氏、吳氏、羅氏、黃氏、廖氏，且皆出於福建寧化、長汀、上杭等地，而尤以寧化石壁鄉來者為多。而丘荷公（復）先生等所纂《福建上杭縣志》卷八《氏族志》，所載上杭自寧化石壁村所遷至的，為數尤多……其遷至年代，亦多在宋朝。[301]

　　石壁村（又稱石壁鄉、石壁寨、石壁洞、石壁下）只不過是今福建省一個偏僻小縣寧化所轄的彈丸之地，如何能容納如此眾多的家族呢？即使將其解釋為客家人遷徙的中轉站，恐怕也難以消除我們心中的疑問。這應該是與移民運動相關的抽象的文化現象，如果我們將其認定為確鑿無疑的史實，作為論證淵源的依據，就難以得出令人信服的結論。

　　第四，應該承認，在今天的客家人內部，並不是「鐵板一塊」，同樣存在統一性與個別性的差別，隨著時間的推移，客家聚落也不可避免地出現變異現象。簡單而籠統地談論「客家人」，可能會有失縝密。對此，

---

[301] 參見《加拿大溫哥華崇正會成立十周年紀念特刊》，第 77 頁引文。

吳澤先生精闢地指出：

> 由於其先民祖居的地緣不同、遷徙的路徑不同以及所居地的自然環
> 境、歷史傳統不同，南遷的客家人在語言、風俗、習慣等方面，也不盡
> 相同，顯現出統一性與多樣性、共性與個性共存的狀態。例如，就語言
> 方面來看，閩西五個純客縣境內的方言就有三十幾種，真可謂「十里不
> 同天，百里不同俗」。[302]

作為典型的例證，如閩西純客縣武平所轄中山鄉，有著兩大奇特的
文化現象 —— 「百家姓聚居地」和「軍家方言島」。在這個戶不盈千、
人不逾萬的地方，卻擁有百餘種姓氏。「除何氏一姓為宋以前舊族外，其
餘均為元、明、清三朝遷入。這說明當地居民幾乎都是在『客家』這一
概念和群體已形成之後才遷至的。」[303] 可見，就是在客家大本營地區，
當地人口也是處於不斷發展變化之中，將客家民系的歷史孤立化、教條
化的傾向都是不可取的。

第五，當代客家人的研究，不僅要重視其淵源的考察，更要注重客
家民系形成後的再發展。這才是客家人在當代社會產生重要影響的關鍵
所在。至遲到明朝末年，客家民系已於客家大本營地區形成，在此之
後，客家人遷移更為頻繁。如出現了勢頭強勁的倒遷移民潮，他們入
贛、入湘，入蜀，入浙，積極參與了各地經濟的恢復與發展。另外，他
們還移民臺灣、遠走海外，最終使客家人遍布世界各地。客家民系形成
後的遷移與發展，才創造了客家史的真正輝煌。

---

[302] 吳澤：〈建立客家學芻議〉，《客家學研究》第二輯，上海人民出版社，1990 年，第 6 頁。
[303] 吳福文：〈閩西客家文化事象舉探〉，《客家學研究》第二輯，第 41 頁。

二、寧賣祖宗田，不忘祖宗言
—— 獨特而豐富的客家文化

年深外境猶吾境，日久他鄉即故鄉。朝夕莫忘親命語，晨昏須薦祖宗香。

—— 客家人宗族詩之一

說到客家文化，則必須以客家人大本營 —— 閩、粵、贛交界地區作為考察的核心。中國客民史可謂源遠流長，但各地出現的客民都先後消融在當地居民之中，唯獨在閩、粵、贛交界地區形成客家這一具有獨特文化傳統的民系。要解開這一極為有趣的謎團，就不得不深入考察客家文化傳統賴以產生與延續的客觀地理環境。可以說，客家文化最具魅力的成分均與當地自然地理環境有關。

客家大本營地區即涵蓋贛南、閩西、粵東北三塊區域，橫跨五嶺南北，均屬較典型的山區，正所謂「無客不山」、「無山不客」。在崇山峻嶺的圍護下，客家文化發展有了一個相對封閉的空間。客家方言的獨特性由此產生。暖溼的亞熱帶氣候給了人們生存的希冀與熱情，也為大膽潑辣的客家情歌提供了滋生的溫床。嚴峻而艱苦的生存環境，讓客家人擁有強烈的競爭與自衛意識。當然，南方崇山峻嶺之中，往往是一些少數民族世代居住的家園，客家大本營地區也是如此，因此，他們的文化特徵不可避免地受到這些少數民族風俗的薰染。正如學者們指出的那樣，客家文化與古代畬族習俗多有相通之處，這也是客觀環境所留下的烙印。

　　客家話是鑑別客家人最重要的標記，也是維繫客家聚落與文化傳統最堅強的紐帶。客家諺語云：「寧賣祖宗田，不忘祖宗言。」將客家話作為維繫宗族血脈不可或缺的工具。不會講客家話，就被視為數典忘祖的行徑，從而遭到同宗親屬的唾棄。「現在客家地區婚姻習俗中，仍以男女雙方能否保持或學會客家話，作為能否鞏固愛情、百年偕老的象徵，如忘卻客家話，往往會引起婚變。這就加強了客家話的穩定性。正由於這一習俗，使客家人的後裔，頑強保留客家話而世代相傳，越是僑居海外，就越被強化，即使十代八代前高祖就遷離客家地區，到海外或國內非客家地區，其後裔亦可操客家話。」[304] 據學者們的考訂，客家話源於中州官話，進入大本營地區後，獨立而封閉的聚落形態，阻止了閩粵土語的融合，保持了較多的中原古音成分，形成獨立的「方言島」，因而被視為古代漢語的「活化石」。不過，客家話本身也存在不同的變異問題，如畬族、瑤族等方言成分在客家話中有不同程度的反映。另如，純客縣武平縣中山就有與客家話不完全相同的「軍家方言島」等。

　　與客家話相類似，客家情歌也充分展現了客家人的精神世界。為了逃避戰火與災難，客家先民不斷南遷，最後進入荒莽少人煙的崇山之中，過上遠離塵囂、回歸自然的田園生活。這使客家人的內心世界迸發出執著豪放的火花，使客家情歌洋溢著濃烈熾熱的鄉野之風。這些情歌大多頌揚男女之間美好的感情，格調高昂，質樸悠揚。

　　客家山歌最有名，首首山歌有妹名。
　　首首山歌有妹份，一首無妹唱唔（即不）成。

---

[304] 參見李逢蕊：〈客家人界定初論〉，《客家學研究》第二輯，第 13 頁。

客家山歌名聲揚，首首山歌名聲揚。

句句唱出郎心事，字字唱出妹心腸。

研究客家文化的中外學者無一例外地讚頌客家婦女的美好特質，她們不纏足，不束胸，心靈手巧，堅忍耐勞，承擔著耕田、家務、養育子女、敬養老人等重任，是客家人生產生活中的骨幹。她們同樣勇於衝破世俗的偏見，勇敢地追求美好的愛情，不惜用自己的生命與鮮血來換取自由與尊嚴。客家情歌充分展示出客家婦女的出色才華與高尚情操。

生要戀來死要戀，唔怕官司打到衙門前。

殺頭好比風吹帽，坐牢好比逛花園。

生要戀來死要戀，生死要在哥身邊。

阿哥死了變大樹，妹變葛藤纏百年。

隨著人口壓力的增大以及土客衝突的加劇，大批客家人被迫離鄉背井，出外謀生。前程未卜，生離死別讓無數客家人痛苦萬分，離情也由此成為客家情歌的重要主題。

送郎送到榕樹下，目汁（即淚水）雙雙衫袖遮。

擦乾目汁問一句，（即我）郎幾時能歸家？

送郎送到渡船頭，一條江水向東流。

哪有利刀能斬水？哪有利刀能割愁？ [305]

---

[305] 本文所引客家情歌參見陳煒萍、何志溪、鐘震東搜集整理的《客家傳統情歌》（海峽文藝出版社，1985 年）。

　　此外，客家民居更以獨特的造型享譽海內外，現已成為中外民俗學界關注的焦點。客家民居就其外在形式來看，可分為圍樓、四方樓、土屋等。較典型的建築樣式有閩西地區的大型圓形圍屋、梅州地區的半圓形圍龍屋以及深港地區的方形四角樓等，其中永定土樓最為著名。以今天永定為核心的閩西客家地區，到處可見奇特壯觀的土樓，有圓形也有方形，其設計之精巧，建築之奇妙，已被世界建築學界公認為獨一無二的山區建築模式，是中國民居建築史上的奇景。但我們更應注意到，客家民居的特徵與其艱難的開拓史有著直接的關係。無論何處的客家土樓，其最大特徵便是封閉性與防禦性。每一座客家土樓都是土木圍成環形，在堅實的石基之上用生土夯成厚厚的圍牆，圍牆之上才是木質樓房。有的土樓前還挖有壕溝，樓上建有炮樓，樓壁開滿槍眼。大型的土樓往往可居住數百人。毋庸置疑，對客家土樓而言，與其說是安居樂業的樓宇，不如稱為時刻準備應戰的城堡。看到客家土樓，人們不由得會想起歷史上曾經風靡一時的「塢壁」，其外在形式也許大相逕庭，但其本質卻是相通的。客家人經過長途遷徙進入閩粵贛山區，他們遇到的不僅是土著的排斥，更有土匪強盜的侵奪。在「天高皇帝遠」的荒僻之地，客家先民只有依靠自己的力量保衛族人的安全。因此，他們必須將自己的住所建設成堅固的堡壘，隨時回擊來自外界的侵害。客家土樓展示出客家先民的聰明才智，也讓我們看到他們內心的無奈與辛酸。

第二節

何處家山何處根 [306]
—— 中國歷史上的移民發源地巡禮

> 天地者，人之本也；先祖者，類之本也。

—— 〔西漢〕司馬遷

提到根，每個人都會想到自己的故鄉，想到祖先的故鄉。但隨著歲月的流逝，千百萬移民及其後裔往往已經不知道祖先真正的出生地，只記下了他們遷來的地方。這些移民的發源地已經被移民的後裔視為故鄉，成為他們心中的根。直到今天，洪洞大槐樹還牽動著無數華北人的心，南雄珠璣巷被眾多嶺南家族視為故里，麻城孝感鄉為四川的湖廣移民世世代代所紀念，客家人以寧化石壁為發祥地，而不少蘇北人以蘇州閶門為祖先的來源地，安徽安慶一帶的百姓念念不忘的是江西瓦屑壩。

這些地名，有的延續至今，有的卻早已在地圖上消失，空令人夢魂縈繞。

或許有人會問：這些地方，有的只是一棵大樹，有的只是一座城門，或為一巷、一村、一鄉，如何能有如此多的移民遷出？真是我們的故鄉、我們的根嗎？

---

[306] 本章第二、三節內容選自葛劍雄的《碎石集》（學苑出版社，1999 年，第 86-134 頁），稍有增訂。

（一）麻城孝感鄉

如果今天你在四川盆地旅行，或者詢問你的四川朋友，大概都可以聽到湖廣填四川的故事。而說到自己的來歷，很多四川人都知道是「湖廣麻城」，其中大多數人還說是遷自「麻城孝感鄉」，甚至有的彝族人說自己的祖先也是從「湖北麻城」遷來的。

麻城或麻城孝感鄉與移民究竟有什麼關係？這還得從六百多年前的元末明初說起。

元至正十一年（西元 1351 年）八月，徐壽輝與彭瑩玉、鄒普勝等在蘄州路、黃州路（今湖北黃岡地區南半部）起義，稱紅巾軍；十月，徐壽輝在蘄水（今湖北浠水）稱帝。布王三、孟海馬起兵於襄陽（今襄陽市）、漢水一帶，稱北鎖、南鎖紅軍。十二年（西元 1352 年）正月，布王三、孟海馬攻克襄陽、荊門一帶，徐壽輝攻克漢陽、武昌、安陸府（今鍾祥市、京山縣）、中興路（今荊州市一帶）。同年四月，元兵攻陷漢陽、武昌，不久又被紅巾軍奪回。五月，元兵攻陷中興路、襄陽，至九月紅巾軍再次攻克中興路，但立即又被元兵攻下。十三年（西元 1353 年）秋後，元軍陸續攻陷安陸、武昌、漢陽、蘄州等地，徐壽輝部退入黃梅山區和沔陽湖中。

紅巾軍的起義與元兵的鎮壓波及今湖北大部分地區，戰爭激烈而殘酷，在一些反覆爭奪的地方尤其如此，迫使百姓紛紛外逃避禍。但元兵從北、南兩路壓來，下游的今安徽、江西也是紅巾軍等起義軍與元兵的戰場，只有西遷比較安全，所以大批逃民遷往四川。

至正十五年（西元 1355 年），徐壽輝軍勢復振，先後攻克沔陽、襄陽、中興路、武昌、漢陽等地，至次年正月遷都漢陽，據有今湖北大部。至正十七年（西元 1357 年），徐壽輝的部將明玉珍率部西征，溯江

而上，當年十二月攻克重慶。至正十八年（西元 1358 年）攻下成都，占有今四川省的大部分。明玉珍是湖北隨州人，他的部屬也大多是湖北人，因而有很多湖北人隨同遷往四川。至正二十年（西元 1360 年），陳友諒殺徐壽輝後自立稱帝，明玉珍不服，與陳氏斷絕聯絡，自稱隴蜀王，至正二十二年（西元 1362 年）稱帝，國號夏。一些反對陳友諒的徐壽輝舊部入川投奔明氏政權。由於明氏政權在四川輕徭薄賦、保境安民，又吸引了大批湖北人遷入。

至正二十三年（西元 1363 年），朱元璋軍攻滅陳友諒，次年據有湖北。由於陳友諒曾多次對朱元璋造成嚴重威脅，朱元璋十分痛恨，對當地人的殺戮相當嚴重，至今還在民間留下不少恐怖的傳說。加上明初在湖北大規模「堆軍」（強徵百姓為軍戶），甚至見人就抓。[307] 所以明氏政權統治的四川更成為難民的樂土，百姓繼續逃往四川。

明洪武四年（西元 1371 年），明將湯和、廖永忠、傅友德率軍分兩路入蜀，明氏政權亡。朱元璋命諸將所率軍隊就地駐守，又有部分湖北籍兵士定居四川。按照明朝的制度，他們的家屬都應隨遷。明氏舊部被收編後，也都就地安置。由於四川人口稀少，登記到的戶籍僅八萬多戶，實際人口也不滿百萬，洪武年間曾多次組織移民遷入，其中相當大一部分也是來自湖北。明初以後，仍有湖北人陸續遷往四川。從現存的地方志、族譜和其他史料看，明朝的湖北移民遍布四川各地，連川西南漢彝雜居地區也有他們的蹤跡。

今湖北省長江以北部分，元代屬河南江北行省，明代屬湖廣布政使司（俗稱行省或省），簡稱湖廣。湖廣還包括今湖南省，但元末明初遷入四川的移民主要來自湖廣的北部（即今湖北省）。

---

[307] 嘉靖《羅田縣志》卷六《修武志‧軍政》稱「見起煙戶垛之」。

　　明清之際，四川再次遭受嚴重破壞，人口損耗殆盡。從清初開始，又有大批外來移民遷入四川，其中最大部分也是來自湖廣，這就是歷史上著名的「湖廣填四川」。這次移民中也有湖南人，但更多的還是湖北人，包括以往從江西遷入湖北的移民後裔。所以，人們在「湖廣填四川」前面，往往會再加上一句「江西填湖廣」。

　　「湖廣填四川」的說法雖然到清朝才形成，但這一事實出現在此前三百年的元末明初，並一直持續到清朝中期，可以說是一場歷時四百多年的移民運動，遷出地和遷入地都如此集中，在中國移民歷史上也是不多見的。

　　可是，清朝的湖北麻城縣和今天的麻城市都已經沒有孝感鄉這個地名，加上「麻城孝感鄉」的說法不見於正史記載，所以有些人認為歷史上並沒有孝感鄉，是出於民間訛傳。但無論地方志、族譜，還是民間歷代口耳相傳，都一再提到「孝感鄉」，不可能毫無根據。還有人認為，「孝感鄉」是指孝感縣（今孝感市），前些年聽說還有四川的湖廣移民後代到孝感市去尋根。但孝感縣在元朝就與麻城縣同時存在，前者屬德安府，後者屬黃州府，從來沒有從屬關係，絕不可能混淆。其他學者雖相信麻城孝感鄉確有其地，卻沒有找到究竟在哪裡。我們在撰寫《中國移民史》[308] 時，也以這一重要的移民發源地不見蹤影為憾。

　　1991 年，我的研究生李懋軍做以明代湖北人口遷移為碩士論文的題目，我要他特別注意尋找「麻城孝感鄉」。他在湖北和四川的調查中下了一番工夫，又仔細研究了相關史料和歷史地理環境，終於發現孝感鄉就在今天麻城市的鄰縣紅安縣城關鎮一帶。

　　原來明初麻城縣轄有四鄉：太平、仙居、亭川、孝感。成化八年（西

---

[308] 葛劍雄主編，葛劍雄、吳松弟、曹樹基合著，福建人民出版社，1997 年。

元 1472 年）因戶口減少，孝感鄉被併入仙居鄉。到了嘉靖四十二年（西元 1563 年），麻城縣的太平、仙居二鄉的二十個里被劃入新設的黃安縣。仙居鄉位於縣西，孝感鄉既然是因為戶口少才被併掉，就不可能更靠近縣城，而應該在仙居鄉的西部，這與地方志中稱該地「地僻民頑」的人文條件和「四距皆山，中有平原」的地形條件都符合。所以當仙居鄉的西部劃入黃安縣時，原孝感鄉地就改屬黃安縣了。可以斷定，黃安（今紅安）縣的東南部即原孝感鄉地。

在四川瀘州《王氏族譜》中發現了一個重要證據。該譜載有三世祖王仁義作於明景泰七年（西元 1456 年）的序，在其中「湖廣黃州府麻城縣孝感鄉」下註明「嘉靖中改為黃安縣」。譜中另一篇序作於清康熙四年（西元 1665 年），此譜雖刻於民國三年（1914 年），但這條注至遲不會晚於康熙四年，也就是說離孝感鄉劃歸黃安縣最多才一百年，其正確性應該是沒有問題的。這證明以上的推斷是正確的。

那麼，麻城孝感鄉是不是定居於四川的湖廣移民的發源地呢？

黃安縣設置時是由原麻城縣太平、仙居二鄉二十里甲，黃陂縣果源一鄉八里甲和黃岡縣上中和一鄉十二里甲組成的，所以原孝感鄉至多只占今紅安縣的四分之一至三分之一。這麼多湖廣移民，怎麼可能都來自這樣一個小範圍呢？其他鄉、其他縣就沒有人外遷，或沒有留下移民後裔呢？對此，清朝以來的地方志作者和學者早已提出了這樣一些疑問，例如，民國《南溪縣志》就指出：「今蜀南來自湖廣之家族，溯其始，多言麻城縣孝感鄉。核其人數，即使盡鄉以行，亦不應有若是之多，且湘楚州縣與蜀鄰比者，盡人皆可以移住，何以獨適孝感鄉？」經過近年的深入研究，結合移民史的普遍規律，現在我們已經可以作出合理的解釋了。

首先，由於徐壽輝是羅田人，與他一起組織起義的鄒普勝是麻城人，都屬黃州府，所以他的部屬中肯定會有很多麻城及附近一帶的人。明玉珍是隨州人，隨明玉珍西征和以後遷入四川的徐氏部屬中麻城人的數量也不會少。《南溪縣志》的作者曾推測：「抑明氏隸籍隨州，隨州距孝感不遠，彼從龍之彥，人眾勢強，士民或他兵皆冒籍以求自庇乎？」這種將自己的籍貫都說成是明玉珍鄰縣的情況是很自然的現象，但事實是隨州一帶遷往四川的移民的確不少，如《黃陂周氏族譜》稱當地百姓：「以隨州明玉珍、黃陂萬勝（隨明玉珍入川，任大夏政權宰相）在蜀有治行，憑藉鄉誼，繦負從者如歸市。」

其次，由於麻城處於鄂東北邊緣，接近大別山，而孝感鄉又在縣城西北，更為偏僻，是難民避亂的場所，因而在元末有不少江西、安徽、湖南等地流民遷入，其中大部分人又轉遷四川。如明朝名相楊廷和的五世祖楊世賢是江西廬陵人，元末避亂遷於麻城，以後又遷至四川新都，但趙吉為楊廷和作的神道碑文中就稱他為湖廣麻城人了。族譜中甚至會出現「江西麻城」這樣的地名，就反映了江西人遷入湖廣或麻城後再遷四川，其後裔誤將兩個遷出地合二而一的事實。可以想像，這樣的麻城人在移民中應占很大的比例。孝感鄉應該是麻城一帶移民的集合和出發地，就像洪洞的大槐樹、蘇州的閶門一樣，所以麻城人又都說來自孝感鄉。

當然，來自麻城的人再多，也不可能包括所有的湖廣移民。不過由於移民的絕大多數是沒有受過教育的貧民，經過在戰亂中的輾轉遷移，幾代、十幾代後的後裔已經不知道祖籍的確切地點了。還有一些人，或為明氏政權的文武官員或軍人的後代，或係被徵入伍，或係犯罪充軍，即使子孫明白，也不想多加宣揚。等到子孫發跡，或家族繁衍，需要編

修家譜時,往往不知如何下筆,或者不便再寫上祖宗低微的身分了。而麻城移民人數多,又出了像楊廷和這樣一批大人物和大家族,所以其他家族也都稱自己是麻城孝感鄉人了。一旦載入族譜,這樣的祖籍就再也不會改變,所以在明朝時四川的麻城人還沒有那麼多,以後越來越多,幾乎都成了麻城人。這種「從眾」現象在其他移民集中的地區也是很普遍的。

由於年代久遠,文獻無徵,當年眾多的湖廣人為什麼以孝感鄉為遷移的出發地?為什麼在隨州、黃陂、麻城、蘄春、羅田等一大批遷出地中唯獨以麻城孝感鄉為代表?至今還無法查清。但無論如何,麻城孝感鄉是相當多湖廣移民的故鄉或出發地,又長期得到其他移民的認同,應當看成湖廣移民的根。

這個根就在今天的湖北紅安縣,麻城孝感鄉的子孫們,去看看你們祖先的故鄉吧!

（二）江西瓦屑壩

1991 年一個溫暖的冬天,筆者（指文章的另一位作者曹樹基）搭乘長途巴士由安慶去桐城。路上停車用午餐時,我信步走出飯店,見一位六、七十歲的老人正在翻晒棉稽稈。簡單寒暄後,我就問起了他的家鄉:

「大爺,您是本地人吧!」「是呀。」

「您的老祖宗是從什麼地方來的呢?」「哦,老祖宗……是從江西來的。」

「是江西瓦屑壩嗎?」「是呀!你怎麼知道?」

老人激動起來:「我們這裡的人差不多都是從瓦屑壩遷來的,不單是我們村,前前後後的村莊都是瓦屑壩老祖宗的後代。」

「您是怎麼知道的呢?」「這裡誰不知道?從小就聽老輩說的嘛。族

譜上也寫得清清楚楚。」

像其他實例一樣，老人的話證實了我們根據文獻資料得出的結論：桐城、宿松、潛山、懷寧等安慶市的屬縣中有很多人是瓦屑壩移民的後裔。

江淮大地處於中國南北相交之地，在分裂時期往往淪為戰場。西元1127 年金滅北宋後，江淮之間既是金軍南侵的必經之地，又靠近宋金對峙的前線，原有人口或隨南遷洪流而走，或在戰亂中死亡，留下的人數有限，新遷入的更少。安慶府所屬的淮南西路，在整個南宋都是人口最稀少的地區之一，以至在元朝數十年間也沒有恢復元氣。

元朝末年，江淮和長江中游反元起義風起雲湧，此起彼伏。安慶一帶戰略地位重要，是不同的起義軍和元軍爭奪的焦點，殘酷的爭奪戰持續多年。元至正十一年（西元 1351 年）八月，彭瑩玉、鄒普勝、徐壽輝等在湖北蘄州、黃州一帶起義，次年徐壽輝就率部沿江而下，圍安慶城，攻下周圍各縣，並繼續東下。十一月，徐壽輝大舉攻安慶城，無功而返。至正十五年（西元 1355 年），徐壽輝勢力復振，攻占湖北沿江府縣，安慶府又受戰禍波及。次年，余闕被元朝任命為江淮行省參政，駐守安慶，徐壽輝部將趙普勝攻安慶失利。至正十七年（西元 1357 年），朱元璋部四處擴展，擊敗趙普勝和元軍，占有江南的池州（今貴池地區），逼近安慶。陳友諒與趙普勝率軍包圍安慶。至正十八年（西元1358 年），陳、趙軍攻克安慶，余闕自殺。四月，趙普勝奪取朱元璋占據的池州府。至正十九年（西元 1359 年），朱元璋軍西進，與陳友諒軍激戰，四月收復池州，九月破潛山，十月攻安慶不克。至正二十年（西元 1360 年），陳友諒殺徐壽輝後稱漢帝，率水軍東下攻朱元璋的基地建康（今南京），大敗而歸，朱元璋軍乘勢攻下安慶。至正二十一年（西元

1361 年）七月，陳友諒部將張定邊攻陷安慶。八月，朱元璋親率徐達、
常遇春西征，收復安慶，但江西、湖北大多還是陳友諒屬地，安慶以北
也非朱元璋所有，安慶一帶並未脫離戰禍，直到至正二十四年（西元
1364 年）朱元璋徹底消滅陳友諒餘部後才恢復安寧。

　　十幾年間，安慶多次易幟，在舊政權維持無望、新政權統一尚未來
臨之時，爭奪的各方都不會顧及百姓的生命財產和地方的長遠利益，殘
酷的報復和仇殺、毀滅性的破壞和掠奪在所難免，安慶及府屬各縣遭受
的浩劫可想而知。到朱元璋刀槍入庫、馬放南山時，安慶府留下的人口
已少得可憐，大片土地只能任其荒蕪。

　　相比之下，相距僅數百里的江西饒州路（約相當今波陽、餘干、萬
年、樂平、德興、景德鎮、浮梁等市縣，元屬江浙行省）較少受戰亂影
響，依然地少人多。明初政府鼓勵向江淮和其他人口稀少地區移民，外
來移民開墾的土地不僅能合法登記為私有財產，還能在一定期限內享受
賦稅優惠。饒州路的大量無地貧民紛紛北遷，當到達安慶府屬各縣後，
大片宜墾荒地和與家鄉大致相同的自然環境很快就吸引他們就地定居。
消息傳到故鄉，又促使更多的饒州人加入了移民的行列。江西其他地區
渡江北遷的移民，也被安慶地區的條件所吸引而就近定居。

　　關於明初江西移民遷入安慶和定居的史實，在官方的史書中幾乎沒
有什麼記載，主要原因不外乎兩點：第一，安慶與饒州相距不遠，一旦
在人口和土地比例上出現如此強烈的反差，就必然會出現自發的人口遷
移，政府的優惠政策對撫州人已經具有足夠的吸引力，根本不需要再採
取什麼特殊政策，更不必加以強制。第二，與明初大規模的移民運動
相比，從饒州遷往安慶，無論從距離還是數量來說，都算不上重大或
突出。

　　但在當地，在移民家族和後裔的心目中，這次遷移是永遠值得紀念的大事。正因為如此，在地方志和族譜中，我們還是可以找到不少證據。

　　清康熙年間官居大學士的張英，是桐城人，他說：「吾桐（城）與潛（山）同郡而接壤，相距百里許。余之先自鄱陽瓦屑壩徙於桐，始祖為貴四公。潛亦同時同地並來鄱陽，始祖為貴七公，徙居於潛之青山焉。」[309]清初宿松人朱書也在《杜溪文集》卷三中說：「吾安慶，⋯⋯神明之奧區，人物之淵藪也。然元以後至今，皖人非古皖人也，強半徙自江西，其徙自他省會者錯焉，土著才十一二耳。」

　　根據族譜記載所做的統計分析，證明張英和朱書的說法是可信的，張英的祖先張貴四、張貴七正是千千萬萬饒州移民中的成員。有人統計了桐城縣的 63 種族譜，其中有 20% 的家族的始祖來自江西鄱陽瓦屑壩，其餘也大多是在元末明初由江西遷來。而元末以前的家族只有兩個 —— 方氏和姚氏，分別在宋代和元中期遷入。筆者對安徽省圖書館、安徽博物院和安慶市圖書館所藏 36 種族譜的統計結果是：遷自瓦屑壩和鄱陽縣的家族有 18 個，占 50%；遷自饒州和江西其他地區的合計有 26 個，占 72%。從遷入的時間看，除了遷入時間不詳的 4 族和明以後遷入的 3 族外，在 29 族中有 27 族是元末明初遷入的，占 93%。

　　宿松縣的情況也是如此。民國《宿松縣志》記載了該縣 256 個氏族，除去遷入時間和原籍不詳的外，有 213 族，其中 182 族是明中期以前遷入的。在這 182 族中，遷自江西饒州的有 82 族，占總數的 45%；在元末明初遷入的有 143 族，占 78%。在元末明初遷入的 143 族中，遷自江西的有 116 族，占 81%；其中有 38 族明確記載來自瓦屑壩，31 族來自

饒州或鄱陽縣，其餘來自九江、南昌、南康、吉安或「江西」、「江右」。

根據這樣的推算，在明洪武二十四年（西元 1391 年）安慶府的約 42 萬人口中，大約有 28 萬多江西移民，其中約 20 萬來自饒州，遷自瓦屑壩的有 10 萬人，占饒州籍移民的一半。六個世紀過去了，這 10 萬瓦屑壩人的子孫已經植根在江淮大地，成為安慶人的重要組成部分。

瓦屑壩，族譜中有「江西瓦屑壩」、「鄱陽瓦屑壩」、「鄱陽桃花渡瓦屑壩」、「瓦屑壩葉家村金雞嶺」等不同的寫法，肯定在鄱陽（今作波陽）縣，但歲月流逝，瓦屑壩消失在歷史的長河中，而今的鄱陽縣地圖上已經找不到這個地名了。

我們把目光注視到今波陽縣城西面一個叫「瓦燮坽」的村莊，果然在該村現存的《朱氏族譜》和《何氏族譜》中明確記載著「瓦燮」就是「瓦屑」的雅稱。而「坽」的本意是小土溝的底，與「壩」的含義正好相反。可見，「瓦燮坽」就是元末明初的「瓦屑壩」。

瓦燮坽今屬蓮湖鄉，離波陽縣城鄱陽鎮（即當年饒州府治）不過一、二十里，處於鄱江三角洲，離鄱陽湖的汊湖大蓮子湖不過十來里，周圍湖泊密布，水路通暢。根據歷史地理學家的研究，在宋代鄱陽縣城已逼近鄱陽湖，而鄱陽湖的南部在元明時期正經歷一個擴展期，到清代才逐漸因泥沙淤積而有所縮小，所以可以斷定，當年的瓦屑壩是一個瀕臨鄱陽湖、靠近鄱江的聚落和水運碼頭。瓦屑壩的「壩」應該是鄱陽湖邊的一條壩，真正發揮著護岸作用的壩，聚落因壩而得名。時過境遷，由於泥沙淤積，鄱陽湖逐漸遠離瓦屑壩，壩因不再有存在的意義而淹沒，瓦屑壩這個聚落名稱也被改稱為瓦屑（燮）坽。值得注意的是，在這個瀕湖縣中已找不到帶「壩」字的地名，說明防止陸地陷湖和湖水的漫溢沖蝕早已成為歷史。今天波陽縣中帶「坽」的地名不只一個，還有

坽口鎮、坽口曹家、南湖坽等，所以瓦屑壩被改稱為瓦屑坽，也不是偶然的。

遙想當年，饒州府屬各縣的外遷人口沿昌江、樂安省（婺水）及其眾多的支流順流而下，出饒州府城後，在都陽湖邊的瓦屑壩集中，然後登舟北上，到達湖口後，多數人就近在安慶府屬各縣定居，少數人或溯長江而上，遷入湖廣（今湖北省）；或順長江而下，遷往安徽及其他省分。遷入安慶府的 20 萬饒州移民多數是從瓦屑壩出發的，加上遷往安徽其他地區和湖廣的移民，二、三十年間瓦屑壩至少輸出了 30 萬饒州人。

雖然瓦屑壩只是一個移民的集散地，對絕大多數移民來說，還不是他們真正的故鄉，但當年的移民多數沒有受過教育、沒有資產，更不可能有文字紀錄，當他們歷盡艱辛在他鄉定居後，留給後代的記憶只是他們的出發地 —— 瓦屑壩。有些人甚至沒有來得及為子孫留下任何故鄉的資訊，他們的後裔就與周圍的移民後裔一樣，以瓦屑壩為故鄉了。

都陽瓦屑壩，已是安慶地區和其他地區饒州移民後裔一致認同的根。

寫到這裡，我們又想起了公路邊的那位老人，不知他是否知道瓦屑壩在什麼地方，不知他有沒有回去看過老祖宗世代生息的地方。我們也寄語饒州移民的後裔，都陽湖畔的瓦燮坽就是當年的瓦屑壩，就是 600 年來你們的祖先夢魂縈繞的地方，也是你們的根。

（三）蘇州閶門

熟悉蘇州的人都知道，閶門是蘇州城的西北門，但在成千上萬蘇北人的心目中，閶門有其特殊的含義，因為幾百年來，他們的祖祖輩輩都說，他們來自蘇州閶門。

蘇北，一般是指江蘇省長江以北、隴海鐵路以南的大部分平原地

區，大致就是明清時的淮安府和揚州府（簡稱淮揚）。在蘇北，幾乎到處可以遇到蘇州移民的後裔，流傳著大量蘇州移民的傳說。我的同事曾在寶應縣縣志辦做過一次即興調查，在座的有問、鄭、范、刁、夏、胡、樂、陳、黃九姓，除了胡姓來歷不詳、范姓遷自安徽外，其餘七姓都自稱來自蘇州閶門。本地人陳守言所著《寶應史事》稱，該縣的望族朱、劉、喬、王都是明初從蘇州遷去的。其他縣、市的情況也大致如此，如興化市，據原縣志辦的調查，就有許、顧、楊、張、朱、周、姚等姓自稱遷自蘇州。在有些縣，這樣的調查已經缺乏意義，因為被調查者幾乎都自稱是蘇州移民的後裔。

在地方志、地名志和族譜中也有大量這樣的記載。如民國《續修鹽城縣志》載：「元末張士誠據有吳門，明主百計不能下，及士誠敗至身虜，明主積怨，遂驅逐蘇民實淮揚二郡。」《民國阜寧縣新志》說：「境內氏族土著而外，遷自姑蘇者多。」民國《泰縣志》所載「明初遷泰」的氏族有姑蘇劉氏，蘇州葛氏、徐氏。民國《泗陽縣志》稱該縣有翁氏、胡氏、倪氏、毛氏、蔣氏、席氏、唐氏、吳氏、朱氏都是明初由蘇州東洞庭山、崑山、吳縣楓橋和句容等地遷入的。灌南縣檔案館保存的一本乾隆四十四年《新安鎮志》稿本記載了明嘉靖年間蘇州閶門周氏、無錫惠氏及劉、管、段、金諸姓來此「插草為標，占為民地」的史實，新安鎮即今灌南縣治。咸豐《施氏族譜》陳廣德序：「吾興（化）氏族，蘇遷為多。白駒場施氏耐庵先生，於洪武初由蘇遷興化，復由興化徙居白駒場。」《水滸傳》作者施耐庵原來也是蘇州移民之後。據《昭陽（興化）鄭氏族譜》記載，鄭板橋的始祖也是明洪武年間遷自蘇州閶門。民國《黃浦吳氏宗譜續‧序》：「因鼎革之亂，由蘇遷鹽（城），居射湖之南岸，名其地曰吳家塢。」《鹽城縣地名錄》載北龍港本名張朱莊，因明初

有張、朱二姓由蘇州遷此而得名。江都《雙溝鄉志‧人口志》（油印本）的說法是，該鄉人口的主要來源是元末明初的蘇州閶門移民。

明初移民的北界大致在今連雲港市、邳州市、徐州市一線，而南部的南通市、通州市、海門市、儀徵市就沒有發現蘇州閶門移民的蹤影，看來明初移民的定居地就在這中間的蘇北平原。吳必虎的研究[310]證明，在今揚州、江都、泰州、泰縣、海安、東臺、興化、高郵、寶應、鹽城、建湖、阜寧、淮安、淮陰、泗陽、漣水、灌雲、響水、濱海、東海及連雲港等地都有明初移民分布，今射陽、大豐、東臺的沿海部分也有移民後代再次遷入。

為什麼明初會有大量的蘇州移民遷入蘇北呢？在正史上至今還沒有找到直接的記載，而在蘇北流傳最廣的就是前引《續修鹽城縣志》的說法，即由於蘇州是張士誠的據點，朱元璋久攻不下，因而在消滅張士誠政權後對當地居民採取了強制遷往蘇北的報復性措施。《縣志》的說法來自凌蘭蓀《凌氏譜》，顯然是以民間傳說為依據的，蘇北民間稱之為「洪武趕散」。少數族譜則稱祖先是「奉旨」而遷，實際上「奉旨」只是被強制遷移的同義詞。

吳必虎在 1989 年 7 月 23 日漣水調查筆記中寫到：「聽老輩說，蘇州人北遷的原因是江南有麻蜂螫人，被螫即死，人們只好向北逃，直到過了長江才沒得事。」此外，還有江南遭災的其他種種說法。這類說法顯然是荒唐的，因為事實上蘇州和蘇南其他地方在明初並沒有嚴重災害的記載，當地的居民也沒有都外遷。就是遇到了災害，周圍適宜遷移的地方並不少，不必都往蘇北遷。

明太祖朱元璋在攻克蘇州後的確曾對張士誠的支持者做過懲罰性的

[310] 參見《歷史時期蘇北平原地理系統研究》，華東師範大學出版社，1996 年。

遷移，據《明實錄》記載，吳元年（元至正二十七年，西元 1367 年）
九月「克平江（蘇州），執張士誠。十月乙巳，徙蘇州富民實濠州」。
但這些富人是遷往朱元璋的故鄉濠州（臨濠，今安徽鳳陽），而不是蘇
北。洪武三年（西元 1370 年）六月，朱元璋又遷蘇（州）、松（江）、
嘉（興）、湖（州）、杭（州）五府「無田產者」四千餘戶於臨濠。朱元
璋將故鄉建為中都後，又於洪武七年（西元 1374 年），從江南遷去十四
萬戶。朱元璋還從直隸（今江蘇、安徽、上海）和浙江遷了二萬戶至京
師（今南京）。這兩批移民的遷出地自然也包括蘇州。但這並不意味著蘇
北不是明初吸收移民的地區，大量研究已經證明，明朝官方史書中關於
移民的紀錄是相當簡略的，見於記載的只是當時數百萬移民大潮中的一
朵浪花。另一方面，元末明初的蘇北與江淮、湖廣、四川、華北等地一
樣，異常荒涼，人口極其稀少，迫切需要遷入大量人口，而蘇州人煙稠
密，百姓富庶，與蘇北距離又近，是理想的移民輸出區。

在元末的戰亂中，蘇北也遭受浩劫。元至正十三年（西元 1353 年）
正月，泰州白駒場鹽販張士誠率眾起兵，五月攻克泰州、高郵等地。至
正十四年（西元 1354 年）正月，張士誠在高郵稱誠王，建國號大周，
並繼續向周圍擴展。元朝命丞相脫脫調兵鎮壓，十一月元軍圍高郵城。
但不久元順帝聽信讒言，解除了脫脫的兵權，圍城諸軍聞訊解散。至正
十五年（西元 1355 年），蘇北一帶發生嚴重饑荒，張士誠遣部將渡江向
江南發展，次年攻下平江（今蘇州）、湖州、松江、常州等地，張士誠自
高郵遷往平江。由於張士誠主力外遷，紅巾軍乘機進攻淮安，朱元璋軍
攻下泰興，進占高郵。青軍元帥張明鑑驅逐元朝鎮南王，占據揚州。由
於饑荒戰亂，張明鑑無糧可籌，據說只能靠屠殺城中居民吃人肉為生。
至正十七年（西元 1357 年）朱元璋軍攻下揚州時，城中只剩下 18 戶居

民。此後朱元璋忙於與陳友諒和元軍的爭戰，張士誠重新占有蘇北。

至正二十五年（西元 1365 年）十月，朱元璋命徐達、常遇春率軍攻取蘇北，克泰州、通州，圍高郵。張士誠以水軍支援，朱元璋親自出征，擊敗援軍，至次年四月，明軍攻下高郵、淮安等地，完全占有蘇北。

儘管明朝的官方史料中對明軍的殺戮多有所諱飾，但常遇春以好殺著稱，蘇北遭受的損失可以想像。從地方志的零星記載中，蘇北的慘狀可見一斑。在局勢平定後，揚州城中土著居民僅回升到四十餘戶。江都縣僅存火、郝等十八姓，淮安城中只剩下「槐樹李、梅花劉、麥盒王、節孝徐等七家」，興化縣「土著絕少」，鹽城一帶，「地曠衍，湖蕩居多而村落少，巨室少，民無蓋藏」。其他各縣的情況大同小異，整個蘇北平原一片蕭條。

元朝的平江路（相當於以後的蘇州府）有人口二百多萬，明軍攻克蘇州時，城中還有軍兵二十餘萬，與蘇北有天壤之別，所以儘管在元末明初蘇州已向淮北、南京輸出了大量移民，依然可以有大批民戶遷往蘇北。

不過，遷入蘇北的移民還有其他來源。例如，民國《泰興縣志》稱：「試徵諸氏族譜牒，大都皖贛名族，於元明之際遷來。」《甘棠小志》記載的今江都市邵伯鎮 13 族中，有 5 族明確是在明初遷入的。另有阮氏從江西遷來，而據《雷塘庵主弟子記》，遷入的時間也是明初。其餘各族遷入時間不詳，但原籍分別為浙東 3 族、江西 2 族、徽州 1 族、山西 2 族、山東 1 族，並非都來自蘇州。其他可考的遷出地還有常州、無錫、湖州、吳興、崑山、句容等地。可見元末明初遷入蘇北的移民主要來自今江蘇南部和浙江北部，也包括皖南、江西和其他地區。

移民的數量相當可觀，特別是由於原本的居民所剩無幾，移民成為人口中的主要部分，各方面占有壓倒優勢。例如興化縣元末僅 8,600 餘人，洪武九年（西元 1376 年）增加到 75,700 餘人，成長了 8 倍多。猜想蘇北的揚州、淮安二府在明初接受的移民有近 60 萬，如果加上遷入的衛、所將士和他們的家屬，總數約有 65 萬。由於來自蘇州府的移民占了很大的比例，在經濟、文化、社會各方面的影響也最突出。

直到明朝後期，以蘇州閶門為故鄉的現象還不普遍。如興化李春芳是嘉靖末年的狀元，他的祖籍明確記載為句容。他的孫子李思成在《陸氏家譜·序》中談到興化縣的望族時，也只說是從「他郡」遷來，而不專指蘇州。有趣的是，李春芳的後人以後卻自稱是從蘇州遷來。又如阜寧吳氏的始遷祖超凡是常州府宜興縣人，但嘉靖以後的族譜中就記為「爰自姑蘇，用遷斯土」、「因鼎革之亂，由蘇遷鹽（城）」。到了近代，移民後裔幾乎都自稱來自蘇州閶門，甚至明初的土著家族後裔也變成了蘇州人的後代。

很明顯，閶門或閶門外不可能是移民的真正故鄉，只是一個重要的移民集合、出發地，但由於蘇州府甚至附近其他府縣的不少移民從這裡出發，那些沒有受過教育的平民百姓就將這個地名傳給了子孫。年深日久，無法了解自己真正來歷的後代就只能以此為原籍了。當蘇州移民後裔中出現了名人和大族，認同「蘇州閶門」的移民後裔就會越來越多。

還有一個以往沒有引起人們注意的情況：張士誠的軍隊擴展到江南，張氏本人遷至蘇州後，肯定會有大批蘇北人遷往蘇州和江南。到張氏覆滅，這批蘇北人中沒有被遷往淮北等地的倖存者肯定會遷回蘇北。他們雖是遷回故鄉，但實際是降俘人員，身分比一般移民要低，所以子孫冒稱江南移民是很自然的，但他們並無江南「原籍」可稱，只能隨波逐流

用「蘇州閶門」。

在近代上海興起以前，蘇州是江南最繁榮發達的地方，而蘇北卻越來越衰落，到了近代更成為難民、災民的輸出地，使江南一帶形成鄙視蘇北人的風氣。在這種情況下，以「蘇州閶門」為祖籍，未始不是一種精神上的自我安慰，必然使「蘇州閶門」後代日益增多。

今天，對大多數「蘇州閶門」的後代，我們已經無法查清他們的真實故鄉了。既然他們的祖先與蘇州移民一起櫛風沐雨、含辛茹苦，使蘇北重新得到開發和發展，那麼與蘇州移民受到同樣的紀念也是理所當然的。

（四）南雄珠璣巷

在珠江三角洲，南雄珠璣巷幾乎盡人皆知，因為很多人都知道自己的祖先是從那裡遷來的，而且在家譜的記載和民間傳說中，都流傳著一個大同小異的故事：在南宋末年（有的記為宋度宗咸淳九年，西元 1273 年），宮中有一位姓蘇（一作姓胡）的美貌妃子。一天晚上，皇帝到她住的宮中來，她在演奏雅樂時失誤，皇上大怒，將她打入冷宮。蘇妃伺機逃出，扮成遊客，住在京城。有一位名黃貯萬的富人，是南雄府始興郡保昌縣牛田坊人，用船運糧食進京，停泊在杭州城外，正準備宰牲祭神，有一位歌女路過。黃貯萬見她長得漂亮，有意挑逗，那女人就走下船來，與黃談得十分投機，表示願以身相許，黃就將她帶回故鄉。後來皇帝想起蘇妃，下令召見，才得知她逃亡已久，龍顏震怒，命兵部尚書張欽（或作張英賓）發文至各省查緝，因終年杳無音信，只得上奏皇上，停止追查。黃貯萬不知他帶回來的女子就是蘇妃，有一天僕人劉壯與他發生糾紛出走，將此事傳到京城。兵部的官員恐怕皇上再次追究，就謊稱民間有人作亂，會同各部門文武官員祕密商議，決定將這一帶徹底平毀，以消除蘇妃的蹤跡。因而以南雄府保昌縣牛田坊有人謀反作亂、禍害良民為由，假傳聖旨，在牛田

坊選地建築寨所，用於駐紮軍隊鎮壓，以保國泰民安。不久兵部的公文下達，地方官命令當地百姓全部遷走。於是牛田坊的五十八村居民在珠璣巷九十七人的帶領下，向官府申請了合法遷移的公文，相繼南遷。這九十七人屬三十三姓，他們是：羅、湛、鄭、張、尹、文、蘇、謝、陳、麥、盧、湯、溫、胡、趙、伍、曹、區、李、梁、吳、馮、譚、蔡、阮、郭、廖、黃、周、黎、何、陸、高。

　　另外的說法是：由於奸相賈似道進讒言，胡妃（或蘇妃）被逐出宮為尼，藏匿民間。後度宗追查，引起珠璣巷百姓的逃遷。或說胡妃出宮後精神失常，在南雄落水身亡，皇帝以為被民間藏匿，下令搜尋。

　　為了證明自己祖先南遷的合法性，不少家譜中還收錄了相關的「公文」，其中有代表性的一種如下：

　　嶺南道南雄府為逃難給引早救生靈事：本年正月十三日，據始興郡保昌縣牛田坊十四團珠璣村貢生羅貴等連名呈稱前事，內開：為天災人禍，民不堪命，十存四五，猶慮難周。及今奉明旨頒行，築土設寨所。因思近處無地堪遷，遠聞南方煙瘴，地廣人稀，堪闢住址，未敢擅自遷移等情到府。據此，查民貢生羅貴等九十七名，案非罪孽民氏。為此，合就行給文引，批限起程。凡經關津岸陸，此照通行，毋得停留阻禁。方到止處，合應行赴該府州縣屬立案定籍，繳報文，以憑造冊轉報施行。紹興元年正月十五日給，限四月二十四日繳。

　　關於這些傳說和公文的真實性，已故著名史學家陳樂素在〈珠璣巷史事〉[311] 一文中已做了很全面的論證，這些並非歷史事實，但也不是完

---

[311]　發表於 1982 年第 6 期《學術研究》，載《求是集》第二集，廣東人民出版社，1984 年版。

全沒有根據。《宋史‧賈似道傳》載有咸淳八年（西元 1272 年）賈似道迫使度宗罷了胡貴嬪之父胡顯祖的官，又令胡貴嬪出宮為尼。此事經《齊東野語》、《咸淳遺事》等記載，到了民間又將胡（一作蘇）妃演變為潛逃出宮的游婦，隨黃貯萬回南雄，導致南雄居民被逼南遷。但是在北宋覆滅之際，一些官吏、將士和中原百姓隨隆祐太后南遷，由洪州（今江西南昌市）逃至太和縣，又逃至虔州（今江西贛州市）。幾個月後，隆祐太后返回杭州，但一部分滯留在虔州的難民已經繼續南遷，越過大庾嶺到達南雄，以後又由此南下珠江流域。在南宋期間，今江西南部經濟發達，人口增加，向南遷移是當地無地貧民的一條出路。到了宋元之際，隨著元軍的南下，忠於殘宋的軍民和難民，包括以前由中原遷來的移民後裔，再次由南雄南遷。至於那一類公文，自然是出於後人的偽造，因為無論是文字、格式，還是提到的行政區劃、職官、制度都不符合宋代實際，而且各種家譜中所載公文在時間和內容上也自相矛盾，但是這些資料中所反映的遷移過程和途中的艱辛卻是可信的。

無論「胡妃（或蘇妃）之禍」是否確有其事，與南雄是否有關，一次孤立的事件是不可能引發大規模的移民並且能夠持續數百年的，真正的原因還是遷出地南雄一帶的推力和遷入地珠江三角洲的拉力。

中國歷史上的幾次人口南遷，都是漸次推進的。「永嘉之亂」後，北方移民主要的定居區還是江淮平原、江漢平原、長江三角洲，而在唐「安史之亂」後至五代期間，南嶺以北幾乎都已有了北方移民的定居點。北宋期間，長江以南地區的人口已有大幅度的成長，在今浙江、江西、福建範圍內有不少地方出現了人多地少、人口壓力增強的現象。南宋時，除了本地的人口成長外，又有大批北方移民遷入，這種現象日益加劇，殺嬰之風也愈演愈烈。由於其他方向已很難找到大片人口稀疏地

區，向南遷移成了唯一的選擇。金兵入侵和元軍滅宋都是由北向南推進的，受戰亂影響的難民、流民也只能由北南遷。翻越大庾嶺是當時最主要的南北通道，地處大庾嶺南的南雄自然成為南下移民的集散地，特別是在移民大批湧到又沒有具體目的地的時候。

北宋初年，珠江三角洲人口還相當稀少，原有居民主要居住在城市周圍，大量荒地、河灘、沙洲尚未開發利用。由北方遷移的移民或為生計所迫，或擁有一定的財力和號召力，或掌握較先進的生產技能，紛紛築堤開墾坦地、荒地為農田。圍堤的興築保護了新墾農田，避免了洪水淹沒之害，也在不損害原有居民利益的前提下擴充了耕地，不僅保證了移民的基本需求，還為他們的發展提供了條件。這樣的消息對滯留在南雄的流民和北方遷出地的居民無疑有強大的吸引力，於是新的移民源源不斷地南遷。根據曾昭璇、曾憲珊《宋代珠璣巷遷民與珠江三角洲農業發展》[312] 一書，珠江三角洲的堤圍主要築於宋元以後，南宋所築多於北宋；元代所築都在宋堤下游，表示開發區不斷向海邊推進，可考的成圍元堤就有 25 條。該書所引徐俊鳴的研究證明，三角洲的人口密度在唐代還只有每平方公里 1.2 戶，到宋代就增加到了 4.8 戶，元代已達 6.0 戶。可見移民主要是在北宋至元這近四百年間遷入的，又以南宋期間最為集中。

曾昭璇、曾憲珊透過對家譜、方志、地名志等資料的蒐集和實地調查，列出珠璣巷移民家族 797 支，是目前所見最詳盡的結果。那麼，這些家族的祖先是否真的都是從南雄珠璣巷遷來的呢？

陳樂素的研究認為，珠璣巷的名稱在宋元史籍中尚未發現，在《琴軒集》所載明永樂年間東莞陳璉所撰的幾篇族譜序和墓誌中，也只說

---

[312] 暨南大學出版社，1995 年版。

伍、封、羅、李、蔡、鄧、丁、何、劉、黎、張、袁諸族「先世南雄
人」，還沒有提到珠璣巷。但到萬曆年間，梁廷棟的〈珠璣懷古〉詩中就
出現了「珠璣遺跡動淒極，厭說前朝有徙移」，黃公輔也作有〈過沙水珠
璣村〉云：「長亭去路是珠璣，此日觀風感黍離。」、「已無故老談前事，
那得新聞訪舊支？」說明在明中葉以後，對珠璣巷的傳說已經相當流行
了。明末的屈大均在所著《廣東新語》中已明確表示他是珠璣巷移民的
後裔，並稱「吾廣故家望族，其先多從南雄珠璣巷而來」。根據他的說
法，因北宋開封城內有珠璣巷，宋室南遷時，遷入南雄的臣民為了表達
對故都的懷念，將自己的聚居地也稱為珠璣巷。不過，同書中又說珠璣
巷本名敬宗巷，唐敬宗死後（西元 827 年初），因避他廟號的諱才改名。
可見當時已有不同的傳說，莫衷一是，但即使按前一說，珠璣巷的名稱
也有八百多年的歷史了。

不過，珠璣巷畢竟是一隅之地，當然不可能是眾多南遷移民的真正
故鄉，至多只是他們的一個集散地。即使從家譜資料中也可以看出，不
少家族來源於中原望族或始遷祖是高官顯宦的記載是出於附會，就像前
面所引的「公文」那樣，顯然是後人假造的，但這是完全可以理解的。
當一支移民家族篳路藍縷、櫛風沐雨，經過幾代以至十幾代人的艱苦奮
鬥，終於贏得了家族的興旺發達，能夠與其他家族一樣建宗祠、修家譜
時，怎麼能讓始遷祖的來歷和遷移歷史保持空白，或僅僅是一位流民、
難民呢？既然其他高門大族都來自珠璣巷，而本族也是南遷的移民後
裔，認同為珠璣巷移民又有何不可？正因為如此，早在數百年前的明清
之際，珠璣巷就已成為無數嶺南人精神上的故鄉，成為維繫他們桑梓之
情、宗族之誼的根。

少數家族實際並非北方移民，或是當地非漢族土著的後代，或是由

嶺南其他地方遷來的移民，但生活在一個珠璣巷移民壓倒多數的社會環境中，也做了認同於主流文化的選擇。儘管他們的血緣根源並不來自北方，但經過長期的融合，他們的文化和心態已與北方移民後裔無異，人們當然應該尊重他們自己的選擇。正如前面幾篇中已經指出的，在對「麻城孝感鄉」、「江西瓦屑壩」、「蘇州閶門外」等地的認同中也都有這樣的情況，是中國移民歷史中的普遍現象。

遙想當年，成千上萬經歷了天災人禍、長途跋涉來到南雄的流民、難民，在此北望家山，面對千里「蠻荒」的嶺南，不知留下了多少辛酸的故事，但他們義無反顧踏上南遷的征途，終於繁衍了成百萬嶺南兒女，造就了千古偉業。今天，當我們站在這片繁榮富庶的土地上時，怎能不想到珠璣巷、想到珠璣巷來的先人？

珠璣巷的根連著黃河、長江，珠璣巷的枝葉遍布嶺南，遍及世界。

（五）山東棗林莊

與麻城孝感鄉、南雄珠璣巷和洪洞大槐樹等著名的移民出發地、集散地相比，山東棗林莊實在是一個名不見經傳的地名。要不是去淮北調查，或許我們也不會知道棗林莊，更不會將它寫進我們的《中國移民史》。

由於朱元璋是濠州人，明朝開國後，他就在故鄉設立了一個跨淮河兩岸的鳳陽府（治今安徽鳳陽縣）。鳳陽府雖然轄境極大，但因長期受到戰亂、災荒、瘟疫的三重打擊，已經殘破不堪，直到洪武十一年（西元 1378 年），土著人口還相當稀少，猜想不過 13 萬。

根據文獻記載，從洪武三年至七年（西元 1370 年 —— 1374 年），官方對鳳陽府至少組織過三次大規模的移民，這些移民來自江南的蘇州、松江、嘉興、湖州、杭州等府和山西北部的弘州、蔚州、定安、武

朔等地。遷自江南的移民主要分布在鳳陽府城及臨淮、懷遠、定遠、五河等縣，遷自山西的移民則集中在靈璧、虹縣、宿州等地，移民總數已超過了土著居民。

1991 年秋，當我們在固鎮、靈璧、宿州調查時，聽到的還都是祖先來自山西的移民傳說，但向北進入濉溪縣時，就發現了明初山東移民的蹤跡。濉溪縣的地方志編纂人員做了大量調查，在 1987 年編成的《濉溪縣志·人口志（評議稿）》中就有這樣的說法：

本縣移民多在明洪武年間和清初徙入。1949 年以前，濉溪城居住著周、吳、鄭、王、李、丁、梁七個大姓。當地有「東李西梁南北丁，周、吳、鄭、王居當中」之說。這些姓氏占總人口的 80% 以上，均為移民。城東李姓，原籍山東省長清縣野樵窩，明洪武十三年，兄弟四人奉調南遷，老大遷居蕭縣南沖町，老二遷居宿縣八孔橋附近，老三遷居路町附近，老四遷居濉溪口城東李家橋，為李家村李姓始祖，繁衍數代後，因人口繁多，遷居到周圍村落。城西梁姓，原籍山西省青平縣，明初遷入濉溪梁廟、梁花園、梁樓等處。

長清縣今屬山東濟南市，今山西省卻沒有青平縣，元末明初也沒有這麼一個縣。仔細分析，發現青平縣當是青平鎮之誤，元代中書省的河間路在濟南路轄境旁有一塊飛地，其中有一個青平鎮，是青城縣的治所。洪武二年（西元 1369 年）青城縣廢，十四年（西元 1381 年）恢復，直到 1948 年與高苑縣合併為高青縣。因此，所謂「原籍山西青平縣」的梁姓實際上也是來自今山東高青縣的移民，與李姓是同一來源。

據 1987 年《濉溪縣志·人口志（評議稿）》記載，城南、城北的丁

姓，其始祖丁齊原籍山東陽穀縣，元末遷居蒙城壇城集，四世後分遷至濉溪。濉溪的移民後裔，除了原籍不詳者外，能夠追根溯源的，祖籍大多是山東，其中在明初遷入的又大多來自濟南府。

濉溪已是明朝鳳陽府的北邊，我們本來以為山東移民只是因距離較近而就近遷入，但從濉溪折向西南後才明白山東移民的分布並不限於鳳陽府的北部。

今利辛縣明初屬潁州，也是鳳陽府轄境，這一帶關於山東移民的傳說更多，如一部《紀氏族譜》稱其先祖於洪武八年（西元 1375 年）由山東萊蕪縣遷來。萊蕪縣在明初也屬濟南府。看來遷入鳳陽府西部的移民也是以濟南府為主要來源。更令人感興趣的是，在民間傳說中保持著一個共同的移民出發地名。1988 年，利辛縣地方志辦公室曾舉辦過一次大型的姓氏源流調查，儘管這次調查缺乏科學的設計和周密的安排，調查品質不高，形成的資料難以運用，但調查中眾口一詞的說法卻特別引人注目 —— 祖先於明初遷自山東。很多人都說祖先來自山東「棗林莊」。需要說明的是，「棗林莊」並未見到書面記載，「棗林」二字只是按照發音記下來的，而一部分人將第二個字讀為「連」，而不是「林」。至於「棗林莊」在山東哪裡，卻誰也不知道。

南下壽縣，發現這裡也到處是山東移民的後裔。1989 年編纂的《壽縣志（初稿）》記錄了當地 23 個氏族，其中 21 族都是明洪武年間遷入的，大多遷自山東，幾乎所有的口述紀錄都說是來自棗林莊。霍邱縣的情況也是如此，《霍邱縣志（1989 年評議稿）》說：「據孟集區《孟氏宗譜》、葉集鎮《臺氏宗譜》、岔路鄉《田氏宗譜》、長集鎮《張氏墓地碑記》，明初到明中葉，霍邱接受了大批的山東移民。」不同的只是壽縣、霍邱一帶的山東移民大多遷自濟寧，而不是濟南。明初濟寧屬兗州府。

　　再往南就到了皖西的六安市，已經出了明鳳陽府的範圍，進入了明朝的廬州府境，山東移民後裔依然很多，並且都以「棗林莊」為祖先的來源。一位姓田的山東移民後裔說，他家老宅中還掛著一副對聯「薛國名臣第，臨淄哲學家」。他家來自山東自然確實無疑，但他也不知道棗林莊究竟在山東何處。不過，六安一位山東移民後裔卻提供了一條重要線索，他說他以前看過自家的族譜，記得棗林莊似乎在兗州。

　　目標縮小了，我們遍閱兗州方志，最後在康熙十一年（西元 1672 年）《滋陽縣志》上查到了「東大南社，棗林莊」這個地名。滋陽縣是明朝山東兗州府的附郭縣（即府治所在縣），這個「棗林莊」是不是移民後裔心中的故鄉呢？

　　當年冬天，我們來到兗州，在縣地名辦公室的協助下，終於在《山東省兗州縣地名志》（1989 年）第 205 頁上找到了這樣一筆資料：

　　安邱府，位於縣城北 3.5 公里，穀城鄉南部，黃土平原。安邱府村民委員會駐地。169 戶，686 人，漢族。耕地 1,005 畝，以農為方，主產小麥、玉米、地瓜，兼種棉花。

　　此村歷史悠久，曾有漢代文物出土。據明朝石碑記載，明以前此村稱棗林莊，明魯王裔孫安邱王分封於此，始稱安邱王府莊。明亡後，清康熙初年又稱棗林莊，清末復稱安邱王府莊，簡稱安邱府至今。

　　檢《明史・諸王世表》，第一代安丘王是魯靖王肇㶇的第四子，始封於宣德十年（西元 1435 年），延續至明亡，所以從西元 1435 年開始，棗林莊這個地名已成歷史，雖然清朝有二百餘年又恢復了原名，但再稱安丘又有近百年之久，淹沒無聞就不足為奇了，但可以肯定的是明初的

「棗林莊」肯定是一個不小的村莊或集鎮，離兗州府城又只有七里，所以才會作為郡王的封地。

那麼「棗林莊」是不是明初山東移民的出發地呢？

從元末的人口分布看，山東境內的濟南、青州、萊州、登州等府人口相對密集，東昌府（治今聊城市）人口最稀少，兗州則僅次於東昌府，但兗州轄境廣大，東部和西部差別很大，西部是黃河氾濫區，元至正四年（西元 1344 年）黃河在曹縣白茅堤決口，這一帶成為一片澤國，直到至正十一年（西元 1351 年）賈魯治河堵塞了決口後才使黃河恢復故道，但兗州西部依然荒無人煙；兗州東部屬丘陵山區，既未受河決影響，在元末明初的戰亂中損失也較小，到戰後就成為人口相對密集的移民輸出區了，而棗林莊地處兗州府治城郊，兗州府東部的移民先集中到這裡出發是完全可能的。另一方面，棗林莊又處於由濟南府各縣南下的交通要道上，來自濟南府的移民大多會經過這裡，可能在他們的記憶中留下較深的印象，成為他們心目中有特殊意義的一個地名符號。

從山東移民不見於明初官方的文獻記載看，這些移民基本都是自發的、分散的，所以他們大多分布在官方主要的移民安置區之外，即鳳陽府的西部與相鄰的廬州府西北。由於並非出於官方安排，所以多數移民沒有能夠順利入籍而成為合法的定居民戶，多年後才得到官府承認，被編入當地戶籍。

據正德《潁州志》記載，洪武十四年（西元 1381 年）潁州有土著1,700 戶，正統七年（西元 1442 年）增加了 338 戶流移客戶；至成化十八年（西元 1482 年）土居主戶增加到 2,544 戶，流移客戶增加到 6,356戶，移民戶占總數的 71%。這並不意味著潁州到正統七年（西元 1442年）才接受外來移民，只是從洪武初開始遷入的移民直到正統年間才陸

續獲得合法的居留權，被編入戶籍。在《明英宗實錄》卷八九中正好有一段正統七年（西元 1442 年）鳳陽府收糧監察御史胡鑑的奏章，可以證明這種做法：

> 本府太和等縣，地土寬廣，荒閒者多，以致各處人民逃來趁食。先是，御史金敬給與勘合，暫編居住，以待原籍來取復業。今經年久，原籍差人來取，有發遣起程至中途逃回者，有聚眾打傷來人而回者。展轉在彼居住，又不入籍當差，至有竊人財物肆為不法者。合行禁止。

朝廷做出的決定是重申都察院以往的規定：「凡逃民離鄉年久，產業已成，不願回還者，許就所在官司報籍，三年一體當差，敢有不遵者，治罪不饒。」並命令巡視鳳陽等府通政司參議王錫負責調查實施。已在鳳陽府西部居住很久的山東移民顯然都符合就地入籍的條件，所以他們從正統七年（西元 1442 年）開始就陸續入籍了。當然，山東移民並不都是在洪武初年就遷入的，有的可能遲至正統七年（西元 1442 年）以後。

明初遷入鳳陽府西部的山東移民的數量並不很多，猜想不過數萬，但由於當地土著人口稀少，移民在總人口的比例很高，並且有較高的成長率，百餘年後山東移民及其後裔已占總人口的近 70%，他們的影響力之大可想而知，這也是為什麼至今還有那麼多移民後裔念念不忘山東故鄉的原因所在。

當然，與前面提到過的麻城孝感鄉、江西瓦屑壩、蘇州閶門、南雄珠璣巷一樣，山東棗林莊也是一個移民的出發地或集散地，並不是在淮北的山東移民的真正故鄉，但它在移民後裔心目中的意義是不可磨滅的，因為它同樣凝聚著移民對故鄉深深的眷戀。

在慶幸棗林莊被重新發現時，我們又面對著新的疑難：在漫長的中國移民史中，需要我們尋找的移民發源地還有很多。

（六）洪洞大槐樹

在中國移民史上輻射範圍最廣、影響力最大的一個移民發源地，大概要算山西洪洞大槐樹了。「問我祖先來何處（或作故鄉在何處），山西洪洞大槐樹。」這兩句流傳了數百年的民謠，在華北的老一代中幾乎是盡人皆知的。隨著華北人口的外遷，大槐樹移民的後裔又擴散到全國各地。有學者考證，「洪洞古大槐樹移民」分布在 11 個省（市）的 227 個縣。[313] 這一結論的主要依據是地方志和家譜中的記載，那麼歷史事實如何呢？一棵古樹下能走出那麼多的移民嗎？

現在洪洞縣的古大槐樹遺址是民國二年（1913 年）重修的，據民國《洪洞縣志》：「大槐樹在城北廣濟寺左。按文獻通考：明洪武、永樂間屢徙山西民於北平、山東、河南等處，樹下為集會之所，傳聞廣濟寺設局置員，發給憑照、川資。因歷年久遠，槐樹無存，寺亦毀於兵燹。民國二年，邑人景大啟等募貲豎碑，以誌遺跡。」可見現存的「古大槐樹」是民國二年（1913 年）移植的，早已不是明朝的原物了。當時人柴汝楨的《修復大槐樹古蹟記》稱：「此乃先朝永樂間朝命移民實邊，此蓋薈萃處也。廣濟寺曾豎碣載其事甚詳，鄉里者老猶及見之，迄今年湮久遠，飽經風霜，古剎付諸汾流，遺碣鞠為茂草。」此說如屬實，則清朝後期廣濟寺內還保存著記載移民史實的碑記，但柴氏所說的「徙民實邊」顯然只是山西移民中的一部分，不能包括遷往華北各地的全部，碑文可能只記載了山西向邊疆的移民。

對大槐樹移民這種「但不見諸史，唯詳於譜牒」的奇特現象，當時

---

[313] 參見楊安祥〈洪洞古大槐樹移民分布考證〉一文，載《山西師範大學學報》，1986 年第 2 期。

的學者也頗感困惑，如喬禊亭在《題大槐樹擬古》序稱：「余嘗遊於豫、燕、晉、濟、隴間，每詢姓氏祖籍，多以洪洞大槐村對，並有述其遷徙之事者，言人人殊，就中以明初之說為多，驟聞之雖似《齊東野語》，然以語系及習慣推之，誠不誣也。矧文明之族譜，譜牒特詳，尚有克溯邑里，而可考其世系者。」喬氏在河南、河北、山西、山東、甘肅各地聽到的移民傳說雖然形形色色，甚至更像小說故事，但從他所感受到的方言和風俗習慣，他肯定這些人都是山西人的後裔。而關於家族的譜牒記錄著明確的世系和具體的遷出地，更使他對大槐樹的傳說確信無疑。

不過如果我們仔細翻檢明朝的史料，還是可以找到不少關於山西人口外遷的紀錄的，其中有幾次肯定是包括洪洞一帶在內的。

如洪武二十一年（西元 1388 年）前，由於元朝宗室四大王還盤踞在岢嵐山，元朝殘餘勢力也不時威脅山西北部，為了斷絕其人力物力，保障邊境的安寧，朱元璋不斷將俘獲或歸降的蒙古兵民、他們所控制的漢民和山西北部邊緣地帶的百姓遷往京師（今江蘇南京）、中立府（後設為鳳陽府，今安徽鳳陽一帶）和南方其他地區。

但是從金、元以來，山西一直是北方經濟文化比較發達的地區。在元明之際的戰亂中，山西大部分地區所受損失不大，經過二十餘年的休養生息，人口已有很大成長。另一方面，山西多山，耕地開墾的餘地有限，人口稍有增加，地少人多的矛盾就相當突出。而河北等地人口稀少，田地荒蕪，所以在洪武二十一年（西元 1388 年）四大王投降、邊患平息後，戶部郎中劉九臯就提出了從山東、山西向河北移民的建議：

古者狹鄉之民遷於寬鄉，蓋欲地不失利，民有恆業，今河北諸處，自兵後田多荒蕪，居民鮮少。山東、西之民自入國朝生齒日繁，宜令分

丁徙居寬閒之地，開種田畝，如此則國賦增而民生遂矣。[314]

　　朱元璋認為「山東地廣，民不必遷，山西民眾，宜如其言」，批准了從山西移民的計畫，將澤、潞二州的無田農民遷往彰德（治今河南安陽）、真定（治今河北正定）、臨清（治今山東臨清）、歸德（治今河南商丘）、太康（治今河南太康縣）等地的「閒曠之地」，允許他們自行置屯耕種，免交賦役三年，並發給每戶鈔二十錠的購置農具補貼。

　　據《明太祖實錄》所載，此後移民一直在進行，並獲得可觀的成果：二十二年（西元 1389 年）八月，後軍都督朱榮報告，已向定居在大名（治今河北大名）、廣平（治今河北永年東南）、東昌（治今山東聊城）三府的山西貧民撥發了二萬六千七十八頃田。戶部上報，山西沁州百姓張從整等一百一十六戶自願應募屯田，朱元璋命賞給他們鈔錠，分給田地。又令張從整回沁州招募居民。

　　十一月，朱元璋又命後軍都督僉事李恪等去山西招募百姓遷往「土宜桑棗，民少而遺地利」的河南彰德、衛輝（治今汲縣）、歸德，山東臨清、東昌等府，對願意遷徙者「驗丁給田」，即根據每戶的成年男子的數量確定分給多少土地，對冒名多占者加以懲罰，又命令工部將相關規定出榜公布。到二十五年（西元 1392 年）十二月，李恪等完成使命回京，據報告，彰德、衛輝、廣平、大名、東昌、開封（治今河南開封）、懷慶（治今河南沁陽）七府共安置山西移民「凡五百九十八戶，計今年所收穀粟麥三百餘萬石、棉花千一百八十餘萬斤，見種麥苗二千一百八十餘頃」。朱元璋大喜：「如此十年，吾民之貧者少矣。」從收穫量及朱元璋的態度看，這個「五百九十八戶」的數字肯定是《實錄》事後記錯的。

---

[314]《明太祖實錄》卷一九三，臺灣中央研究院歷史語言研究所校勘本，第 2,895 頁。

　　洪武二十八年（西元 1395 年）三月，朱元璋又派中軍都督府左都督僉事朱榮往彰德、衛輝、大名、廣平、順德（治今河北邢臺）、真定、東昌、兗州（治今山東兗州）等府，「勸督遷民屯田」，即將遷入當年的移民組織為「屯」，實行集中開墾。到當年十一月，朱榮報告稱「東昌等三府屯田遷民五萬八千一百二十四戶，租三百二十二萬五千九百八十餘石，棉花二百四十八萬斤」。右軍都督僉事陳春報告彰德等四府「凡屯田三百八十一屯，租二百三十三萬三千三百一十九石，棉花五百二萬五千五百餘斤」。

　　對洪武年間山西移民的數量，臺灣學者徐泓認為：「洪武二十二年（西元 1389 年）九月為止，徙居大名、廣平、東昌三府的山西貧民約有 24,736 戶，或 123,681 人；洪武二十五年（西元 1392 年）十二月為止，大名、東昌、彰德等七府從山西遷來移民總數達 65,780 戶，以每戶 5 人計，約有 328,900 人；洪武二十八年（西元 1395 年）十一月止，東昌、大名、廣平等三府的遷民已增至 58,124 戶，較洪武二十二年（西元 1389 年）約增加一倍多。七府遷民總數 100,034 戶，約較洪武二十五年（西元 1392 年）時增加 0.52 倍。」但很明顯，《實錄》所記載的只是朝廷在山西遷民及在河北、河南、山東等地進行安置的重大事件，並沒有包括移民的全過程，也沒有記錄完整的移民數量，所以山西移民的實際數遠多於統計出的這十萬餘戶、約五十萬人，猜想會有七、八十萬，甚至可能接近百萬。

　　洪武年間山西另一次重大的移民是從全省徵丁至北部大同一帶和相鄰的內蒙古南部建立衛所，實行軍事屯墾。洪武二十五年（西元 1392 年）八月，朱元璋命宋國公馮勝、潁國公傅友德去山西布政使司，「集有司耆老」傳達他的旨意，同時派出開國公常升、定遠侯王弼等十一侯、

陳俊等十都督和指揮李茂之分別往平陽、太原等府，「閱民戶四丁以上者，籍其一為軍，蠲其徭役，分隸各衛，赴大同等處開耕屯田」；並規定在「東勝立五衛，大同在城立五衛，大同迤東立六衛，衛五千六百人」。

　　大同一帶是「苦寒之地」，又處於防禦蒙古的前線，百姓自然不會自願將家中的成年男子送到那裡去編入軍事衛所，從事屯墾。而且根據明朝的法律，一旦編入衛所，便世世代代不能脫離軍籍。16 個衛要徵集89,600 人，洪武二十四年（西元 1391 年）除大同府（這次徵兵的安置地區）以外的山西全省的登記戶口為 619,291 戶，要在其中找到近 9 萬戶「四丁以上」的大家庭並不容易。正因為預見到了這次徵集的艱鉅困難，朱元璋才派出了如此強大的陣容，並落實到各府縣。儘管他要求那些武官「毋擾於民」，但為了要在短期間完成任務，強制措施看來是少不了的。

　　同年十月，馮勝等回京覆命，編成的 16 衛的兵源來自山西 70 個州縣，它們是：平陸、夏縣、芮城、臨汾、襄陵、蒲縣、洪洞、浮山、曲沃、翼城、絳縣、聞喜、安邑、猗氏、霍州、靈石、趙城、汾西、絳州、太平、蒲州、稷山、萬泉、臨晉、榮河、隰州、吉州、石樓、永和、大寧、河津、平遙、太谷、忻縣、汾州、汾水、孝義、遼州、沁州、平定、樂平、和順、榆社、武鄉、沁源、石州、岢嵐、保德、寧鄉、臨縣、興縣、靜樂、嵐縣、河曲、忻州、代州、崞縣、繁峙、五臺、太原、清源、徐溝、交城、介休、陽曲、榆次、壽陽、盂縣、定襄等，可謂遍及全省。至洪武二十六年（西元 1393 年）二月，新置衛所正式建立。

　　山西的第三次大規模人口外遷發生在洪武末年至永樂年間。洪武三十年（西元 1397 年）九月，派戶部官員「考核山西太原、平陽二府，

澤、潞、遼、沁、汾五州丁多田少及無田之家，分其丁口以實北平各府州縣」。這二府五州大約相當今晉中、臨汾、晉東南三地區及呂梁地區的一部分，遷入地相當今北京市和河北省的部分地區。移民的數量雖不詳，但從遷出地和遷入地相當廣泛來看，總數必定不少。

朱棣決定遷都北京後，於永樂二年（西元 1404 年）九月從太原、平陽二府和澤、潞、遼、沁、汾五州遷居民一萬戶充實北京。這次遷移的範圍與上一次相同，可見這是山西人口比較稠密、有潛在移民的地區。永樂五年（西元 1407 年），朝廷還從平陽府和潞州遷了二、三千戶至北京，由上林苑監管轄，專門為皇家園林從事「牧養栽種」。

與此同時，河南的地方官為了解決本地「地廣民稀」的困難，還主動要求引進山西移民。如永樂元年（西元 1403 年），裕州（治今河南方城）曾提出「山西澤、潞等州地狹民稠，乞於彼無田之家分丁來耕」，得到批准。值得注意的是，這類移民方式是「分丁」，遷出的大多是單身勞動力。儘管史籍中只有這一則記載，但我們可以肯定合法引進山西移民的不光裕州一處，自發的移民大概更多。

永樂九年（西元 1411 年）後，山西連年遭受嚴重災害，如永樂十年（西元 1412 年）四月戶部官員對平陽府翼城等縣的賑濟對象就有十六萬九千六百餘戶，猜想僅南部的災民就超過百萬；永樂十四年（西元 1416年）的旱災遍及平陽、大同、蔚州、廣靈等府州縣，災民合法外遷受到限制，以致在永樂十五年（西元 1417 年）五月出現了這些地區的代表申外山等人到北京「詣闕上言」，請求去北京廣平、清河、真定、冀州、南宮等縣「寬閒之處占籍為民，拔田耕種，依例輸稅」，以免流離失所。得到朱棣批准，並免收田租一年。從這一事例可以看出，當時合法或非法遷入相鄰地區的山西災民數量必定相當多。這類災民外遷也不會限於

永樂時期，如宣德三年（西元 1428 年）五月，因連年大旱，平陽府蒲、解、臨汾等州縣「盡室逃徙河南州縣者十萬餘口」。明朝中期以後在荊襄山區的流民中也不乏山西人。

總之，從明初開始，大量山西移民遷往河北（含今北京市、天津市）、河南、山東等華北各地，也由本省的南部、中部遷往北部和相鄰的內蒙古地區，以後又有不少山西移民後裔轉遷至各地，但正如前面已經說明的，這些移民遷自山西各地，不可能都來自洪洞縣，更不會全部出於大槐樹。

既然如此，為什麼會形成大槐樹的傳說呢？

首先，洪洞縣所屬的平陽府應該是山西輸出移民最多的地區。據成化《山西通志》，輸出移民的太原、平陽、汾、沁、遼、潞、澤等府州洪武二十四年（西元 1391 年）共有六萬餘戶，而平陽府有二萬餘戶，超過總數的三分之一。以永樂十年（西元 1412 年）的口數與洪武二十四年（西元 1391 年）相比，潞州減少了 376,845 口，平陽減少了 203,505 口，即使不考慮這 21 年間的人口自然成長，遷出的人口至少有 58 萬之多，猜想要占山西外遷人口之半，而潞州與平陽毗鄰，兩地移民合併遷移安置也在情理之中。如果這樣，出自平陽的移民自然會成為山西外遷移民主體。

其次，自金元以來，平陽的經濟文化地位一直居山西之冠，而洪洞在府屬各縣中又居領先。如金人孔天鑑在《藏書記》中稱：「河東之列郡十二，而平陽為之帥。平陽之司縣十一，而洪洞為之劇……東接景霍，西臨長汾，南瞰大澗，邑居之繁庶，土野之沃和，雄冠他邑。其俗好學尚義，勇於為善，每三歲大比，秀造輩出。」這種優勢一直保持到了明代，據成化《山西通志》所載平陽府屬各縣的戶口數，洪洞縣僅次於臨

汾縣而居第二，而洪洞優越的交通樞紐地位又為臨汾所不及。正如喬逢辰在〈惠遠橋記〉所言：「其始為城者，適當大路津要，驛騎之所奔馳，商旅之所往來，輪蹄之聲晝夜不絕。」由於洪洞地當交通要道，本地外遷的百姓既多又具有雄厚的經濟實力，官府選擇洪洞為附近地區外遷移民的集合地和出發地是完全可能的。

明代的山西移民基本都是無地、少地的底層貧民，既無社會地位，更無受過教育；既無烜赫的祖先和高貴的門第值得炫耀，又沒有以文字記載故鄉家世的能力。留給他們印象最深、並由他們的子孫口耳相傳的就是繁華的洪洞縣和他們出發時告別的那棵鬱鬱蔥蔥的大槐樹了。等到他們的子孫繁衍為人丁興旺、富裕體面的大家族時，再要追溯祖宗遷出山西以前的蹤跡和世系已不可能，所以只能以洪洞大槐樹為故鄉了。

另一些移民不僅故鄉不是平陽府或洪洞，也不是遷自大槐樹，但他們的後代早已不知道祖先的具體來歷了。既然自己的祖先來自山西，其他山西移民的後代又都說是洪洞大槐樹人，自然也應該以大槐樹為故鄉。隨著大槐樹移民後裔的增加，這種文化上的認同和從眾心理也會越來越強烈，以致明知自己祖先來自山西其他地方的人也會認同於大槐樹。從這一意義上，大槐樹的確成了全體山西移民後代心靈上的根，而不管他們的先人來自山西何處。

當你讀完孝感鄉、珠璣巷、大槐樹、閩門、瓦屑壩、棗林莊的往事時，請不要忘記，在中華大地上還有無數知名的和不知名的地點，都是先人夢魂縈繞的根。也不要忘記，在蒙古高原、外興安嶺、貝加爾湖畔、葉尼塞河流域、兩河平原、地中海之濱、費爾干納盆地、印度次大陸、東南亞等地，又同樣有著中華民族的根。

第三節

四海同根
—— 尋根寄語

> 歷史就是我們的一切，我們比任何一個哲學派別，甚至比黑格爾（Hegel），都要重視歷史。
>
> —— （德國）弗里德里希・恩格斯（Friedrich Engels）
> 《英國工人階級狀況》（*The Condition of the Working Class in England*）

在上一節的六篇短文中，我們分別記述了中國移民史上一些有代表性的移民發源地 —— 麻城孝感鄉、江西瓦屑壩、蘇州閶門、南雄珠璣巷、山東棗林莊和洪洞大槐樹，它們只是無數移民發源地或出發地、集散地中很少一部分。我們沒有寫到的還很多，如客家移民都以寧化石壁寨為祖宗的發祥地，明朝雲南的軍籍移民以南京楊柳巷為出發所，山東登萊一帶百姓以雲南為故鄉，南昌筷子巷也被眾多移民當作自己的根；而我們還沒有研究過、還不了解的移民發源地肯定更多。即使我們再努力，即使全中國的同行們一起努力，我們也不可能完全查清楚這些發源地，因為今天的十多億人植根於 960 萬平方公里的遼闊領土，也植根於歷史中國的一千多萬平方公里疆域，又有誰能說得清中華民族這棵參天大樹的每一條根系呢？

　　所以我們的目光不能僅僅注意這些明顯的移民發源地，實際上，今天的大多數中國人可能來自一些不知名的、早已堙沒在歷史塵埃中的地方，或者來自今天中國的境外，或者就是生於斯長於斯的本地人。總之，不僅中國到處有中國人的根，世界各地同樣有中華民族的根。

　　在尋根訪祖時必須注意到，我們今天能見到的史料，包括正史、地方志、家譜、詩文集、筆記、檔案、碑刻等，不可避免地受到了當時歷史條件的局限，受到封建的正統觀念和狹隘的宗族觀念、民族觀念、地域觀念的局限，不可能完全真實地記載和反映歷史事實。我們今天運用這些史料時，必須進行客觀的分析，才能恢復歷史的真面目。

　　要真正了解我們的根，就必須注意：

　　（一）不能忘記我們的「草根」、「土根」

　　在舊時代，為了在封建的世襲制、等級制、門閥制和血統、郡望中為本家族找到最有利的地位，幾乎所有的族譜家譜都將自己的祖宗追溯到三皇五帝、聖人賢士、帝王將相、達官貴人，幾乎所有的家族都是從中原幾個著名的地點遷來。為了編造出這樣的世系，或者與這些烜赫人物掛上鉤，就只能偽造出根本不存在的遷移史來，如李姓都是出於隴西，王姓無不發源於太原或琅琊。稍有歷史常識的人不難分析，即使三皇五帝實有其人，難道當時只有他們這幾人？難道除了他們幾人外其他都斷子絕孫？要不，其他人的子孫後代到哪裡去了呢？至於三皇五帝以後的人物世系就更難自圓其說了，如李姓都追溯到西漢名將李廣，但見於史籍記載的當時李姓人物就不只這一支，難道其他家族都沒有留下後代？

　　為了抬高祖先的身價，後人往往不惜編造或竄改先人遷移的歷史。如李廣的先人李信，據《史記·李將軍列傳》的記載，本是秦朝的將領，曾俘獲燕國的太子丹。他原居槐里（今陝西興平縣東南），後遷至

成紀（今甘肅靜寧縣西南）。對李信以後的人物，《李將軍列傳》沒有提及，顯然都是普通人物，否則，以司馬遷與李家的密切關係，他是不可能不知道的。到了李延壽作《北史·序紀》時，就為自己的家族編造了一段西漢前期才遷至隴西的故事：「信孫元曠，仕漢為侍中。元曠弟仲翔，位太尉。仲翔討叛羌於素昌，一名狄道。仲翔殞命，葬狄道川。《史記·李將軍列傳》所云其先自槐里徙居成紀，實始此也。」如果李仲翔真的官居西漢的太尉，《史記》、《漢書》會不載嗎？如果西漢初征羌時還有過太尉陣亡，相關的紀傳、特別是羌人的專傳中會不提到嗎？所以不僅這次遷移的時間不可信，除李廣一支外的所謂李信後代也不可信。

又如蕭氏，自南朝成為大族後就編造出了自春秋宋時大夫蕭叔大心至西漢初的蕭何、西漢後期名臣蕭望之的世系，當然也就產生了相應的遷移史。前人早已指出，見於《新唐書·宰相世系表》中蕭氏世系是不可信的：蕭何是本朝開國功臣，要是蕭望之真是蕭何之後，完全不應隱諱，何至於從不提及？再說，班固作《漢書》時去蕭望之不遠，可是《漢書·蕭望之傳》中明明寫著「蕭望之……東海蘭陵人也，徙杜陵。家世以田為業，至望之，好學」。根本沒有提到他與蕭何有任何關係。顯然，由蕭何至蕭望之，由蕭望之到那些所謂蕭何之後間的遷移過程並非事實。所以，不少家族的祖先其實只是尋常百姓，只是長期生活在本地的土著，既非帝王將相之後，也不是遷自當時的已開發地區。如果我們能夠正確地認識，這正足以增加一個家族的光榮 —— 一個毫無社會地位和祖宗餘蔭可以憑藉的普通人，依靠自己的奮鬥造就了一個子孫繁衍、人才輩出、資產豐厚的大家族；一個居住在落後地區的家族，由於不斷吸收來自已開發地區的先進文化，使本家族最終躋身於高門大族之列。這樣的「草根」、「土根」難道不值得後人自豪嗎？

（二）不能忘記多元的民族之根

由於漢族及其前身華夏諸族早就成為中國的主體民族，在經濟文化上擁有無可替代的壓倒優勢，即使在其他民族入主中原時也是如此，所以早在春秋時代就形成了所謂「夷夏之辨」，漢族對其他民族的歧視早已存在，根深蒂固。儘管漢族對其他民族更注重於文化認同，但在大多數情況下，被稱為「夷」、「狄」、「戎」、「蠻」的各個少數民族一直處於被歧視、受壓迫的處境，所以當少數民族人士獲得了一定的政治、經濟、文化地位以後，往往不得不割斷本民族的根，編造出一套出於漢族的世系，以便永久擺脫「異族」的身分。

由於絕大多數少數民族的聚居區都遠離中原，甚至已在中原王朝的疆域之外，要使自己的祖先能與漢族相連結，只能採取偽造一段移民史的辦法，不是將先人說成是由中原遷來的漢人，就是隱瞞掉本家族由邊疆或境外遷入中原的過程。前一種情況較多出現在北方某些少數民族和南方的絕大多數少數民族，後一種情況在北方的少數民族後裔中相當普遍。如匈奴、鮮卑等北方游牧民族在遷入內地或入主中原以後，就編造出種種先世由中原遷出的歷史，以證明他們的祖先也是華夏族、他們也是黃帝子孫。《魏書·序紀》就稱：「昔黃帝有子二十五人，或內列諸華，或外分荒服，昌意之子，受封北土，國有大鮮卑山，因以為號。」在他們改用漢姓後，就更具體地將他們的先人附會於漢族名人。如南匈奴的一支屠各取劉氏為姓後，就自稱漢高祖劉邦之後，認劉備、劉禪為祖宗。改姓竇姓的鮮卑人將自己的家世與東漢初名臣竇融相連起來，而取于姓的又稱先人是西周的史官于由。這種風氣在北朝後期已相當普遍，經過唐代的強化，一部分家族居然弄假成真了。一旦記入族譜，後人更是深信不疑。實際上，這類遷移史都是無中生有的。而另一些很明顯的少數

民族家族的後裔，在深受漢族文化影響和民族歧視的環境中，又否認了先人由邊疆遷入內地的事實。如漢武帝時被俘的匈奴休屠王太子金日磾，子孫顯貴，成為西漢的世家大族。當時人都知道金氏的匈奴血統，但到了唐朝以後，這支金氏的後裔就直稱自己為漢族，當然也就不再承認祖先由蒙古高原遷至河西走廊，再內遷長安的事實。

值得注意的是，由於古代就有堯舜將有罪的部族首領流放四裔的傳說，華夏（漢）族人也樂意將這些少數民族說成是古代由中原遷出的罪人之後，因而一般都採取了貶損的方式，如《史記》稱匈奴為「夏后之苗裔」，應劭的《風俗通義》中就有鮮卑人是秦始皇時戍邊的刑徒之後的說法。

南方的少數民族大多並沒有進行長距離的遷移，是當地的土著，而不是中原的移民，但由於他們往往取漢姓，多數又採用了「張王李趙」等常用的大姓，所以很容易找一位同姓的古代名人，再透過「謫遷」、「征蠻」、「游宦」、「避禍」等途徑，將他們與自己的先人掛上鉤。他們所引述的遷移過程在歷史上確有其事，但與他們家族的連結卻似是而非，查無實據，如福建一些族譜往往稱本族始祖是西晉末永嘉年間由中原南遷而來，有的還有具體的姓名和官職，但這些人物和官職都不符合史籍記載，而且研究證明永嘉年間直接遷入福建的人數極少，更不可能有高官顯貴。海南島的一些李姓稱自己為唐朝名相李德裕之後，而李德裕的確曾謫居海南島的崖州，似乎不無可能。但仔細查閱新、舊《唐書》和相關記載，李德裕的子孫並無人留在海南島。廣西的一些壯族家族，特別是一些「土官」家族，都說自己的祖先是在宋朝隨狄青「征蠻」而遷入，年深日久才成為「蠻子」。這種說法無非是要證明，自己雖然是「土官」，卻擁有高於一般壯族的漢族血統，其虛假性不辨自明。在大漢

族思想流行的時代，就是精於文史的學者專家也不能免俗。晚清貴州獨
山莫與儔、莫友芝父子，明明是當地的布依族，莫氏族譜卻說原籍是江
寧府上元縣，明弘治中始祖某以征都勻苗而留居都勻，繼居獨山，並由
曾國藩所作墓表加以肯定。已故史學家方國瑜教授是雲南麗江的納西族
人，也曾自稱是桐城方氏之後。對於莫氏和方氏來說，他們的根當然應
該是布依族和納西族，而不是漢族。

（三）不能忘記中華民族的世界之根

今天的中華民族是由 56 個兄弟民族組成的大家庭，各民族都有自
己的根，有的在今天中國的境內，有的在境外各地。歷史上的中國同樣
是一個多民族國家，各個民族的根也散布在中國內外。如回族來源於中
亞、西亞、北非和東歐各族，遷入中國後才形成一個新的民族。

就是以漢族而言，在其形成過程中也融入大量其他民族的成分，所
以漢族的根也早已超出了中國的範圍。匈奴、鮮卑、羌、氐、羯、丁
零、敕勒、柔然、突厥、吐谷渾、沙陀、契丹、黨項、女真、蒙古、滿
等族，或者部分、或者全部融入了漢族，而這些民族的根遠達歐亞大陸
的各地。既然漢族中有這些民族的成分，這些民族的根也應該是漢族的
根的一部分。漢族之所以能成為中華民族的主體、成為世界上人口最多
的民族，一個重要的原因就是在於能夠不斷吸收其他民族。一個民族能
擁有如此眾多的根，是源遠流長、興旺發達的象徵，是一種無上的光
榮。所以，即使是漢族，在尋根訪祖時也不應該忽視非漢族的根，或者
明明知道而不承認，卻硬要連到「純漢族」的根上。比如我姓葛，按照
傳統的說法，當然是葛天氏之後，與諸葛亮是本家，因為葛氏遷到諸城
才改姓諸葛。我籍貫紹興，順理成章可以認葛洪為老祖宗，但是歷史上
也有非漢族的葛氏，如北朝的葛姓本為賀葛氏，是鮮卑人。另外的葛氏

也可能是胡人之後。那麼今天葛氏的祖先也可能不是漢人，或具有胡人的血統，真是如此，我只會為祖先加入了漢族的大家庭 —— 無論是自願還是被迫 —— 而感到慶幸，並且應該為先人對漢族的貢獻而自豪。

我們在了解和歌頌中華民族走向世界的歷史時，更應該了解和銘記，中華民族也擁有世界之根。

主要參考書目

■ 一、史料類：

中華書局校勘本《二十四史》，中華書局，1997 年版，其中包括：

[01] 《史記》，〔西漢〕司馬遷撰，〔南朝・宋〕裴駰集解，〔唐〕司馬貞
索隱，〔唐〕張守節正義。

[02] 《漢書》，〔東漢〕班固撰，〔唐〕顏師古注。

[03] 《三國志》，〔晉〕陳壽撰，〔南朝・宋〕裴松之注。

[04] 《後漢書》，〔南朝・宋〕范曄撰，〔唐〕李賢等注。

[05] 《晉書》，〔唐〕房玄齡等撰。

[06] 《宋書》，〔南朝・梁〕沈約撰。

[07] 《梁書》，〔唐〕姚思廉撰。

[08] 《魏書》，〔北齊〕魏收撰。

[09] 《周書》，〔唐〕令狐德棻等撰。

[10] 《隋書》，〔唐〕魏徵等撰。

[11] 《金史》，〔元〕脫脫等撰。

[12] 《古本竹書紀年輯證》，方詩銘、王修齡著，上海古籍出版社，
1981 年版。

[13] 《說文解字》，〔東漢〕許慎撰，中華書局，1963 年版。

[14] 《文選》，〔梁〕昭明太子撰，〔唐〕李善注，上海世界書局，1935 年版。

主要參考書目

[15] 《庾子山集注》，〔北周〕庾信撰，清倪璠注，中華書局，1980年版。

[16] 《劉孝標集校注》，〔南朝·梁〕劉峻撰，羅國威校注，上海古籍出版社，1988年版。

[17] 《洛陽伽藍記校注》，范祥雍校注，上海古籍出版社，1978年版。

[18] 《顏氏家訓集解》，〔北齊〕顏之推撰，王利器集解，上海古籍出版社，1980年版。

[19] 《高僧傳合集》，〔南朝·梁〕慧皎等撰，上海古籍出版社，1991年版。

[20] 《資治通鑑》，〔宋〕司馬光等撰，中華書局，1956年版。

[21] 《全唐文》，〔清〕董誥等編，中華書局，1983年影印版。

[22] 《十國春秋》，〔清〕吳任臣撰，中華書局，1983年版。

[23] 《三朝北盟會編》，上海古籍出版社，1987年影印版。

[24] 《宋文鑑》，〔宋〕呂祖謙輯，《文淵閣四庫全書》第1,350冊，臺灣商務印書館影印本。

[25] 《夢粱錄》，〔宋〕吳自牧撰，浙江人民出版社，1980年版。

[26] 《樵歌》，〔宋〕朱敦儒撰，上海古籍出版社，1998年。

[27] 《能改齋漫錄》，〔宋〕吳曾撰，上海古籍出版社，1979年版。

[28] 《大金國志》，〔宋〕宇文懋昭撰，中華書局，1986年版。

[29] 《歸潛志》，〔金〕劉祁撰，中華書局，1983年版。

[30] 《利瑪竇中國札記》（上、下冊），（義大利）利瑪竇、金尼閣著，何高濟、王遵仲、李申譯，中華書局，1983年版。

[31] 《瀛寰志略》，〔清〕徐繼畬撰，清光緒刊本。

[32] 《瀛壖雜誌》，〔清〕王韜撰，上海古籍出版社，1989年版。

[33] 《上海鄉土志》，李維清著，上海古籍出版社，1989 年版。

[34] 《上海閒話》，姚公鶴著，上海古籍出版社，1989 年版。

■ 二、專著類：

[01] 《中國移民史》（六卷本），葛劍雄主編，葛劍雄、吳松弟、曹樹基
    著，福建人民出版社，1997 年。

[02] 《中西交通史》（共五冊），方豪著，臺灣中華文化出版事業社，
    1968 年版。

[03] 《唐代長安與西域文明》，向達著，三聯書店，1957 年版。

[04] 《長水集》（上、下、續編），譚其驤著，人民出版社，1987 年版、
    1994 年版。

[05] 《陳寅恪史學論文選集》，陳寅恪著，上海古籍出版社，1992 年。

[06] 《陳垣史學論著選》，陳垣著，上海人民出版社，1981 年版。

[07] 《北狄與匈奴》，馬長壽著，三聯書店，1962 年版。

[08] 《西漢人口地理》，葛劍雄著，人民出版社，1986 年版。

[09] 《碑銘所見前秦至隋初的關中部族》，馬長壽著，中華書局，1985
    年版。

[10] 《魏晉南北朝史論集》，周一良著，中華書局，1963 年版。

[11] 《秦漢區域文化研究》，王子今著，四川人民出版社，1998 年版。

[12] 《唐人大有胡氣》，管士光著，農村讀物出版社，1992 年版。

[13] 《北宋都城東京》，吳濤著，河南人民出版社，1984 年版。

[14] 《宋東京考》，〔清〕周城撰，中華書局，1988 年版。

[15] 《南宋都城臨安》，林正秋著，西泠印社，1986 年版。

主要參考書目

[16] 《兩宋經濟重心的南移》，張家駒著，湖北人民出版社，1957 年版。

[17] 《南宋古蹟考外四種》（含《都城紀勝》），浙江人民出版社，1983 年版。

[18] 《南唐二主詞析釋》，傅正谷、王沛霖著，天津人民出版社，1988 年版。

[19] 《唐宋詞格律》，龍榆生編撰，上海古籍出版社，1978 年版。

[20] 《龍榆生詞學論文集》，龍榆生著，上海古籍出版社，1997 年版。

[21] 《宋詞選》，胡雲翼選注，上海古籍出版社，1997 年版。

[22] 《漢魏兩晉南北朝佛教史》，湯用彤著，商務印書館，1938 年版。

[23] 《中國佛教史》，任繼愈主編，中國社會科學出版社，第一卷 1981 年版；第二卷 1985 年版。

[24] 《佛學研究十八篇》，梁啟超著，中華書局，1989 年版。

[25] 《明清間在華的天主教耶穌會士》，江文漢著，知識出版社，1987 年版。

[26] 《中國天主教史人物傳》（全三冊），方豪著，中華書局，1988 年版。

[27] 《中國天主教傳教史概論》，徐宗澤著，上海土山灣印書館，1938 年版。

[28] 《泰西儒士利瑪竇》，林金水、鄒萍著，國際文化出版公司，2000 年版。

[29] 《明史歐洲四國傳注釋》，張維華著，上海古籍出版社，1982 年版。

[30] 《上海史》，唐振常主編，上海人民出版社，1989 年版。

[31] 《列強在中國的租界》，中國文史出版社，1992 年版。

[32] 《舊上海人口變遷的研究》，鄒依仁著，上海人民出版社，1980 年版。

[33] 《張獻忠在四川》,《社會科學研究叢刊》第二期,1982 年出版。

[34] 《張文襄公全集》,〔清〕張之洞著,中國書店,1990 年影印版。

[35] 《東北流人史》,李興盛著,黑龍江人民出版社,1990 年版。

[36] 《黑龍江省史探索》,孫占文著,黑龍江人民出版社,1983 年版。

[37] 《明清中國沿海社會與海外移民》,楊國楨等著,高等教育出版社,1997 年版。

[38] 《東西洋考》,〔明〕張燮著,中華書局,1981 年版。

[39] 《論鄭和下西洋》,鄭一鈞著,海洋出版社,1985 年版。

[40] 《南洋華僑史》,李長傅著,上海書店,《民國叢書》第三編第 22 冊。

[41] 《南洋華僑通史》,溫飛雄著,東方印書館,1929 年版。

[42] 《東南亞華僑史》,朱傑勤著,廣東高等教育出版社,1990 年版。

[43] 《東南亞之華僑》,(英國)巴素著,郭湘章翻譯,臺北國立編譯館,1966 年版。

[44] 《華工出國史料彙編》,陳翰笙主編,第四輯(中華書局 1981 年版)、第五輯(中華書局 1984 年版)。

[45] 《美國華僑史》,朱傑勤主編,廣東高等教育出版社,1989 年版。

[46] 《楊振寧演講集》,寧平治、唐賢民、張慶華主編,南開大學出版社,1989 年版。

[47] 《美國華人史》,陳依範著,世界知識出版社,1987 年版。

[48] 《唐人街 —— 深具社會經濟潛質的華人社區》,周敏著,商務印書館,1995 年版。

[49] 《中朝邊界史》,楊昭全、孫玉梅編著,吉林文史出版社,1993 年版。

主要參考書目

[50] 《中朝邊界研究文集》，楊昭全編，吉林省社會科學院，1988 年編印。

[51] 《明清之際中西關係簡史》，張維華著，齊魯書社，1987 年版。

[52] 《從徐福到黃遵憲》，楊正光主編，時事出版社，1985 年版。

[53] 《中日關係史考》，王勇著，中央編譯出版社，1995 年版。

[54] 《古代中日關係史話》，汪向榮著，中國青年出版社，1999 年版。

[55] 《客家與香港崇正總會》，丘權政著，中國華僑出版社，1997 年版。

[56] 《客家學導論》，王東著，上海人民出版社，1996 年版。

[57] 《客家學源流》，陳支平著，廣東教育出版社，1997 年版。

[58] 《客家傳統情詩》，陳煒萍、何志溪、鐘震東蒐集整理，海峽文藝
出版社，1985 年版。

[59] 《方言與中國文化》，周振鶴、游汝傑著，上海人民出版社，1986
年版。

[60] 《漢語方言及方言調查》，詹伯慧主編，湖北教育出版社，1991 年版。

[61] 《中國古代戲曲論集》，王季思等著，中國展望出版社，1986 年版。

[62] 《京劇史研究》，北京市戲曲研究所編，學林出版社，1985 年版。

[63] 《京劇二百年之歷史》，（日本）波多野乾一原著，鹿原學人編譯，
啟智印務公司，1926 年版。

[64] 《中國戲曲通史》，張庚、郭漢城主編，中國戲劇出版社，1980
年版。

[65] 《山西移民史》，安介生著，山西人民出版社，1999 年版。

[66] 《南宋京城杭州》，政協杭州市委員會辦公室編，1985 年版。

[67] 《宋代珠璣巷遷民與珠江三角洲農業發展》，曾昭璇、曾憲珊著，
暨南大學出版社，1995 年版。

[68] 《民族大遷徙》，安介生著，江蘇人民出版社，2011 年版。

後記

　　從事史學研究的人，大多會羨慕美籍華裔學者黃仁宇先生《萬曆十五年》一書的成功。我本人就極為讚賞《萬曆十五年》這本書講述的水準與風格。在絲毫沒有降低研究水準與學術價值的前提下，用平實而生動的筆調、細膩入微的精闢分析，娓娓道來，為所有讀者展示出一段紛繁而真實的歷史畫卷。既沒有簡化成「通俗史話」，也沒有刻意為「學術散文」，卻讓每一位讀者都感受到了鮮活歷史的撞擊與史學研究的魅力。講述者的大忌在於「以其昏昏，使人昭昭」。《萬曆十五年》最初用英文寫成，這是因為身居海外的黃仁宇先生講述對象首先是歐美同行與讀者。為了講述的成功，他必須將中國歷史研究成果與古典文獻知識進行全面的提煉、調和以及再處理，否則，「夾生飯」式的貨色是吸引不了有頭腦的讀者的，更不用說挑剔而富有學識的同行了。事實證明，黃仁宇先生確實達到了熟能生巧、遊刃有餘的境界。

　　古語云：「雖不能至，心嚮往焉。」但讚賞與仿效是不可同日而語的。我很早就想寫一本講述移民與文化關係的書，而實際寫作起來真可謂舉步維艱。文化內涵宏富，移民歷史龐雜，而要想找到反映兩者之間密切關聯的確鑿事例，並作到華實相輔、以理服人，實非易事。再加之已有的相關研究成果數量相當可觀，如何消化與吸收其他學者的研究成果，歸入自己的講述系統，也是我時常苦思冥想的難題。可以說，這本書只是我研究移民與文化問題的一個階段性總結與新的開始，以後我要將這項研究繼續推進下去。還須指出的是，與其說是出於自己對古代文辭之

後記

美的痴迷，倒不如說是古文今譯能力的欠缺，同時也不想落下嚼飯與人，越俎代庖的嫌疑，因此，本書引用的大量原始文獻力求原汁原味，很少轉譯為白話，還請讀者諸君多多體諒與包涵。

本書是在業師葛劍雄先生的提議下開始撰寫的，2003 年版的書名《四海同根 —— 移民與中國傳統文化》也是葛先生的創意。我是在葛先生的指導下先後完成了碩士與博士的學業，方向是山西及北方區域移民史。在本書的寫作過程中，葛先生認真審讀了每一篇初稿，並提出了許多寶貴的修改意見。本書第八章第二節「何處家山何處根」與第三節「尋根寄語」還選取了葛先生主筆撰寫的「尋根」系列文章（曹樹基先生與我也參與了寫作），為本書大增光彩。對於一個正在學問之路上努力前行的年輕人而言，出版界朋友的鼓勵與支持是至可寶貴的，《四海同根 —— 移民與中國傳統文化》初版，得益於出版社的大力支持，責任編輯高美然女士也付出了大量的心血。

本書此次再版，同樣得到了恩師葛先生的慨允與支持，在此，對於恩師多年的培育之恩深致謝忱！本書這次出版，更仰賴於出版社張仲偉先生的賞識與鼎力協助。張先生謙遜的為人態度、豐厚的學養與嚴謹負責的編輯風格，都讓我留下了深刻的印象。在此，向張仲偉先生深表謝意。

安介生

流動文明，移民與中華傳統文化：
從上古至近代，重要移民事件看文化交流與融合

作　　　者：葛劍雄，安介生

發　行　人：黃振庭

出　版　者：崧燁文化事業有限公司

發　行　者：崧燁文化事業有限公司

E - m a i l：sonbookservice@gmail.
com

粉　絲　頁：https://www.facebook.
com/sonbookss/

網　　　址：https://sonbook.net/

地　　　址：台北市中正區重慶南路一段
61 號 8 樓

8F., No.61, Sec. 1, Chongqing S. Rd.,
Zhongzheng Dist., Taipei City 100, Taiwan

電　　　話：(02)2370-3310

傳　　　真：(02)2388-1990

印　　　刷：京峯數位服務有限公司

律師顧問：廣華律師事務所 張珮琦律師

定　　　價：475 元

發 行 日 期：2024 年 07 月第一版

◎本書以 POD 印製

Design Assets from Freepik.com

國家圖書館出版品預行編目資料

流動文明，移民與中華傳統文化：
從上古至近代，重要移民事件看文
化交流與融合 / 葛劍雄，安介生 著．
-- 第一版 . -- 臺北市：崧燁文化事業
有限公司 , 2024.07
面；　公分
POD 版
ISBN 978-626-394-486-2(平裝)
1.CST: 移民史 2.CST: 中國
577.692　　　　　113009157

電子書購買

爽讀 APP

臉書